Klaus-Dieter Tillmann

Interfacing
im Apple-Pascal-System

Anwendung von Mikrocomputern

Herausgegeben von Dr. Harald Schumny

Die Buchreihe behandelt Themen aus den vielfältigen Anwendungsbereichen des Mikrocomputers: Technik, Naturwissenschaften, Betriebswirtschaft. Jeder Band enthält die vollständige Lösung von Problemen, entweder in Form von Programmpaketen, die der Anwender komplett oder in Teilen als Unterprogramme verwenden kann, oder in Form einer Problemaufbereitung, die dem Benutzer bei der Software- oder Hardware-Entwicklung hilft.

Band 1 Digitale Regelung mit Mikroprozessoren
von Norbert Hoffmann

Band 2 Wahrscheinlichkeitsrechnung und Statistik
von Dietmar Herrmann

Band 3 Mathematische Routinen VC-20 (Elektrotechnik/Elektronik)
von Ernst-Friedrich Reinking

Band 4 Numerische Mathematik
von Dietmar Herrmann

Band 5 Textverarbeitung (TI-99/4A und VC-20)
von Arnim und Ingeborg Tölke

Band 7 Getriebelehre mit dem Mikrocomputer (SHARP PC-1500 A)
von Hans Bürde

Band 8 Dienstprogramme für VC-20, Commodore 64 und Executive SX 64
von Ernst-Friedrich Reinking

Band 9 Gelenkgetriebe-Konstruktion mit Kleinrechnern (HP Serie 40 und 80)
von Kurt Hain und Harald Schumny

Band 10 Angewandte Matrizenrechnung
von Dietmar Herrmann

Band 12 Lineare Optimierung mit BASIC auf dem PC-1500 A
von Harald Luther

Band 13 Interfacing im Apple-Pascal-System
von Klaus-Dieter Tillmann

Anwendung von Mikrocomputern Band 13

Klaus-Dieter Tillmann

Interfacing
im Apple-Pascal-System

Schnittstellen mit dem VIA 6522

Friedr. Vieweg & Sohn   Braunschweig / Wiesbaden

CIP-Kurztitelaufnahme der Deutschen Bibliothek

Tillmann, Klaus-Dieter:
Interfacing im Apple-Pascal-System: Schnittstellen
mit d. VIA 6522 / Klaus-Dieter Tillmann. —
Braunschweig; Wiesbaden: Vieweg, 1986.
  (Anwendung von Mikrocomputern; Bd. 13)
  ISBN 978-3-528-04441-1   ISBN 978-3-322-88833-4 (eBook)
  DOI 10.1007/978-3-322-88833-4
NE: GT

1986

Umschlaggestaltung: Peter Lenz, Wiesbaden

ISBN 978-3-528-04441-1

Vorwort

Dieses Buch soll dem Anwender einen weiten Bereich zur Nutzung des Apples oder anderer Personal-Computer erschließen. Es soll ihm helfen, auf der Basis einer höheren, strukturierten Programmiersprache Hardware- und Software-Bausteine zu entwickeln, die periphere Geräte an den Rechner anpassen. Solche Verbindungselemente, die auch Interfaces heißen, lassen den Computer mit der Umwelt in Verbindung treten. Mit ihnen kann man Vorgänge messen und Geräte regeln und steuern. Für die Meßwerterfassung bieten sich hauptsächlich physikalische, physikalisch-chemische und technische Prozesse an.

Für wen wurde dieses Buch geschrieben? Es wendet sich hauptsächlich an zwei Zielgruppen:
— an Apple-Anwender und Bastler, die ihren Computer als Verbindungselement zwischen Idee (Software) und Umwelt (Hardware) sehen. Hierbei soll eine höhere, strukturierte Programmiersprache (Pascal) die Programme durchsichtiger gestalten. Dieses Buch liefert dem Leser eine Reihe von getesteten Schaltungen und hierauf zugeschnittenen Programmen, die auch tatsächlich funktionieren und die Anwendbarkeit des Rechners beträchtlich steigern.
— an Informatik- und Physiklehrer und -schüler, die ihre beiden Fächer verbinden möchten. Dieses Buch erläutert alle Grundlagen für einen computerunterstützten Physik-, Chemie-, Elektronik- oder Technikunterricht. Hierbei denke ich an Versuche der Mechanik mit sehr kleinen Meßzeiten oder an Versuche zur Kernphysik mit dem Computer als Vielkanalanalysator. Die vielen Möglichkeiten des Experimentierens in der Elektrizitätslehre, der Elektronik oder beim Magnetfeld liegen auf der Hand.

Es gibt bereits fertige Geräte auf dem Markt, die ebenfalls den VIA 6522 als Interfacebaustein benutzen. Leider sind die Kosten um mindestens eine Zehnerpotenz höher als die in diesem Buch vorgestellten Geräte. Wenn das Interface teurer als der Computer ist, sind Experimente mit dem Computer nicht mehr sinnvoll.

Was setzt dieses Buch beim Leser an Kenntnissen voraus? Es sind insbesondere gute Kenntnisse in Pascal und die Fähigkeit, Schaltskizzen lesen und Schaltungen sorgfältig aufbauen zu können. Geringe Assemblerkenntnisse werden benötigt.

Es gibt eine große Anzahl von Interface-Bausteinen, die beträchtliche Unterschiede in ihren praktischen Anwendungsmöglichkeiten zeigen. Als besonders vielseitig haben sich Schnittstellen mit dem Baustein VIA 6522 erwiesen. Dieser Baustein enthält zwei parallele und eine serielle Schnittstelle. Zwei freiprogrammierbare Timer runden seine Anwendungsfähigkeit ab.

Die Programme wurden für den Apple geschrieben, was die allgemeine Anwendbarkeit jedoch nicht stark einschränkt. Durch Verändern der Adressen lassen sich alle Programme in diesem Buch auf andere Bausteine und andere Computer anwenden!

Ich wünsche dem Leser viel Freude mit seinem selbstgebauten Interface. Bei sorgfältiger Arbeit wird der Erfolg sich einstellen.

Berlin, im Mai 1985   K. Tillmann

Inhaltsverzeichnis

1 Praktische Hinweise

Am Rechner selbst sollten auch erfahrene Bastler keine
Eingriffe vornehmen. Selbst wenn die Garantiezeit
abgelaufen ist, es kann meistens nur mehr Schaden als
Nutzen angerichtet werden. Beachten Sie folgende Regeln
und der Computer wird es Ihnen danken, indem er Ihre
Arbeiten überlebt:

- Löten Sie nie am Computer.
- Ziehen Sie nie eine Karte aus einem Slot, wenn der Rechner
  angestellt ist.
- Wackeln Sie nicht an einer Karte. Es mag oft gut gehen-
  aber einmal geht es schief.
- Wenn an einer Karte gearbeitet wird, trennen Sie sie vom
  Computer.
- Kontrollieren Sie eingesteckte ICs auf die richtige Aus-
  richtung der Kerbe hin.
- Wenn von einem Pin eines ICs ein Signal abgegriffen werden
  soll, so stellen Sie die Verbindung mit einem Tastkopf bei
  ausgeschaltetem Rechner so her, daß keine benachbarten Pins
  berührt werden. Sichern Sie den Tastkopf mechanisch gegen
  Verrutschen.
- Überprüfen Sie alle Schaltungen optisch auf lose Kabel,
  schlechte Lötstellen etc., ehe die Versorgungsspannung an-
  gelegt wird.

Alle in diesem Buch beschriebenen Versuche wurden von
mir aufgebaut, getestet und mit entsprechender Software
betrieben. Ich habe versucht, die Schaltungen so einfach
wie möglich zu gestalten, sowohl von der Übersicht als auch
von der Anzahl der Teile her. Besonderer Wert wurde auf
geringe Kosten gelegt. Die Schaltungen wurden auf Loch-
streifenplatinen mit 2,5 mm Abstand gelötet, ICs gesockelt.

Auftrennungen der Bahnen können mit einem kleinen
Schraubenzieher erfolgen. Verschaffen Sie sich zuerst
einen Plan über die Verteilung der ICs und der übrigen
Bauteile auf der Platine. Löten Sie zuerst alle Sockel ein
und versorgen Sie diese mit der Versorgungsspannung.
Danach werden erst die übrigen Verbindungen hergestellt.
Beginnen Sie mit den Stellen, die voraussichtlich später
von anderen Kabeln bedeckt werden, sonst können bereits
verlötete Verbindungen vom Lötkolben verschmort werden.

Benutzen Sie nur einen Lötkolben mit 15 bis 30 Watt
Leistung. Bringen Sie zuerst das Bauteil und das Lötzinn
in engen Kontakt, dann werden beide kurz und kräftig mit
dem Lötkolben verbunden. Vermeiden Sie kalte Lötstellen.
Da wir Sockel für die ICs benutzen, können durchweg keine
Temperaturprobleme bei den Bauteilen auftreten.

Das Ergebnis kann in kleine Kunststoffgehäuse eingebaut
werden, die leicht zu bearbeiten sind. Die von mir
verwendeten Gehäuse besitzen Deckel und Boden ohne
Schraubverschluß, die ineinander gepreßt werden. An
Steckverbindungen wurden nur 15- und 25-polige Stecker und
Buchsen vom Typ Min D, sowie Telefonbuchsen verwendet.

An zusätzlichen Geräten sind notwendig: Eine
Spannungsversorgung +5 V, 1 A; -5 V, 0,5 A; +12 V, 0,5 A;
-12 V, 0,5 A. Diese Spannungen können nur dann dem Rechner
entnommen werden, wenn dieser nicht bereits durch
zusätzliche Karten belastet ist. Für verschiedene Versuche
sind ein Zweistrahloszilloskop und ein Rechteckgenerator
bis ca. 1 kHz erforderlich.

Im folgenden Kapitel können Sie sich eine sehr preis-
werte Schnittstelle bauen. Sie können für alle Programme
aber selbstverständlich auch eine gekaufte Schnittstelle

benutzen, sofern diese den VIA 6522 enthält. Andernfalls
müssen Sie bestimmte Basisadressen verändern.

Wodurch unterscheiden sich Schnittstellen ?

   Es gibt eine Unzahl verschiedener Schnittstellen. Die
wichtigsten sind die parallele und die serielle Schnittstelle.

   Bei der parallelen Schnittstelle werden die 8 Bits eines
Zeichens neben anderen Signalen gleichzeitig übertragen, es
sind daher entsprechend viele Leitungen zu schalten. Die
Übertragung eignet sich deshalb nur für geringe Entfernungen.

   Bei der seriellen Schnittstelle werden die Daten Bit für
Bit nacheinander übertragen. Man benötigt daher nur zwei
Adern. Die Übertragung eignet sich für große Entfernungen,
ist dafür aber entsprechend zeitaufwendiger.

   Beim Rechner wird folgende Konfiguration vorausgesetzt:
Pascal mit 80 Zeichen, mindestens ein Laufwerk, eine parallele (gekaufte oder selbstgebaute) Schnittstelle, möglichst
mit dem VIA 6522.

   Falls es bei einigen Schaltungen nicht sofort klappt:
lassen Sie sich bitte nicht entmutigen. Auch ich habe
einige Zeit gebastelt, bis alles funktioniert hat. Zur
Fehlerfindung gebe ich bei größeren Schaltungen einige
Überprüfungsmethoden der Schaltung an.

2 Das Interface mit dem VIA 6522

Ist der Rechner eingeschaltet, so fließen zu jeder Zeit, auch wenn der Computer scheinbar nichts tut, Informationen zwischen den einzelnen Bauteilen, CPU (Central Processing Unit), Speicher und peripheren Geräten (z.B. Drucker), hin und her. Die Träger dieser Informationen heißen Datenbus und Adreßbus.

Was versteht man unter dem Daten- und Adreßbus? Alle Komponenten des Apples hängen an zwei Leitungssystemen. Das erste System besteht aus acht Leitungen und transportiert in beide Richtungen (zur CPU bzw. von der CPU weg) Daten, die z. B. in den Speichern abgeschrieben oder aus diesen herausgelesen werden. Dementsprechend kann jeder von der CPU übertragene Wert von 0 bis 255 reichen (2 exp 8). Da der Datenbus in zwei Richtungen wirkt, heißt er bidirektional.

Der Adreßbus wirkt nur in eine Richtung: von der CPU weg (unidirektional). Auf diesem Bus werden zwar auch Daten transportiert, aber diese enthalten nicht die Inhalte der Speicher, sondern deren Adressen. Um 64 Kbyte Speicherplatz ansprechen zu können, werden hierzu 16 Leitungen benötigt (2 exp 16=64 Kbyte).

Alle peripheren Geräte sind über diese beiden Bussysteme mit der CPU und allen anderen Bausteinen verbunden. Dies würde ein unsägliches Datendurcheinander bewirken, falls jedes periphere Gerät auf diesen Bus Daten übertragen könnte, wenn dies nicht von der CPU verlangt wird. Jedes Interface muß daher auf beiden Bussen von der CPU getrennt werden, wenn es nicht von dieser angesprochen wird. Es sollte auch nicht Daten vom Bus lesen, weil das Bussystem hierdurch zu stark belastet wird.

Ein solcher Trennschalter muß vier Aufgaben erfüllen können:

1. Wenn das Interface nicht von der CPU angesprochen wird,
   muß diese den Datenbus vom Interface trennen.
2. Der Adreßbus darf nur unidirektional zum Interface
   durchgelassen werden.
3. Die Daten des Datenbusses müssen zum Interface fließen
   können, wenn die CPU das Interface anspricht und die CPU
   sich im Schreibzustand befindet.
4. Die Daten müssen zur CPU gelangen können, wenn die
   CPU das Interface anspricht und sie sich im Lesezustand
   befindet.

Die CPU muß uns hierfür zwei Signale zur Verfügung stellen:

- das $\overline{\text{CHIP SELECT}}$-Signal: normalerweise hoch; wenn ein
  bestimmter Slot angesprochen wird, geht dieses Signal auf
  niedrigen Pegel (low).

- das READ/$\overline{\text{WRITE}}$-Signal: normalerweise niedriger Pegel für
  den Schreibzustand, hoher für den Lesezustand.

   Für das $\overline{\text{CHIP SELECT}}$-Signal stellt uns der Apple zwei
Möglichkeiten zur Auswahl: $\overline{\text{DEVICE SELECT}}$ und $\overline{\text{I/O SELECT}}$.
Den genauen Unterschied zwischen diesen Signalen werden wir
später kennenlernen. In den Skizzen sehen Sie, daß
bestimmte Signale über der Bezeichnung einen Strich führen.
Dies bedeutet, daß der aktive Zustand bei niedrigem Pegel
liegt.

   Das Bild 2.1 zeigt schematisch die Funktionsweise
dieses Schalters. Links befindet sich jeweils der Datenbus,
rechts das Interface:

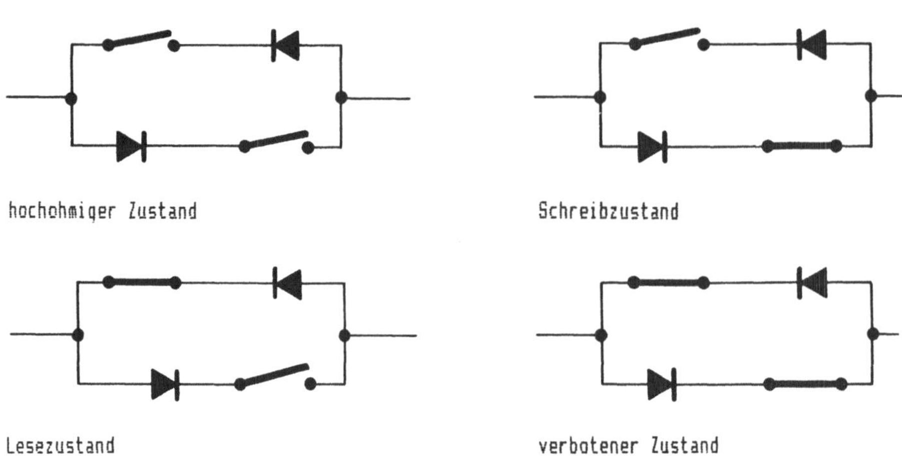

Bild 2.1   Funktionsweise des Puffer-Schalters

Natürlich kann kein mechanischer Schalter diese Aufgabe erfüllen. Hierfür wurden die beiden Puffer SN 74LS241 und SN 74LS243 entwickelt, die Daten in beide Richtungen durchlassen, sperren oder jeweils nur in eine Richtung durchlassen können. Die Anschlußbilder sind jeweils von oben gesehen, die Pins weisen vom Betrachter weg. Bedenken Sie dies, wenn Sie löten und somit den Chip von der entgegengesetzten Seite betrachten! Die Kerbe gibt die Position des Pins 1 an.

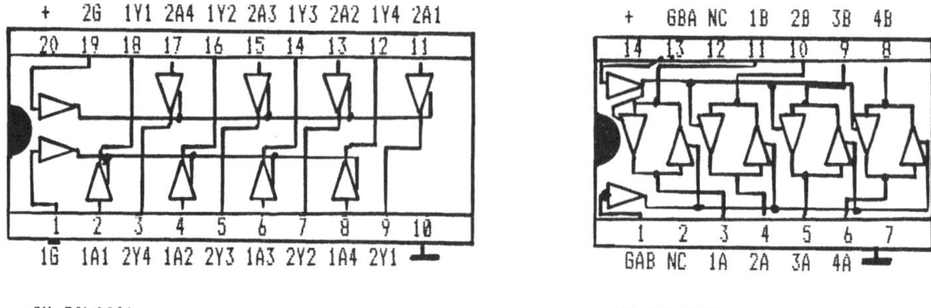

Bild 2.2   Anschlußbelegungen der Puffer

Der Baustein SN 74LS241 läßt die Daten des Adreßbusses unidirektional zum Interface durch. Dies wird bewirkt, indem der Pin 1 auf 0V und der Pin 19 auf +5V gelegt

werden. Der Chip SN 74LS243 ist ein Tristate-Puffer, d.h.,
er kann drei Zustände annehmen, wie ich sie oben
beschrieben habe. Für seinen Schaltungszustand müssen wir
eine eigene Logikschaltung aufbauen. Ich definiere:
Schreibzustand: die CPU schickt Daten zum Interface.
Lesezustand: die CPU holt Daten vom Interface.

Es muß gelten:

Lesen: wenn $\overline{\text{CHIP SELECT}}$ auf niedrigem Pegel und READ/$\overline{\text{WRITE}}$
auf hohem Pegel liegen (Punkt A in Bild 2.3).

Schreiben: wenn $\overline{\text{CHIP SELECT}}$ auf niedrigem Pegel und
READ/$\overline{\text{WRITE}}$ auf niedrigem Pegel liegen (Punkt B in Bild 2.3).
Das Bild 2.3 liefert diese Logikschaltung:

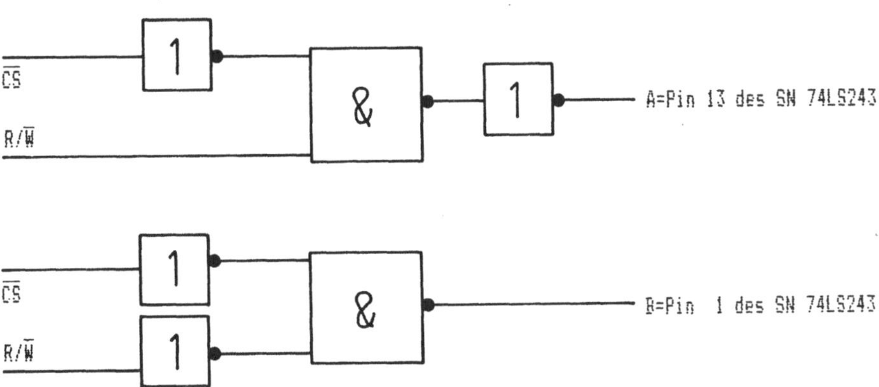

Bild 2.3 Logikschaltung zur Ansteuerung der Puffer

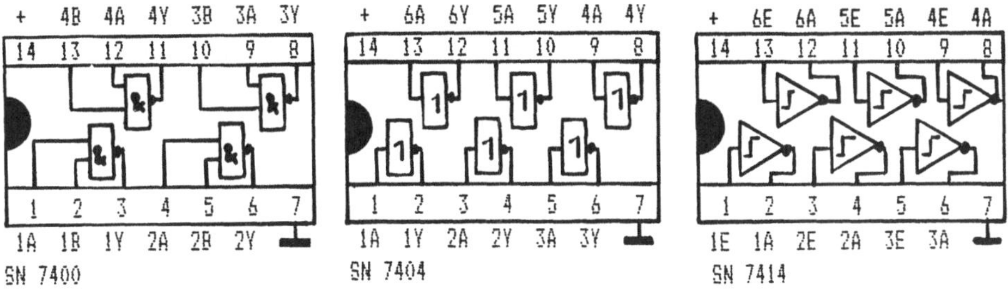

Bild 2.4 Anschlußbelegungen SN 7400, SN 7404 und SN 7414

In den Slots eins bis sechs stehen dem Benutzer zwei Signale zur Verfügung, die aktiv werden, wenn dieser Slot von dem Mikroprozessor 6502 angesprochen wird: $\overline{\text{DEVICE SELECT}}$ und $\overline{\text{I/O SELECT}}$. Wählt die CPU eine Adresse \$Cn00 bis \$CnFF an, so geht das Signal $\overline{\text{I/O SELECT}}$ von hohem Pegel auf niedrigen Pegel. Wird eine Adresse im Bereich \$C0n0 bis \$C0nF gewählt, so geschieht das gleiche mit dem $\overline{\text{DEVICE SELECT}}$-Signal. Hierbei bedeutet n jeweils die Slot-Nummer + 8, für Slot-Nr. 2 also n=10, entsprechend n=\$A hexadezimal. Der VIA 6522 benötigt nun gerade den letzten Adreßbereich, so daß das Signal $\overline{\text{DEVICE SELECT}}$ für uns maßgebend ist. Wenn in diesem Buch vom $\overline{\text{CHIP SELECT}}$-Signal gesprochen wird, ist immer dieses $\overline{\text{DEVICE SELECT}}$-Signal gemeint. Da dieses Signal bereits den Speicherbereich C0xx kennzeichnet (xx=beliebige Werte), sind für die weitere Bestimmung der Adresse nur noch vier Bits notwendig. Wir benötigen also vom Adreßbus nur die unteren vier Bits A0..A3.

Das zweite Problem (nach der Trennung der beiden Busse vom Interface), welches wir lösen müssen, ist die Erzeugung des Signales ϕ_2 . Dieses Signal wird zwar vom 6502 erzeugt und kann an Pin 39 des 6502 abgegriffen werden, aber es steht aus nicht bekannten Gründen in den einzelnen Slots nicht zur Verfügung. Der VIA 6522 benötigt jedoch dieses Signal. ϕ_2 hat zwei Eigenschaften, die es uns erlauben, es aus ϕ_1 zu generieren:
- ϕ_2 ist invers zu ϕ_1 .
- ϕ_2 eilt um 15 bis 75 ns hinter ϕ_1 her (je nach Amplitude).

Die Phasenverschiebung läßt sich durch ein RC-Glied erreichen (s. Bild 2.5). Dieses zerstört jedoch die Kurvenform des Signals. Es wird daher anschließend wieder durch einen Schmitt-Trigger auf Rechteckformat gebracht. Der Schmitt-Trigger erfüllt gleichzeitig die Aufgabe des Inverters. Eine graphische Darstellung von ϕ_1 und ϕ_2 finden Sie im 3. Kapitel, da dort beide Signale gemessen werden.

Der Kondensator C lädt sich entsprechend einer
e-Funktion auf. Bei der oberen Schwellspannung von ca.
1,7V spricht der Schmitt-Trigger an (das gilt für den SN
7414). Die Funktionsgleichung für diese Aufladekurve
lautet

$$U(t) = 4V \, (1 - \exp(-t/RC)).$$

Die Zeitkonstante des RC-Gliedes beträgt für R=220 Ohm,
C=82 pF und U=1,7V ca. t=0,86xRxC=16 ns. Der
Schmitt-Trigger selbst bewirkt ebenfalls noch einmal eine
Verzögerung von typisch 15 ns (s. Handbücher). Dies macht
zusammen eine Verschiebung von 31 ns. Die Erfahrung zeigt,
daß diese Werte das gewünschte Ergebnis bewirken.

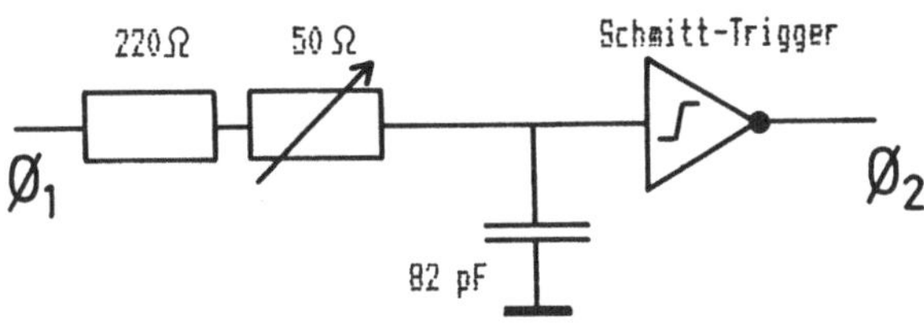

Bild 2.5   Erzeugung des ϕ_2 -Signals

Die Erzeugung des ϕ_2 -Signals ist die einzige kritische
Stelle im Versuchsaufbau. Andererseits sollten diese Werte
ohne weitere Kontrollen die richtige Verzögerung bewirken.
Der Trimmer sollte auf "Null" stehen. Für eine genauere
Überprüfung siehe das nächste Kapitel "Der Test des Inter-
faces".

Das Bild 2.6 zeigt die einzelnen Blöcke der Schaltung.
Die beiden Puffer schirmen die CPU vom Interface ab, wenn
dieses nicht angesprochen wird. Die Logikschaltung bewirkt
diesen Ein- und Ausschalteffekt. Zuletzt wird das ϕ_1 -Signal
in ϕ_2 umgeformt. Es hat sich gezeigt, daß die Schaltung recht
einfach aufgebaut werden kann, denn die entsprechenden Ein-

und Ausgänge liegen durch geschickte Positionierung der ICs
oft direkt gegenüber. Ein erfahrener Bastler kann das
Interface in ca. 3 Std. aufbauen, ein ungeübter braucht
natürlich entsprechend länger.

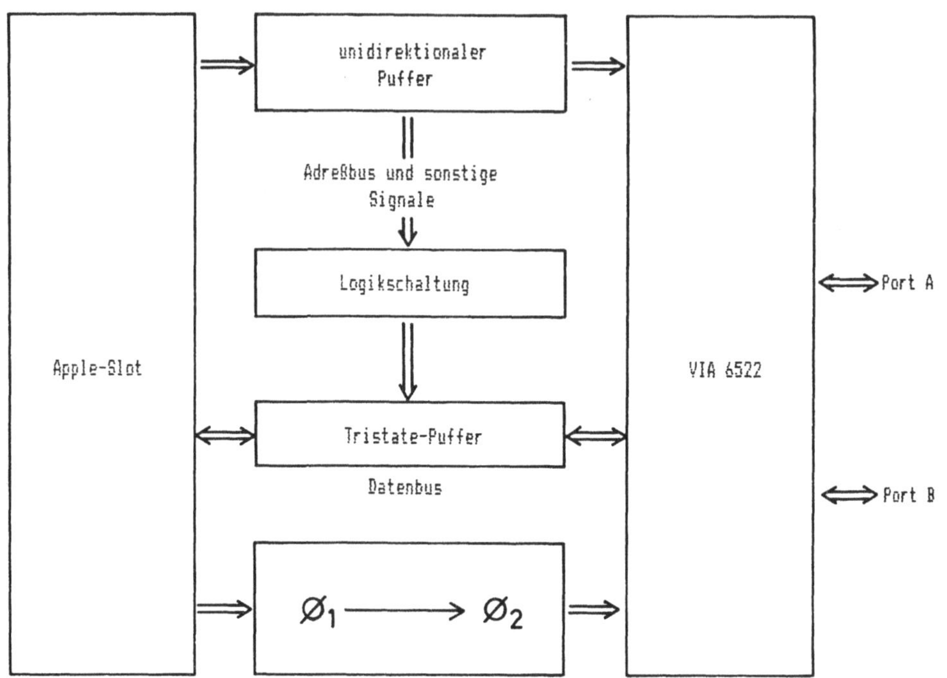

Bild 2.6 Blockschaltbild des Interfaces

Die gesamte Schaltung wird auf einer sogenannten
Prototyp- , Hobby- oder Entwicklungs-Karte aufgebaut, die
direkt in einen der Slots des Apples gesteckt werden kann.
Diese Karten werden im Versandhandel zu ca. 25 DM
angeboten (Preise Stand Ende 1984). Der VIA 6522 kostet
ca. 20 DM, die Puffer je 3 DM und die übrigen Chips 1 bis
2 DM. Das gesamte Interface kann also für ca. 60 DM
(tatsächlich 60 DM!) gebaut werden.

Gehen Sie bitte in dieser Reihenfolge vor:

- legen Sie die Lage der Chips etwa wie in Bild 2.9
  vorgeschlagen fest.
- Löten Sie zuerst die Sockel der ICs ein. Löten Sie
  zuerst provisorisch zwei Eck-Pins fest, so daß Sie beide
  Hände zum Löten frei bekommen. Dann löten sie alle
  restlichen Pins fest.
- Verbinden Sie die Sockel mit der Versorgungsspannung. +5V
  finden Sie auf der IC-Seite (die rechte Seite) ganz hinten,
  Pin 25. Ground finden Sie auf der Rückseite ganz hinten,
  Pin 26.

Rückseite des Apples

Gnd	26	25	+5V	
	27	24		
	28	23		
	29	22		
$\overline{\text{IRQ}}$	30	21		
$\overline{\text{RES}}$	31	20		
	32	19		
-12V	33	18	R/$\overline{\text{W}}$	
-5V	34	17		
	35	16		
	36	15		
	37	14		
ϕ_1	38	13		
	39	12		
	40	11		
$\overline{\text{CS}}$	41	10		
D7	42	9		
D6	43	8		
D5	44	7		
D4	45	6		
D3	46	5	A3	
D2	47	4	A2	
D1	48	3	A1	
D0	49	2	A0	
+12V	50	1	I/O SELECT	

Vorderseite des Apples

Bild 2.7   Anschlußbelegung der Apple-Slots 1 bis 6

- Das Bild 2.7 zeigt Ihnen die übrigen benötigten
  Anschlüsse der Apple-Slots, Bild 2.8 zeigt die Anschlüsse
  des VIA 6522 und Bild 2.10 schließlich den Gesamtschalt-
  plan.

Signal	Pin		Pin	Signal
Gnd	1		40	CA1
PA0	2		39	CA2
PA1	3		38	AB0
PA2	4		37	AB1
PA3	5		36	AB2
PA4	6		35	AB3
PA5	7		34	RES
PA6	8		33	DB0
PA7	9		32	DB1
PB0	10		31	DB2
PB1	11		30	DB3
PB2	12		29	DB4
PB3	13		28	DB5
PB4	14		27	DB6
PB5	15		26	DB7
PB6	16		25	ϕ_2
PB7	17		24	CS1=+5V
CB1	18		23	$\overline{CS}$
CB2	19		22	R/$\overline{W}$
+5V	20		21	$\overline{IRQ}$

Bild 2.8   Anschlußbelegung des VIA 6522

- Verbinden Sie nun den Adreßbus Bit 0 bis Bit 3 mit dem
  Puffer und die Ausgänge des Puffers mit dem VIA 6522.
- Verbinden Sie den Datenbus mit den beiden Tristate-Puffern
  und dann mit dem VIA 6522.
- Verbinden Sie den VIA 6522 - teilweise über den Puffer -
  mit den Signalen R/$\overline{W}$, $\overline{RES}$, $\overline{IRQ}$ und $\overline{CS}$. Wenn Sie Programme
  mit Interrupts laufen lassen wollen, darf $\overline{IRQ}$ nicht über den
  Puffer laufen.
- Jetzt ist schon der größte Teil der Arbeit geschafft. Die
  Logikschaltung mit dem SN 7400 und SN 7404 wird aufgebaut.
- Das Signal ϕ_1 wird in ϕ_2 umgewandelt und an Pin 25 des VIA
  6522 angeschlossen.

- Der 25-polige Ausgangsstecker (doppelreihige Stiftleiste
  im 2,54 mm Raster) wird über dem VIA 6522 eingelötet und
  mit den Ausgängen des VIAs verbunden. Am Ende dieses
  Kapitels finden Sie die Belegung des Steckers.
- Für die Testphase ist es günstig, sich am Teststecker die
  benötigten Signale $\overline{CS}$, R/$\overline{W}$ vor der Logikschaltung und die
  Pegel an den Punkten A und B sowie die Signale ϕ_1 und ϕ_2
  zu verschaffen.
- Löten Sie das Verbindungskabel zur Außenwelt. Auf der Platine benutzen Sie einen Direktstecker für Leiterplatten mit
  doppelseitigen Kontaktflächen im Raster 2,54 mm für Flachka-
  belanschluß, auf der anderen Seite eine 25-polige Buchse.
- Stecken Sie jetzt bitte alle ICs ohne den VIA 6522 ein.
- Kontrollieren Sie bitte die richtige Lage der Kerben.
- Überprüfen Sie bitte gründlich alle Lötstellen optisch auf
  - Kurzschlüsse (mit dem Ohmmeter prüfen)!
  - kalte Lötstellen!
  - gebrochene Kabel!
Wichtig: nehmen Sie das Interface noch nicht in Betrieb.
Lesen Sie zuerst das Kapitel 3 "Der Test des Interfaces".

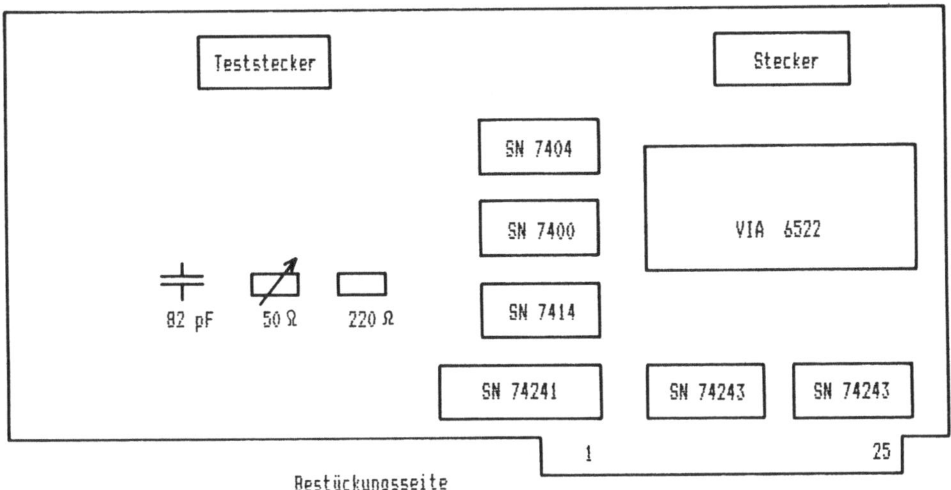

Bild 2.9 Übersicht über die Lage der Bauteile

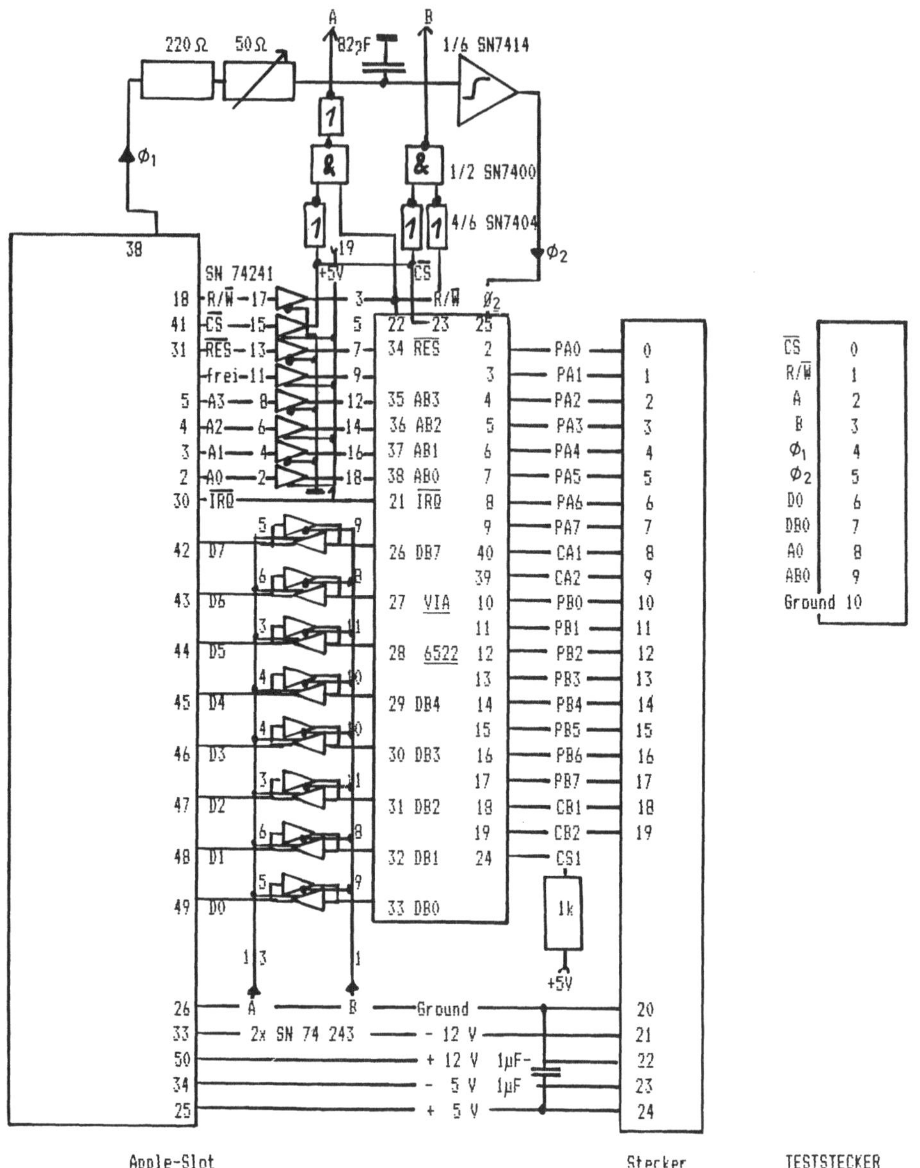

Bild 2.10   Die Gesamtschaltung des Interfaces

Ich schlage vor, die 25-polige Buchse vom Typ Min D
in dieser Reihenfolge zu belegen:

1 - PA0		14- PB3	
2 - PA1		15- PB4	
3 - PA2		16- PB5	
4 - PA3		17- PB6	
5 - PA4		18- PB7	
6 - PA5		19- CB1	
7 - PA6		20- CB2	
8 - PA7		21- Ground	
9 - CA1		22- -12V	
10- CA2		23- +12V	
11- PB0		24- -5V	
12- PB1		25- +5V	
13- PB2			

```
Materialliste: 1 Hobby-Karte passend für Apple-Slots
               4 Sockel 14-polig
               1 Sockel 20-polig
               1 Sockel 40-polig
               1 VIA 6522
               2 Puffer SN 74LS243
               1 Puffer SN 74LS241
               1 Gate    SN 7400
               1 Inverter SN 7404
               1 Schmitt-Trigger SN 7414
               1 Kondensator 82 pF
               1 Kondensator beliebig 1 µF bis 1 nF
               1 Widerstand 220 Ohm
               1 Trimmer 50 Ohm
               2 Stecker 25-polig Stiftleiste
               1 Buchse Typ Min D 25-polig
               1 Flachbandkabel 1m 25-polig
```

3 Der Test des Interfaces

Wir halten jetzt das Interface ohne den VIA 6522 in der Hand. Wir werden es zuerst außerhalb des Computers gründlich testen.

Am Teststecker verfügen wir über alle notwendigen Signale. Zuerst versorgen wir die Karte mit der +5V-Versorgungsspannung. Ich nehme an, daß kein Kurzschluß vorliegt. Die Tabellen 3.1 bis 3.3 geben alle Möglichkeiten wieder, die die Logikschaltung zuläßt und ebenfalls die möglichen Fehler, wenn das Ergebnis nicht mit dem in der Tabelle übereinstimmt. (x bedeutet, daß dieser Zustand keinen Einfluß auf das Ergebnis hat, 1 entspricht +5V, 0 entspricht 0V.)

$\overline{CS}$	R/$\overline{W}$	A	B	Schreib/Lesezustand	Kontrolle
			Eingaben	Ausgaben	
1	1	0	1	Interface inaktiv	Die Inverter und
1	0	0	1	Interface inaktiv	Gates einzeln auf
0	1	1	1	Lesezustand	ihre Funktion hin
0	0	0	1	Schreibzustand	überprüfen.

Tabelle 3.1   Test der Logikschaltung

$\overline{CS}$	R/$\overline{W}$	A0	D0	AB0	DB0	Zustand
				Eingaben	Ausgaben	
x	x	1	x	1	x	Adressen müssen durchgelassen werden. Möglicher Fehler: Puffer
x	x	0	x	0	x	SN74241 Pin1 mit Pin19 vertauscht
1	1	x	1	x	1,6V	verbotene Zustände
1	1	x	0	x	1,6V	wenn trotzdem ein Signal durch-

```
Eingaben              Ausgaben
------------------------------

CS  R/W  A0  D0  AB0  DB0      Zustand
--------------------------------------------------------------

1   0    x   1   x    1,6V  gelassen wird: Möglicher Fehler:
1   0    x   0   x    1,6V  Puffer SN 74243 Pin 1 mit Pin 13
0   1    x   1   x    1,6V  vertauscht.
0   1    x   0   x    1,6V  Schreiben im Lesezustand nicht erl.
0   0    x   1   x    1     Schreibzustand
0   0    x   0   x    0     Schreibzustand
```

Tabelle 3.2 Test der Puffer - Schreibzustand

```
Eingaben              Ausgaben
------------------------------

CS  R/W  AB0  DB0  A0    D0      Zustand
--------------------------------------------------------------

x   x    1    x    1,6V  x     Adressen dürfen in diese Rich-
                               tung nicht durchgelassen werden.
x   x    0    x    1,6V  x     Möglicher Fehler:Pins vertauscht
1   1    x    1    x     1,6V  verbotener Zustand
1   1    x    0    x     1,6V  s.o.
1   0    x    1    x     1,6V  s.o.
1   0    x    0    x     1,6V  s.o.
0   1    x    1    x     1     Lesezustand
0   1    x    0    x     0     Lesezustand
0   0    x    1    x     1,6V  Schreiben hier verboten
0   0    x    0    x     1,6V  Schreiben hier verboten
```

Tabelle 3.3 Test der Puffer - Lesezustand

   Erst wenn diese Testreihe erfolgreich ist, stecken Sie
den VIA 6522 in den Sockel und stecken das Verbindungskabel
auf den Stecker. Vergewissern Sie sich vorher, daß Sie nicht
elektrostatisch aufgeladen sind (Heizung berühren). Bei

ausgeschaltetem Rechner stecken Sie jetzt die Karte in
einen der Slots des Apples, z.B. Slot 2 (das ist der
dritte von links). Vergewissern Sie sich, daß sie sicher
steckt und nicht verkantet ist. Schalten Sie den Apple an.

Wenn er jetzt nicht bootet, dann schalten Sie ihn bitte
sofort wieder aus. Es dürfte eigentlich nichts Schlimmes
geschehen sein, da sehr wahrscheinlich der obige Test nicht
richtig durchgeführt wurde. Wahrscheinlich war die Karte
aktiv und hat den Datenbus der CPU durcheinandergebracht.
Überprüfen Sie bitte erneut, daß das Interface bei $\overline{CS}=1$
keine Daten vom VIA 6522 zur CPU durchläßt.

Bootet der Apple, können wir im Test weiterfahren. Die
beiden folgenden Programme - zur Auswahl ein Pascal- und
ein BASIC-Programm - erzeugen an allen Ausgängen PA0 bis
PA7 und PB0 bis PB7 ein ca. 1/2-Hz-Signal, das Sie gut mit
einem gewöhnlichen Voltmeter beobachten können.

Pascal-Programm TEST1

```
PROGRAM TEST1;

VAR SLOT,VIA,
    DATRICHA,DATRICHB,DATENA,DATENB:INTEGER;

PROCEDURE POKE(ADRESSE:INTEGER;WERT:CHAR);EXTERNAL;

FUNCTION KEYPR:BOOLEAN;EXTERNAL;

PROCEDURE DELAY;
VAR TIME:INTEGER;
BEGIN
   FOR TIME:=1 TO 1600 DO;
END;
```

```
BEGIN
    SLOT:=2;
    VIA:=-16256+16*SLOT;
    DATENB:=VIA;
    DATENA:=VIA+1;
    DATRICHB:=VIA+2;
    DATRICHA:=VIA+3;
    POKE(DATRICHA,CHR(255));
    POKE(DATRICHB,CHR(255));
    WRITELN(CHR(12),'                    Test 1              ');
    WRITELN('================================');
    GOTOXY(0,10);
    WRITELN('0,5 Hz auf allen Leitungen DA0...DA7, DB0...DB7');
    WRITELN;
    WRITELN('Ende: ===> Taste drücken.');
    REPEAT
       DELAY;
       POKE(DATENA,CHR(0));
       POKE(DATENB,CHR(0));
       DELAY;
       POKE(DATENA,CHR(255));
       POKE(DATENB,CHR(255));
    UNTIL KEYPR;
END.
```

Das lauffähige Programm TEST1 finden Sie auf der
Diskette, die mit dem Buch erworben werden kann. Andernfalls beachten Sie die Regeln im Kapitel 4 . Dann können
Sie die Prozeduren "POKE" und die Funktion "KEYPR" editie-
ren und assemblieren. Den Pascal-Code linken Sie mit diesen beiden Modulen. Auf den Inhalt des Programms möchte
ich hier noch nicht eingehen und verweise auf das 5. Kapitel.

BASIC-Programm TEST2

```
10 SLOT=2
20 VIA=49280+16*SLOT
200 POKE VIA+2,255
300 POKE VIA+3,255
400 POKE VIA,255
500 POKE VIA+1,255
600 FOR J=1 TO 800:NEXT J
700 POKE VIA,0
800 POKE VIA+1,0
900 FOR J=1 TO 800:NEXT J
1000 I=PEEK(-16384)
1100 IF I>127 THEN GOTO 1300
1200 GOTO 400
1300 END
```

Ich möchte die Programme hier nicht erklären, da dies
das Ziel des Kapitels 5 ist. Die Programme können durch
einen beliebigen Tastendruck gestoppt werden.

Wenn Sie diese 1/2-Hz-Frequenz messen, ist Ihr Interface
sehr wahrscheinlich in allen Funktionen betriebsbereit, und
Sie können die weiteren Überprüfungen überspringen.

Falls Sie diese Frequenz nicht beobachten können, muß
das ϕ_2 -Signal überprüft werden. Über den Teststecker legen
wir die Signale ϕ_2 und $\overline{\phi_1}$ auf die Eingänge eines Zweistrahl-
oszilloskops mit 20 MHz Bandbreite. Für meine Messungen habe
ich einen Hameg 203-4 benutzt. Ich erhielt folgende Oszilloskopbilder bei einer Ablenkung von 0,5 ns, unter Benutzung der x5-Taste und einer y-Ablenkung von 2V/cm:

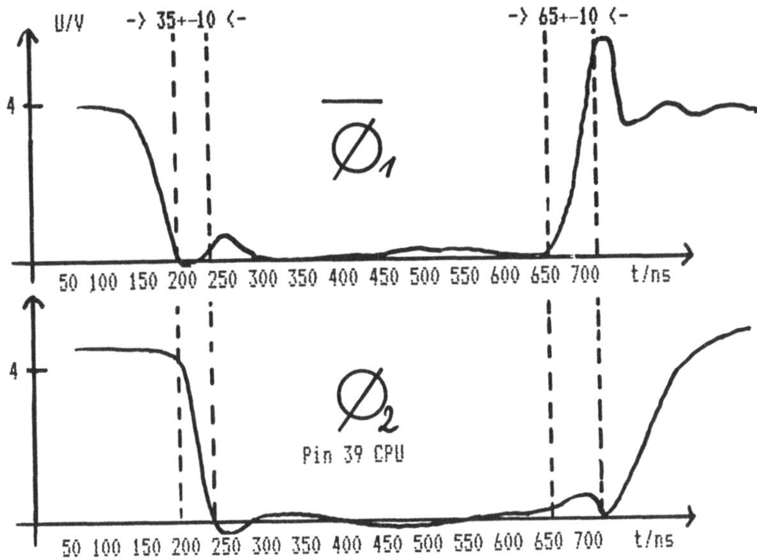

Bild 3.1 Die Signale $\overline{\phi_1}$ und ϕ_2 (Pin 39 CPU)

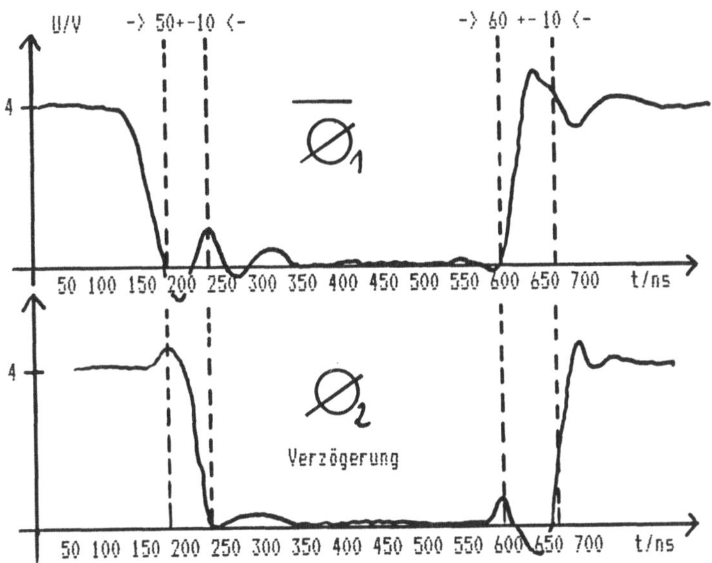

Bild 3.2 Die Signale $\overline{\phi_1}$ und ϕ_2 (Verzögerung)

Ich habe bewußt keine abgeschirmten Kabel und keine
Tastköpfe verwendet. Die Meßwerte müssen mit der Anstiegs-
zeit des Oszilloskop-Vertikalverstärkers geringfügig
korrigiert werden. Weichen Ihre Oszilloskopbilder stark
von den Diagrammen ab (zu große oder zu kleine Phasenverschiebung zwischen $\overline{\phi_1}$ und ϕ_2), so können Sie den
Trimmer verändern. Andere Korrekturmöglichkeiten gibt es
nicht. Wiederholen Sie jetzt bitte den 1/2-Hz-Test.
Messen Sie wiederum nicht diese Frequenz, können Sie das
richtige Zusammenspiel von $\overline{\text{CHIP SELECT}}$ und READ/$\overline{\text{WRITE}}$ mit
dem folgenden Programm testen. Gleichzeitig bestimmen Sie
die höchste mit diesem Interface erreichbare Frequenz. Sie
können hieraus auch gleichzeitig die Ausführungszeiten der
Assembler-Befehle STA und JMP bestimmen. Die Programme
TEST3A, TEST3P, TEST4A und TEST4P befinden sich auf der
Diskette, die Sie erwerben können. Andernfalls muß leider
wieder vorausgesetzt werden, daß Sie mit Assembler- und
Pascal-Programmen umgehen können. Lesen Sie hierzu das 4.
Kapitel.

<u>Assembler-Programm TEST3A</u>


```
;------------------------------------------
; Test der Schnittstelle
; Dies ist ein Programm, das nur durch die
; RESET - Taste abgebrochen werden kann.
; Es wird vorausgesetzt, daß das Interface
; in Slot 2 steckt.
;------------------------------------------
        .MACRO POP     ; Pascal Startadresse
        PLA
        STA %1
        PLA
        STA %1+1
        .ENDM
```

```
        .MACRO PSH       ; Pascal Rücksprung
        LDA %1 +1
        PHA
        LDA %1
        PHA
        .ENDM


; ---------------------------------------------------
; Vereinbarung von Adressen und Konstanten
; ---------------------------------------------------


RETURN      .EQU 0
NUM2        .EQU 0C0A0       ; SLOT 2


; ---------------------------------------------------
; Die Prozedur
; ---------------------------------------------------


        .PROC TEST3      ; Anfang der Prozedur
        POP RETURN       ; Pascal Startadresse
        LDA #0
BEGIN   STA NUM2
        JMP BEGIN


; ---------------------------------------------------
;   Das Ende der Prozedur
; ---------------------------------------------------


        PSH RETURN       ; Pascal Rücksprungadresse
        RTS
        .END             ; Ende der Prozedur


; ---------------------------------------------------
;     end of assembly
; ---------------------------------------------------
```

<u>Pascal-Programm TEST3P</u>

```
PROGRAM TEST3P;

PROCEDURE TEST3;EXTERNAL;

BEGIN
   TEST3;
END.
```

Die Bezeichnungen der Programme werden so gewählt, daß der Zweck des Programms erkennbar ist. Tragen Assembler- und Pascal-Programm die gleiche Bezeichnung, so wird jeweils ein A bzw. ein P angehängt. Das Programm TEST4A erhalten Sie, indem Sie im Assembler-Programm statt

```
BEGIN   STA NUM2
```

die folgende Zeile schreiben (und 3 in 4 ändern):

```
BEGIN LDA NUM2.
```

Das Programm kann nur durch die RESET-Taste unterbrochen werden, da eine Abfrage der Tastatur die Frequenz herabsetzen würde.

Auf dem Oszilloskop müssen Sie die folgenden Diagramme (Bild 3.3 und Bild 3.4) sehen. Auf den 1. Kanal wird das READ/WRITE-Signal gelegt, auf den zweiten nacheinander das CHIP SELECT-Signal bzw. die Signale an den Punkten A und B (siehe Teststecker).

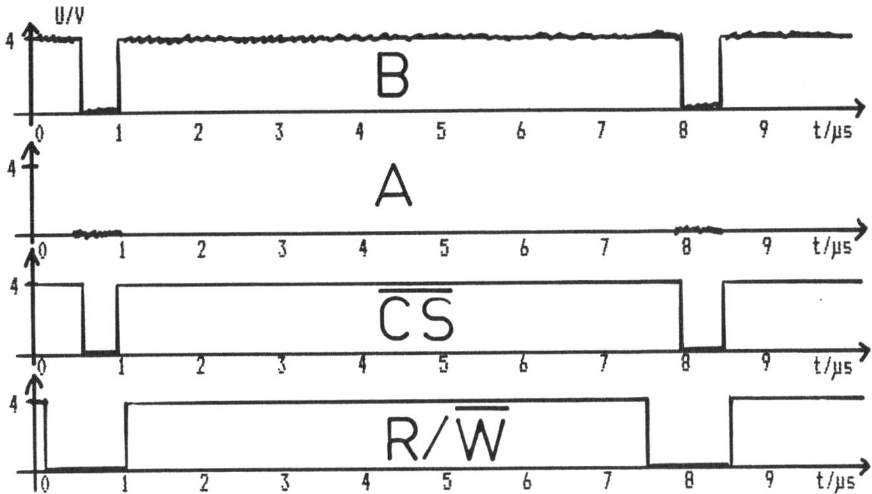

Bild 3.3   READ/$\overline{\text{WRITE}}$- und $\overline{\text{CHIP SELECT}}$-Signale im Test3

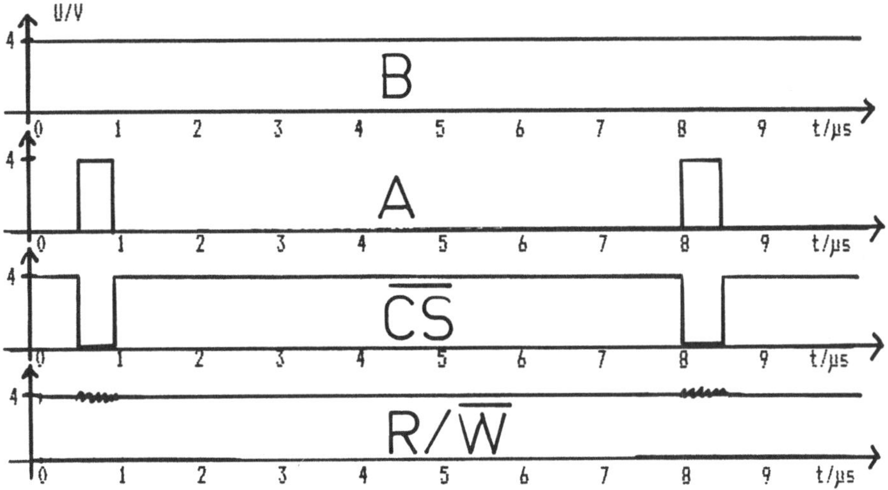

Bild 3.4   READ/$\overline{\text{WRITE}}$- und $\overline{\text{CHIP SELECT}}$-Signale im Test4

4 Zugriff auf physikalische Speicher im Pascal-Programm

Das UCSD-Pascal-System, wie jede andere höhere Programmiersprache, entbindet den Benutzer weitgehend von den "niederen" Arbeiten in der Speicherhierarchie des Rechners. Er weiß nicht, wie und wo einzelne Daten und Variablen abgespeichert sind. Diesen Komfort erkauft man sich durch Inflexibilität und teilweisen Verzicht auf Schnelligkeit. Daher kann man Programmteile, die die Benutzung spezieller Speicheradressen verlangen oder besonders zeitkritisch sind, in Assembler schreiben und dann in die Pascal-Programme einbinden. Es ist jedoch sehr mühselig, für jedes kleine Problem ein Assembler-Programm aufzustellen. Deshalb sollen an erster Stelle die drei besonders wichtigen Funktionen und Prozeduren "PEEK", "POKE" und "KEYPR" simuliert werden.

Natürlich durchbrechen Funktionen und Prozeduren vom Typ "PEEK" und "POKE" die Pascalstruktur. Sie sind jedoch unumgänglich, wenn spezielle Adressen angesprochen werden sollen und das Programm gleichzeitig sehr schnell sein muß.

4.1 Assembler-Programme

Ich setze voraus, daß der Leser sich im Apple-Pascal-System auskennt. Hierzu gibt es neben den beiden Benutzerhandbüchern "Language Reference Manual" und "Operating System Reference Manual" von Apple weitere Bücher (siehe Anhang). Die Benutzung des Assembler-Systems ist in den Manuals nur kurz beschrieben, die Abweichungen von Assembler-Programmen, die in BASIC-Programmen eingebunden sind, fast überhaupt nicht. Ich

werde durchgehend das System nur soweit beschreiben, wie es
für das vorliegende Buch notwendig ist.

Viele Benutzer des Apple-Rechners haben sich eine 80-
Zeichen-Karte eingebaut und dann festgestellt, daß die
Funktion "KEYPRESS" nicht mehr funktioniert. Ebenso wird
häufig der TTLOUT(0)-Ausgang für das Softswitching der 80-
Zeichen-Karte benutzt. Ich möchte daher hier als Beispiel
zur Beschreibung des Assembler-Systems die gleichwertige
Funktion "KEYPR" behandeln. KEYPR stellt fest, ob vom
Benutzer eine Taste gedrückt wurde.

Gehen Sie im Pascal-System in den Editor und tippen Sie
folgenden Text ein:

Assembler-Programm KEYPR

```
;-----------------------------------------------------
; Assembler-Hilfsprogramm für Pascal
; Makros
;-----------------------------------------------------


        .MACRO POP      ; Pascal Startadresse
        PLA
        STA %1
        PLA
        STA %1+1
        .ENDM


        .MACRO PSH      ; Pascal Rücksprung
        LDA %1 +1
        PHA
        LDA %1
        PHA
        .ENDM
```

```
;-------------------------------------------------------
; Vereinbarung von Adressen und Konstanten
; Hexadezimale Zahlen müssen mit 0 beginnen
;-------------------------------------------------------


RETURN     .EQU 0       ; Definition des Hilfsspeichers
KEYBOARD .EQU 0C000 ; Basisadresse Keyboard
STROBE     .EQU 0C010 ; Strobeadresse Keyboard


;-------------------------------------------------------
; Beginn der Funktion
; Die Funktion enthält keine Parameter
;-------------------------------------------------------

        .FUNC KEYPR
        POP RETURN
        PLA
        PLA
        PLA
        PLA
        LDA KEYBOARD
        ROL A
        ROL A
        AND #1
        PHA
        PHA
        LDA #0
        STA STROBE
        PSH RETURN
        RTS
        .END


;-------------------------------------------------------
;    end of assembly
;-------------------------------------------------------
```

Dieses Programm wird im nächsten Kapitel erläutert.
Tippen Sie dieses Programm ein. Beachten Sie: Die Befehle
beginnen z. B. erst in Spalte 10, "Labels" in Spalte 1. Be-
merkungen können weggelassen werden. Diese beginnen mit
einem Semikolon. Verlassen Sie den Editor mit Quit, Write
"KEYPRESS" und Exit. Beachten Sie jetzt, daß folgende
System-Programme auf der Diskette sein sollten:
SYSTEM.ASSMBLER, 6500.OPCODES, 6500.ERRORS. Auf der "Boot"-
Diskette muß noch für einen vom Assembler erzeugten
Zwischenfile Platz sein. Tippen Sie von der Hauptmenükarte
"A" ein. Der Assembler meldet sich und fragt nach dem zu
assemblierenden Programm (Assemble what text ?). Geben Sie
"KEYPRESS" ein. Das zugehörige Code-Programm sollte
zweckmäßigerweise denselben Namen haben, geben Sie daher
bei der zweiten Frage (To what code file ?) "$" ein. Ein
Listing ist nicht erforderlich, geben Sie bei der dritten
Frage (Output file for assembled listing ?) nur "RETURN"
ein. Wenn Sie im Assembler-Programm einen Fehler haben, so
meldet sich der Assembler und gibt die entsprechende
Fehlermeldung aus. Gehen Sie wie im Pascal-System gewohnt
in den Editor und korrigieren Sie. Wiederholen Sie dann
alle Schritte. Ist das Programm fehlerfrei, so befinden
sich auf der Diskette jetzt die beiden Programme
"KEYPRESS.TEXT" und "KEYPRESS.CODE". Wenn Sie häufig mit
Assembler-Programmen arbeiten, ist es günstig, diese in
einer Library zu sammeln, dies kann eine neue Library sein.
Praktischer ist es jedoch, wichtige Routinen wie "KEYPR",
"POKE" und "PEEK" in der SYSTEM-LIBRARY auf der "Boot"-
Diskette zur Verfügung zu haben.

Wir fügen jetzt das Assembler-Programm "KEYPR", dessen
Code sich im File "KEYPRESS.CODE" befindet, in die SYSTEM-
LIBRARY ein. Auf der Diskette APPLE 3 befindet sich der
File LIBRARY.CODE. Von der Hauptmenükarte rufen Sie ihn
mit "X" auf. Dieses Programm fragt zuerst nach dem Output

Code-File. Damit die SYSTEM-LIBRARY nicht überschrieben und
damit zerstört wird, geben wir einen neuen Namen an, z. B.
INTERFACELIB. In diese neue Library wollen wir zuerst die
gesamte SYSTEM.LIBRARY einbringen. Daher geben wir bei der
zweiten Frage (Link code file ->) SYSTEM.LIBRARY an. Wir
wollen die gesamte Library übernehmen, daher geben wir jetzt
ein "=" ein (slot # to link..). (Anmerkung: slot # ist
hier einfach eine Durchnumerierung der Assembler-Programme
oder UNITS. Slot hat hier nichts mit den acht Slots des
Apple für Zusatzkarten zu tun.) Anschließend wird nach
weiteren einzufügenden Programmen gefragt (Slot # to
link..). Wir geben "N" und "KEYPRESS" an. Diese Funktion
belegt Slot #1, in der neuen INTERFACELIB ist dieser Slot
jedoch schon belegt. Wir geben daher zuerst die 1 mit
RETURN und dann den ersten freien Slot in der INTERFACELIB,
z.B. 7 RETURN ein. Wir verabschieden uns mit Quit und bei
Notice ? mit RETURN. Wir haben jetzt die Library
INTERFACELIB erzeugt. Im Filer können wir durch den
Transfer-Befehl INTERFACELIB auf die SYSTEM.LIBRARY
überschreiben. Die Funktion "KEYPR" steht uns jetzt in
allen Pascal-Programmen zur Verfügung.

   Wie wird diese Funktion in Pascal-Programmen benutzt ?
Zur Demonstration geben Sie bitte im Pascal-Editor folgendes Programm ein:

Pascal-Programm KEY

```
PROGRAM KEY;
FUNCTION KEYPR:BOOLEAN;EXTERNAL;
BEGIN
   REPEAT
      WRITELN('Stopp mich. ');
   UNTIL KEYPR;
END.
```

Schreiben Sie dieses Programm unter "KEY" auf eine
Diskette. Kompilieren Sie wie gewohnt dieses Programm. Es
ist jedoch noch nicht lauffähig, da es erst mit dem
Assembler-Programm "KEYPR" verbunden oder gelinkt werden
muß. Dazu rufen Sie von der Hauptmenükarte mit "L" den
Linker auf, der selbstverständlich auf einer Diskette zur
Verfügung stehen muß. Geben Sie dann zuerst (Host file ?)
"KEY" und als Library (Lib file ?) "*" als Abkürzung für
die SYSTEM.LIBRARY an. Auf die weiteren Fragen (Lib file ?
und Map file ?) antworten Sie nur zweimal mit RETURN. Für
den Output-File geben Sie wieder "KEY" an. Dessen Code-
File ist nun lauffähig, wie Sie sich durch "R" oder "X"
überzeugen können. Der Bildschirm wird nun mit "Stopp
mich. " vollgeschrieben, bis Sie eine Taste drücken. Das
Programm wird dann beendet. Die neue Funktion "KEYPR" ist
vom Typ BOOLEAN und kann daher im Programm etwa in folgender Art benutzt werden:

```
IF KEYPR THEN...
IF NOT KEYPR THEN...
REPEAT....UNTIL KEYPR.
```

In diesem Teil des Buches werden fast nur Assembler-
Prozeduren verwendet. Sie sollten diese nach folgendem
Schema aufbauen:

Assembler-Programm Das Grundprinzip einer Prozedur

```
;-----------------------------------------------
;    Beginn eines jeden Assembler-Programms
;    Makros
;-----------------------------------------------


      .MACRO POP       ; Pascal Startadresse
      PLA
```

```
              STA %1
              PLA
              STA %1+1
              .ENDM
              .MACRO PSH      ; Pascal Rücksprung
              LDA %1 +1
              PHA
              LDA %1
              PHA
              .ENDM


;-----------------------------------------------------
;   Vereinbarung von Adressen und Konstanten
;-----------------------------------------------------


RETURN    .EQU 0


;-----------------------------------------------------
;   Die Befehlsfolge der Prozedur
;-----------------------------------------------------


              .PROC SCHRIFT  ; Beginn der Prozedur
              POP RETURN      ; Pascal Startadresse
              ..........


;-----------------------------------------------------
;   Das Ende der Prozedur
;-----------------------------------------------------


              PSH RETURN     ; Pascal Rücksprung
              RTS
              .END            ; Ende der Prozedur


;-----------------------------------------------------
;     end of assembly
;-----------------------------------------------------
```

Erläuterungen: Das Apple-Pascal-System legt momentan
benutzte Adressen für den Benutzer unsichtbar auf einem
sogenannten Stapel (Stack) ab. Dies ist ein vom System
selbst verwalteter Speicherbereich. Die bei Aufrufung des
Assembler-Programms gerade benutzte Adresse muß als
oberstes Wort des Stapels in einen Hilfsspeicher gerettet
werden, damit das Programm an der gleichen Rücksprung-
adresse fortgesetzt werden kann. Die Adresse besteht aus
zwei Byte.

Programmteile, die im gesamten Assembler-Programm zur
Verfügung stehen sollen, werden als Makros am Anfang des
Programms definiert. Makro POP holt die momentane
Programmzeigeradresse vom Stack und legt sie in die
Hilfsspeicher RETURN und RETURN+1 auf der sogenannten
Zeropage ab. Makro PSH holt die beiden Bytes aus diesen
Speichern und legt sie wieder auf den Stack zurück. Für
Hilfsspeicher stehen auf der "Zeropage" die hexadezimalen
Adressen 0 bis 35, FE und FF zur Verfügung (mit Einschrän-
kungen, z.B. wenn TURTLEGRAPHICS benutzt wird). Der tat-
sächliche Wert von RETURN wird erst später im Programm fest-
gelegt. Das %-Zeichen in den Makros wird dann durch den
Wert von RETURN ersetzt. Im Makro POP wird das erste Byte
der Adresse vom Stack geholt und in RETURN abgelegt (PLA
und STA %1), dann das zweite Byte in der um 1 erhöhten
Adresse RETURN (PLA und STA %1+1). Im Makro PSH muß
derselbe Vorgang in umgekehrter Reihenfolge ablaufen, das
zweite Byte wird aus dem Hilfsspeicher RETURN+1 geholt und
auf den Stack gepackt (LDA %1 und PHA), dann das erste Byte
(LDA %1+1 und PHA).

Probieren Sie zur Übung folgendes Programm. Es sollte
irgendwo auf den Bildschirm (80 Zeichen) einen Text schreiben. Welchen? Assemblieren Sie wie oben beschrieben das
Programm.

Assembler-Programm   MONITORA

```
;--------------------------------------------------
; Schreibe einen Text auf den Bildschirm
;--------------------------------------------------


        .MACRO POP      ; Pascal Startadresse
        PLA
        STA %1
        PLA
        STA %1+1
        .ENDM


        .MACRO PSH      ; Pascal Rücksprung  ·
        LDA %1 +1
        PHA
        LDA %1
        PHA
        .ENDM


;--------------------------------------------------
; Vereinbarung von Adressen und Konstanten
;--------------------------------------------------


RETURN    .EQU 0
BILD      .EQU 0CC00      ; Bildbasisadresse (an 80-Zeichen-
                          ; karte anpassen)


;--------------------------------------------------
; Die Prozedur
;--------------------------------------------------


        .PROC MONITOR   ; Beginn der Prozedur
        POP RETURN      ; Pascal Startadresse
        LDA #65         ; hexadezimal
```

```
        STA BILD
        LDA #66
        STA BILD+1
        LDA #67
        STA BILD+2


;-----------------------------------------------
;   Das Ende der Prozedur
;-----------------------------------------------


        PSH RETURN    ; Pascal Rücksprungadresse
        RTS
        .END          ; Ende der Prozedur


;-----------------------------------------------
;    end of assembly
;-----------------------------------------------
```

Schreiben Sie jetzt folgendes Pascal-Programm, das
nichts tut, als das Assembler-Programm aufzurufen:

Pascal-Programm MONITORP

```
PROGRAM BILDSCHIRM;

PROCEDURE MONITOR;EXTERNAL;

BEGIN
   MONITOR;
END.
```

Kompilieren Sie dieses Programm und linken Sie es. Da
das Assembler-Programm MONITOR nicht in SYSTEM.LIBRARY
steht, geben Sie statt "*" den Namen des Assembler-Codes,
z.B. MONITORA ein.

4.2 PEEK, POKE und KEYPR

Mit Hilfe dieser einfachen Assembler-Programme ist es
möglich, Werte in einen bestimmten physikalischen Speicher
abzulagern und wieder zu lesen. Entsprechend den Begriffen
aus BASIC-Programmen nenne ich diese Prozeduren und Funktionen PEEK und POKE. Die Funktion KEYPR fragt die Tastatur ab, ob eine Taste gedrückt wurde. In diesem Fall hat
KEYPR den Wert TRUE, andernfalls FALSE. Die Funktion PEEK
hat einen Parameter vom Typ INTEGER - die Adresse des
Speichers - und liefert als Ergebnis ebenfalls einen
INTEGER - den Inhalt des Speichers. Die Prozedur POKE hat
zwei Parameter, einen vom Typ INTEGER - die Speicheradresse
- und einen vom Typ CHAR - den Speicherinhalt. Alle drei
Funktionen und Prozeduren lassen sich in einem Assembler-
Programm verarbeiten. Wegen ihrer Bedeutung sollten sie in
die SYSTEM.LIBRARY eingebracht werden.

Assembler-Programm PEEKASS

```
;----------------------------------------------
; PEEK, POKE und KEYPR
; Makros
;----------------------------------------------

        .MACRO POP      ; Pascal Startadresse
        PLA
        STA %1
        PLA
        STA %1+1
        .ENDM
        .MACRO PSH      ; Pascal Rücksprung
        LDA %1 +1
        PHA
```

```
            LDA %1
            PHA
            .ENDM


;----------------------------------------------------
; Vereinbarung von Adressen und Variablen
;----------------------------------------------------


RETURN    .EQU 0
ADRESSE   .EQU 2
WERT      .EQU 4
KEYBOARD  .EQU 0C000
STROBE    .EQU 0C010


;----------------------------------------------------
; Die Prozeduren und Funktionen
; Die Prozedur Poke
; 2 Parameter
;----------------------------------------------------


            .PROC POKE,2
            POP RETURN
            PLA
            STA WERT
            PLA
            STA WERT+1
            PLA
            STA ADRESSE
            PLA
            STA ADRESSE+1
            LDA WERT
            LDY #0
            STA $ADRESSE,Y
            PSH RETURN
            RTS
```

```
.FUNC PEEK,1
POP RETURN
PLA
PLA
PLA
PLA
PLA
STA ADRESSE
PLA
STA ADRESSE+1
LDA #0
PHA
LDY #0
LDA $ADRESSE,Y
TAX
TXA
PHA
PSH RETURN
RTS

.FUNC KEYPR
POP RETURN
PLA
PLA
PLA
PLA
LDA KEYBOARD
ROL A
ROL A
AND #1
PHA
PHA
LDA #0
STA STROBE
PSH RETURN
```

```
	RTS
	.END


;--------------------------------------------------
;    end of assembly
;--------------------------------------------------
```

Geben Sie dieses Programm im Pascal-Editor ein und
schreiben Sie es unter dem Namen PEEKASS auf Diskette.
Rufen Sie mit "A" den Assembler auf (der SYSTEM.ASSMBLER
muß sich auf einer Diskette befinden). Es ergibt sich
wieder folgendes Frage- und Antwortspiel:

```
Frage:  Assemble what Text ?  Antwort:  PEEKASS
Frage:  To what code file ?   Antwort:  $
Frage:  Output file for assembled listing ? Antwort: RETURN
```
Falls Sie das Listing sehen wollen, so geben Sie entweder
CONSOLE: oder irgendeinen File-Namen ein.

Der assemblierte Code-File ist jetzt unter dem Namen
PEEKASS.CODE auf der Diskette zu finden. Geben Sie jetzt
das folgende Pascal-Programm im Editor ein. Es zeigt deut-
lich die Benutzung der drei Befehle PEEK, POKE und KEYPR.
Schreiben Sie es unter dem Namen PEEKPOKE auf eine Diskette.

Pascal-Programm PEEKPOKE

```
PROGRAM PEEKPOKE;

VAR ADR,INH,WAHL:INTEGER;
    C:CHAR;

FUNCTION PEEK(ADRESSE:INTEGER):INTEGER;EXTERNAL;

PROCEDURE POKE(ADRESSE:INTEGER;WERT:CHAR);EXTERNAL;
```

```
FUNCTION KEYPR:BOOLEAN;EXTERNAL;

PROCEDURE WEITER;
BEGIN
   GOTOXY(0,22);
   WRITE('Weiter: Bitte Taste drücken. ');
   REPEAT UNTIL KEYPR;
END;


BEGIN
   REPEAT
      WRITE(CHR(12));
      WRITELN('Peeken und Poken in Pascal');
      WRITELN('============================');
      GOTOXY(0,5);
      WRITELN('0 - ENDE');WRITELN;
      WRITELN('1 - POKEN');WRITELN;
      WRITELN('2 - PEEKEN');
      REPEAT
         GOTOXY(0,15);
         WRITE('===> ');READ(C);
         WAHL:=ORD(C)-48;
      UNTIL (WAHL>=0) AND (WAHL<=2);
      IF WAHL<>0 THEN
      BEGIN
         WRITE(CHR(12));
         WRITELN('Peeken und Poken in Pascal');
         WRITELN('==========================');
         GOTOXY(0,5);
      END;
      CASE WAHL OF 1:BEGIN
                        WRITELN('POKEN:');
                        WRITELN('------');
                        WRITELN;
                        WRITE('Speicher - Adresse ===>');
```

```
                              READLN(ADR);
                              WRITELN;
                              WRITE('Speicher - Inhalt  ===>');
                              READLN(INH);
                              POKE (ADR,CHR(INH));
                              WEITER;
                        END;
                     2:BEGIN
                              WRITELN('Peeken:');
                              WRITELN('-------');
                              WRITELN;
                              WRITE('Speicher - Adresse ===>');
                              READLN(ADR);
                              WRITELN;
                              WRITE('Speicher - Inhalt : ');
                              WRITE(PEEK(ADR):5);
                              WEITER;
                        END;

             END;
        UNTIL WAHL=0;
   END.
```

Kompilieren Sie dieses Programm. Es ist noch nicht
lauffähig, da es erst mit PEEKASS.CODE gelinkt werden muß.
Rufen Sie mit "L" den SYSTEM.LINKER auf. Beantworten Sie
wieder alle Fragen:

Frage: Host file ?   Antwort: PEEKPOKE
Frage: Lib file ?   Antwort: PEEKASS
Frage: Lib file ?   Antwort: RETURN
Frage: Map file ?   Antwort: RETURN
Frage: Output file ?   Antwort: PEEKPOKE

Das Programm ist jetzt lauffähig und kann mit "R" oder
"XPEEKPOKE" gestartet werden. "Poken" Sie einige Werte in

einen Speicher. Der gewählte Speicher darf selbstverständlich nicht intern vom Pascal-System genutzt werden,
da sonst schlimme Dinge passieren können (Absturz des
Programms). Wählen Sie z. B. Speicher im Bereich
10000 bis 11000.

Für ganz Ungläubige gibt es folgenden Nachweis, daß PEEK
und POKE funktionieren. "Poken" Sie einen Wert in einen
Speicher. Drücken Sie dann kurz hintereinander zweimal die
RESET-Taste. Sie befinden sich jetzt im ROM-BASIC. Durch
den BASIC-Befehl PEEK können Sie direkt den Inhalt des Speichers überprüfen !

Da diese drei Funktionen und Prozeduren wichtig sind,
ist es sinnvoll, sie in SYSTEM.LIBRARY einzufügen, um sie
auf einfache Weise zur Verfügung zu haben. Starten Sie das
Program LIBRARY (auf APPLE 3) und linken Sie PEEKASS ein:

Frage: Output code file ?   Antwort: INTERFACELIB
Frage: Link code file ->   Antwort: SYSTEM.LIBRARY
Frage: Slot # to link....   Antwort: =
Frage: Slot # to link....   Antwort: N
Frage: Link code file ->   Antwort: PEEKASS
Frage: Slot # to link....   Antwort: 1 RETURN
Frage: Slot # to link in ->   Antwort: 7 RETURN
(statt 7 auch die erste freie Slotnummer)
Frage: Slot # to link....   Antwort: Q
Frage: Notice ?   Antwort: RETURN

Kopieren Sie jetzt mit dem FILER INTERFACELIB auf die
SYSTEM.LIBRARY und booten Sie neu, damit das System die
Lage der SYSTEM.LIBRARY kennenlernt.

Erläuterung der Prozedur POKE: Die Bedeutung des Makros
und der Konstanten- bzw. Labelliste wurde bereits
erläutert. Sollen Parameter übergeben werden, so muß die

Anzahl angegeben werden (.PROC POKE,2). Diese Parameter
müssen als erstes vom Stack geholt werden, für jeden
Parameter ein Wort zu zwei Bytes (PLA STA WERT PLA STA
WERT+1 PLA STA ADRESSE PLA STA ADRESSE+1). Nun wird mit
Hilfe der indirekten Adressierung der Inhalt des Akkus in
den Speicher, dessen Adresse mit dem Wert des
Hilfsspeichers Adresse (02 auf der "Zeropage") übereinstimmt,
geschrieben (LDA WERT LDY #0 STA §ADRESSE,Y).

Erläuterung der Funktion PEEK: PEEK ist eine Funktion,
daher müssen der Parameter der Funktion und der Wert der
Funktion über den Stack übertragen werden. Oben auf dem
Stack liegen zwei Worte zu 4 Bytes als leerer Platz für den
Wert der Funktion (PLA PLA PLA PLA). Danach folgt ein Wort
zu zwei Bytes für die Angabe der Adresse (PLA). Dieser Wert
wird in die Hilfsspeicher 02 auf der "Zeropage", der auch die
Bezeichnung Adresse hat, eingespeichert (STA ADRESSE PLA
STA ADRESSE+1). Nun wird mit Hilfe der indirekten
Adressierung der Inhalt des Speichers, dessen Adresse mit
dem Inhalt des Hilfsspeicher 02 übereinstimmt, in den Akku
geladen (LDY #0 LDA §ADRESSE,Y). Dieser Wert wird auf den
Stack gepackt und steht somit dem Pascal-Benutzer zur
Verfügung. Da PEEK nur die Werte 0 bis 255 enthält, ist
nur ein Byte erforderlich, das "High-Byte" wird auf 0 gesetzt
(LDA #0 PHA).

Erläuterung der Funktion KEYPR: Zunächst werden wieder
zwei reservierte Worte für den Funktionswert vom Stack
geholt (PLA PLA PLA PLA). Danach wird aus dem
Keyboardspeicher 0C000 der Wert in den Akku geschrieben.
Die Assembler-Operation ROL rotiert den Akkumulator oder
das Speicher-Byte um ein Bit nach links durch den Übertrag
(Carry). Um das höchste Bit (7) durch Übertrag in das
niedrigstwertige Bit (0) zu bringen, sind zwei Rotationen
notwendig. Durch zweimaliges Verschieben nach links mit

Übertrag und Undieren mit dem Bit 1 kann festgestellt
werden, ob der Inhalt des Keyboardspeichers größer als 127
ist (= Taste gedrückt).

Beispiel 1: Inhalt von 0C000: 100 dezimal = 01100100
binär. Durch zweimaliges Verschieben nach links mit
Übertrag erhält man 11001000 binär. Verknüpft man das Bit
0 durch UND mit 1, so sieht man keine Übereinstimmung: Der
Wert von 0C000 liegt unter 127.

Beispiel 2: Inhalt von 0C000: 177 dezimal = 10110001
binär. Durch zweimaliges Verschieben erhält man 01100011
binär. Verknüpft man das unterste Bit durch UND mit 1, so
ergibt sich eine Übereinstimmung. Das Ergebnis 0 oder 1
(für true oder false) wird als 2-Byte-Wort auf den Stack
als Ergebnis der BOOLEAN-Funktion gepackt.

Hinweis: KEYPR funktioniert bei der Original-Apple-
Tastatur unter Umständen dann nicht, wenn der Software-
Type-Ahead-Buffer benutzt wird. KEYPR verlangt, daß die
Tasten nicht im Voraus gedrückt werden.

5 Die parallele Schnittstelle als Ausgangsport

5.1 Die Register des VIA 6522

Der VIA 6522 enthält zwei parallele und ein serielles Interface sowie zwei Kurzzeittimer. Die Aus- und Eingänge des ersten parallelen Interfaces werden als PORT A, die des zweiten als PORT B bezeichnet. Zu jedem Port gehören je 10 Datenleitungen. Die Leitungen PA0 bis PA7 bzw. PB0 bis PB7 sind die acht Datenleitungen, die wir schon vom Datenbus des 6502 kennen. Hinzu kommen die Signalleitung CA1 (Acknowledge), die nur als Eingang dienen kann und CA2 (Strobe), die Ein- und Ausgang sein kann. Entsprechend heißen diese beiden Leitungen CB1 und CB2 beim Port B.

Um ein Interface ansteuern zu können, müssen für die Karte Speicherplätze zur Verfügung stehen. Die Adressen dieser Speicher hängen von dem Slot ab, in dem die Karte steckt. Apple hat für periphere Karten acht Slots eingebaut und jedem unter anderen 16 Bytes zugestanden. Diese liegen bei:

Slot	Adresse	
	hexadezimal	dezimal
0	\$C080 bis \$C08F	- 16256 bis - 16241
1	\$C090 bis \$C09F	- 16240 bis - 16225
2	\$C0A0 bis \$C0AF	- 16224 bis - 16209
3	\$C0B0 bis \$C0BF	- 16208 bis - 16193
4	\$C0C0 bis \$C0CF	- 16192 bis - 16177
5	\$C0D0 bis \$C0DF	- 16176 bis - 16161
6	\$C0E0 bis \$C0EF	- 16160 bis - 16145
7	\$C0F0 bis \$C0FF	- 16144 bis - 16129

Mit diesen Adressen in diesem Bereich muß jede
Interfacekarte auskommen, auch der VIA 6522. Er hat auch
alle genutzt. Um die Darstellung bei diesen vielen
Adreßmöglichkeiten zu vereinfachen, nennen wir die erste
Adresse $C080 VIA und addieren einmal für den Slot
hexadizimal $10*SLOT oder dezimal 16*SLOT und für die
übrigen Speicher Zahlen von 1 bis 15. Die 16 dem VIA
zugestandenen Speicher (auch REGISTER genannt) lauten:

	Bezeichnung	Adresse	
VIA	DATENREGISTER PORT B	$C080	-16256
VIA+1	DATENREGISTER PORT A mit Quittierung	$C081	-16255
VIA+2	DATENRICHTUNGSREGISTER PORT B	$C082	-16254
VIA+3	DATENRICHTUNGSREGISTER PORT A	$C083	-16253
VIA+4	TIMER1L	$C084	-16252
VIA+5	TIMER1H	$C085	-16251
VIA+6	TIMER1L Zwischenspeicher	$C086	-16250
VIA+7	TIMER1H Zwischenspeicher	$C087	-16249
VIA+8	TIMER2L	$C088	-16248
VIA+9	TIMER2H	$C089	-16247
VIA+A	SERIELLES E/A-SCHIEBE-REGISTER	$C08A	-16246
VIA+B	HILFS-STEUER-REGISTER ACR	$C08B	-16245
VIA+C	PERIPHERES STEUER-REGISTER PCR	$C08C	-16244
VIA+D	UNTERBRECHUNGS-FLAG-REGISTER IFR	$C08D	-16243
VIA+E	UNTERBRECHUNGS-FREIGABE-REGISTER IER	$C08E	-16242
VIA+F	DATENREGISTER PORT A ohne Quittierung	$C08F	-16241

In diesem Buch werden wir uns hauptsächlich mit dem PORT
A, also den Registern VIA+1, VIA+3, dem TIMER1 mit VIA+4,
VIA+5 und den beiden Steuer- und Unterbrechungsregistern
VIA+B bis VIA+E beschäftigen. Eine ausführliche Beschreibung der Register finden Sie in dem Buch von L.A. Leventhal
"6502 Programmieren in Assembler" (s. Anhang). Ich möchte
hier nicht alle Register beschreiben, da dieses Buch kein

Lehrbuch über den VIA 6522 sein soll. Wir werden die
Register jeweils dann besprechen, wenn sie benötigt werden.

In den folgenden Programmen werden wir zwar die etwas
umständliche, jedoch sehr klare Schreibweise VIA+nn wählen.

5.2 Ein Testgehäuse

Üblicherweise werden Schnittstellen mit 25-poligen Buchsen geliefert. Für die parallele Schnittstelle sollten
folgende Belegungen vorliegen, falls die beiden Ports auf ge-
trennte Buchsen gelegt werden:

Port A   Port B

Pin 1 : Ground   Ground
Pin 2 : CA2 Strobe   CB2 Strobe
Pin 4 : Bit 0   Bit 0
Pin 6 : Bit 1   Bit 1
Pin 8 : Bit 2   Bit 2
Pin 10 : Bit 3   Bit 3
Pin 12 : Bit 4   Bit 4
Pin 14 : Bit 5   Bit 5
Pin 16 : Bit 6   Bit 6
Pin 18 : Bit 7   Bit 7
Pin 20 : CA1 Acknowledge   CB1 Acknowledge

Es ist günstig, sich die Versorgungsspannungen von +5V,
-5V, +12V und -12V von einem externen Netzteil oder vom
Computer auf die weiteren Pins zu legen:

Pin 22 : -12
Pin 23 : +12
Pin 24 : -5V
Pin 25 : +5V

Falls Sie das Interface selstgebaut haben, so kommen Sie
mit einer Buchse aus, da wir alle 20 Datenleitungen auf
eine Buchse gelegt haben. Wenn Sie ein externes Netzgerät
benutzen, darf die Interfacekarte nur mit Ground und nicht
mit den Versorgungsspannungen mit dem Computer verbunden sein.

Auf jeden Fall ist es vorteilhaft, sich ein Adapter-Kabel zu löten, um gegebenenfalls andere Belegungen hiermit in Übereinstimmung zu bringen und um vom Rechner räumlich frei zu sein. Es sollten alle 25 Pins verbunden werden, um das Kabel auch für die serielle Schnittstelle benutzen zu können.

Materialliste: 1 25-polige Buchse Min D mit Zugentlastung
1 25-polige Steckleiste Min D mit Zugentlastung
1m 25-adriges Kabel

Um alle Pins jederzeit auf ihren Zustand überprüfen zu können, werden wir uns ein kleines Kunststoffgehäuse mit 25 LEDs bauen, die uns jederzeit den Zustand der Leitungen

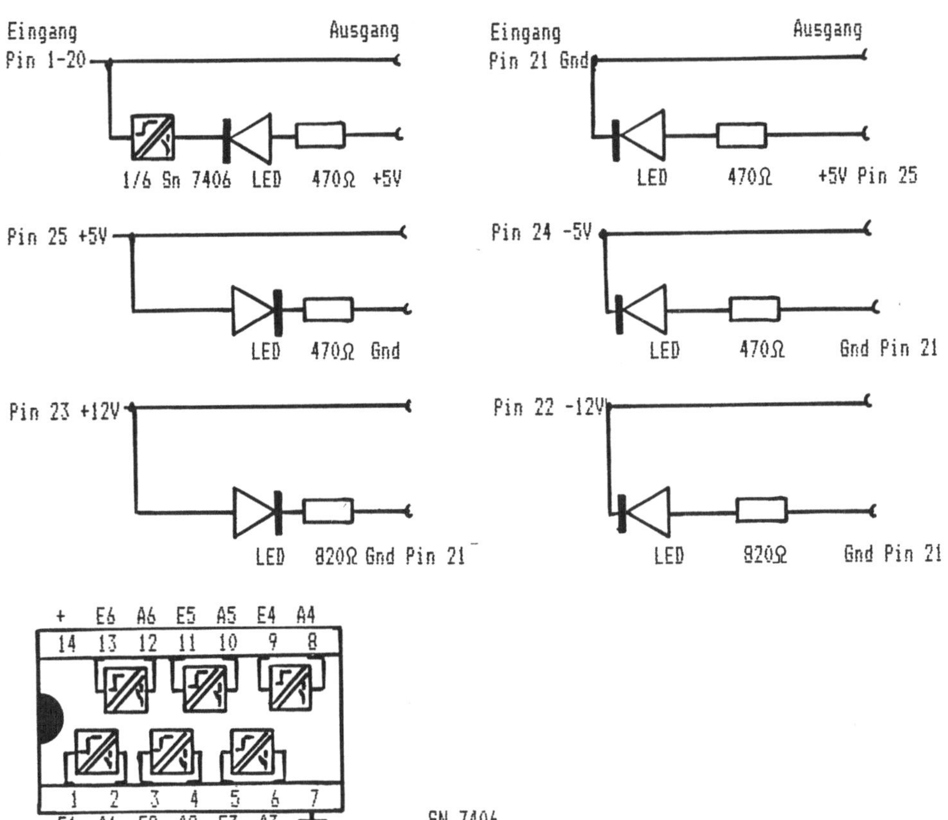

Bild 5.1   Testgehäuse mit LEDs

anzeigen. Das Gehäuse enthält auf der einen Seite eine
25-polige Buchse, auf der anderen einen 25-poligen Stecker,
oben 25 5-mm-LEDs, davon zwei gelb, drei rot und 20 grün.

Die LEDs an den Pins 21 bis 23 müssen invers geschaltet
werden, da an diesen Pins negative Spannungen bzw. 0V
anliegen.

```
Materialliste:  1 Kunststoffgehäuse
                1 25-polige Buchse MIN D
                1 25-polige Steckleiste
                20 grüne 5-mm LEDs
                2 gelbe 5-mm LEDs
                3 rote 5-mm LEDs
                23 Widerstände 470 Ohm
                2 Widerstände 820 Ohm
                4 Treiber SN 7406
```

Der Eingangsstecker wird direkt mit der Ausgangsbuchse
verbunden, so daß dieses Prüfgehäuse in ein Verbindungskabel
geschaltet werden kann.

5.3 Schalten von Relais und LEDs

Jede parallele Schnittstelle kann als Eingabe- und
Ausgabeport definiert werden. Es muß daher zuerst fest-
gelegt werden, daß die Schnittstelle in diesem Fall als
Ausgabeeinheit dient. Dies geschieht durch geeignetes
Beschreiben des DATENRICHTUNGSREGISTERs. Die Daten, die in
das DATENREGISTER geschrieben werden, werden dann über die
parallele Schnittstelle ausgegeben. Die Adressen des
DATENRICHTUNGSREGISTERs und des DATENREGISTERs lauten:

```
Register                    hexadezimal           dezimal
------------------------------------------------------------
DATENREGISTER               $0C081+$10*SLOT = -16255+16*SLOT
DATENRICHTUNGSREGISTER      $0C083+$10*SLOT = -16253+16*SLOT
```

Abgekürzt lauten die Adressen: DATENREGISTER=VIA+1,
DATENRICHTUNGSREGISTER=VIA+3. Diese Angaben gelten für Port
A. Sofern Ihr paralleles Interface nicht den VIA 6522
enthält, studieren Sie bitte das zugehörige Handbuch.
Benutzen Sie einen anderen Computer mit der CPU 6502, so
gelten ebenfalls andere Basisadressen.

Die parallele Schnittstelle wird als Ausgabeport
definiert, indem man eine entsprechende Zahl in das
DATENRICHTUNGSREGISTER schreibt: alle 8 Bits dienen der
Ausgabe, wenn alle 8 Bits im DATENRICHTUNGSREGISTER den
Wert 1 haben, indem dieses Register daher den Wert $FF=255
enthält. Man kann die Schnittstelle also zum Teil als
Eingabe- und gleichzeitig als Ausgabeport benutzen. In
diesem Kapitel benutzen wir PORT A nur als Ausgaberegister.

Das folgende Programm bringt den Buchstaben "A" zum
Ausgang.

Pascal-Programm PAR1

```
PROGRAM PAR1;

VAR SLOT,VIA,
    DATENRICHTUNGSREGISTER,DATENREGISTER:INTEGER;

FUNCTION PEEK(ADRESSE:INTEGER):INTEGER;EXTERNAL;

PROCEDURE POKE(ADRESSE:INTEGER;WERT:CHAR);EXTERNAL;

BEGIN
   SLOT:=2;
   VIA:=-16256+16*SLOT;
   DATENRICHTUNGSREGISTER:=VIA+3;
   DATENREGISTER:=VIA+1;
   POKE(DATENRICHTUNGSREGISTER,CHR(255));
   POKE(DATENREGISTER,'A');
END.
```

Kompilieren Sie dieses Programm und linken Sie es mit
der SYSTEM.LIBRARY, denn dort befindet sich der Assembler-
Code PEEKASS mit PEEK und POKE. Das Ergebnis läßt sich mit
dem Testgehäuse überprüfen. Von den grünen Daten-LEDs
müssen die LEDs an Bit 6 und 0 leuchten (der ASCII-Code von
"A" lautet dezimal 65 = 01000001 binär).

Nun ist es einfach, jedes beliebige Zeichen zum Ausgang
der Schnittstelle zu bringen und am Testgehäuse zu
überprüfen. Achten Sie lediglich darauf, daß bei
periodischen Vorgängen eine geeignete Zeitschleife
eingebaut wird, damit Sie die Signale mit einem
gewöhnlichen Voltmeter beobachten können. Kompilieren und
linken Sie folgendes Programm mit der SYSTEM.LIBRARY:

Pascal-Programm PAR2

```
PROGRAM PAR2;

VAR SLOT,
    VIA,
    DATENRICHTUNGSREGISTER,
    DATENREGISTER:INTEGER;
    CH:CHAR;


FUNCTION PEEK(ADRESSE:INTEGER):INTEGER;EXTERNAL;


PROCEDURE POKE(ADRESSE:INTEGER;WERT:CHAR);EXTERNAL;


BEGIN
    SLOT:=2;
    VIA:=-16256+16*SLOT;
    DATENRICHTUNGSREGISTER:=VIA+3;
    DATENREGISTER:=VIA+1;
    WRITE(CHR(12));
    WRITELN('Parallele Schnittstelle-Ausgabeport Ende = #');
    WRITELN('=========================================');
    REPEAT
       READ(CH);
       POKE(DATENRICHTUNGSREGISTER,CHR(255));
       POKE(DATENREGISTER,CH);
    UNTIL CH='#';
END.
```

Aufgabe: Es sollen vier LEDs 0 - 3, zwei Motoren 4 und
5 sowie zwei Pumpen 6 und 7 angesteuert werden. Die Zustände dieser Geräte seien an oder aus. Die Ansteuerung
erfolgt über Relais.

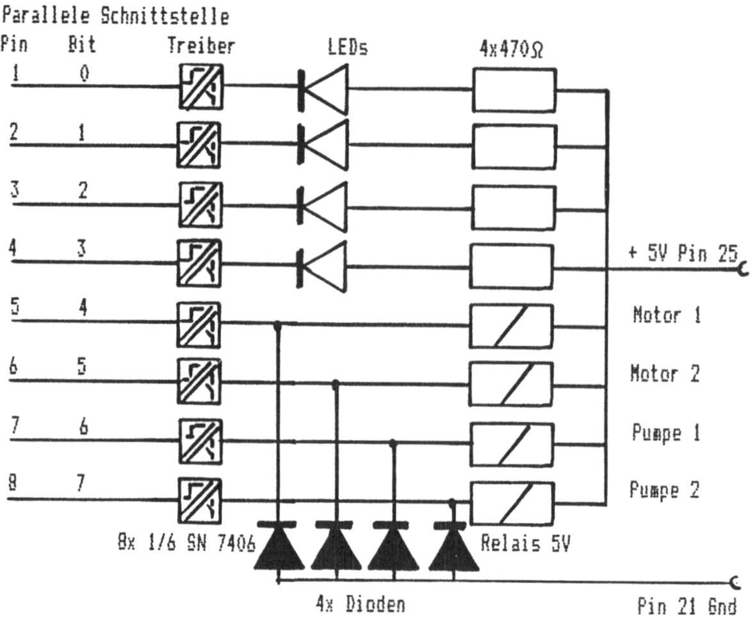

Bild 5.2   Ansteuerung von Relais und LEDs

Materialliste: 1 Kunststoffgehäuse
                1 25-poliger Stecker
                4 LEDs
                2 Treiber SN 7406
                4 Widerstände 470 Ohm
                4 Relais 5V ein/aus

Zum Zeitpunkt A sollen alle Geräte eingeschaltet werden, das Bitmuster der 8 Ausgänge lautet also 11111111, zum Zeitpunkt B sollen die LEDs 2 und 4, der Motor 5 und die Pumpe 7 ausgeschaltet werden. Das zugehörige Bitmuster lautet 11010010 (low byte links). Zum Zeitpunkt C soll LED 4 wieder angestellt und die Pumpe 6 ausgestellt werden : 11011000.

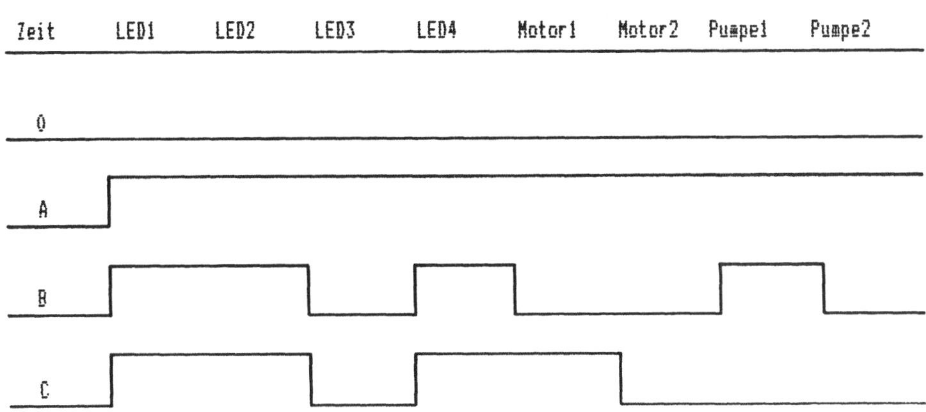

Bild 5.3 Verlaufsdiagramm Ansteuerung Relais und LEDs

Pascal-Programm Schalter

```
PROGRAM SCHALTER;

VAR   SLOT,VIA,
      DATENRICHTUNGSREGISTER,DATENREGISTER:INTEGER;
      CH:CHAR;

FUNCTION PEEK(ADRESSE:INTEGER):INTEGER;EXTERNAL;

PROCEDURE POKE(ADRESSE:INTEGER;WERT:CHAR);EXTERNAL;

FUNCTION KEYPR:BOOLEAN;EXTERNAL;

BEGIN
   SLOT:=2;
   VIA:=-16256+16*SLOT;
   DATENRICHTUNGSREGISTER:=VIA+3;
   DATENREGISTER:=VIA+1;
   WRITE(CHR(12));
   WRITELN('Parallele Schnittstelle -Ausgabeport Schalter');
```

```
WRITELN('==========================================');
POKE(DATENRICHTUNGSREGISTER,CHR(255));
GOTOXY(0,10);
WRITE('                              ');
WRITELN('   LED    Motore Pumpen');
WRITE('                              ');
WRITELN('-------------------------------');
WRITE('Schaltung Zeitpunkt A ===> ');
REPEAT UNTIL KEYPR;
POKE(DATENREGISTER,CHR(255));
WRITELN(' 1  1  1  1  1  1  1  1');
WRITE('Schaltung Zeitpunkt B ===> ');
REPEAT UNTIL KEYPR;
POKE(DATENREGISTER,CHR(75));
WRITELN(' 1  1  0  1  0  0  1  0');
WRITE('Schaltung Zeitpunkt C ===> ');
REPEAT UNTIL KEYPR;
POKE(DATENREGISTER,CHR(27));
WRITELN(' 1  1  0  1  1  0  0  0');
END.
```

Kompilieren Sie dieses Programm und linken Sie es mit
der SYSTEM.LIBRARY. Auch wenn Sie die Schaltung 5.2
nicht bauen, können Sie das Ergebnis mit dem Testgehäuse
überprüfen.

5.4 Lauflicht

Das folgende Programm erzeugt an den LEDs unseres
Testgehäuses ein Lauflicht. Leicht lassen sich die Leucht-
dioden in eine Eisenbahnanlage mit Flughafen als Rollbahn-
befeuerung einbauen. Eine andere Anwendungsmöglichkeit ist
die Darstellung eines Schieberegisters mit oder ohne
Übertrag. Per Software kann die Laufgeschwindigkeit und
die Richtung gewählt werden. Kompilieren Sie dieses
Programm und linken Sie es mit der SYSTEM.LIBRARY.

Pascal-Programm LAUFLICHT

```
PROGRAM LAUFLICHT;

VAR  SLOT,
VIA,
     DATENRICHTUNGSREGISTER,
     DATENREGISTER:INTEGER;
     WAHL1:CHAR;
     WAHL2,
     I,J:INTEGER;

FUNCTION PEEK(ADRESSE:INTEGER):INTEGER;EXTERNAL;

PROCEDURE POKE(ADRESSE:INTEGER;WERT:CHAR);EXTERNAL;

FUNCTION KEYPR:BOOLEAN;EXTERNAL;

PROCEDURE DELAY(TIME:INTEGER);
VAR K:INTEGER;
BEGIN
   FOR K:=0 TO TIME DO;
END;
```

```
BEGIN
    SLOT:=2;
    VIA:=-16256+16*SLOT;
    DATENRICHTUNGSREGISTER:=VIA+3;
    DATENREGISTER:=VIA+1;
    WRITE(CHR(12));
    WRITELN('Parallele Schnittstelle -Ausgabeport Lauflicht');
    WRITELN('================================================');
    POKE(DATENRICHTUNGSREGISTER,CHR(255));
    REPEAT
      REPEAT
        GOTOXY(0,5);
        WRITELN('Bitte wählen Sie:');
        WRITELN;
        WRITELN('0 - Ende');
        WRITELN('1 - Rechtslauf');
        WRITELN('2 - Linkslauf');WRITELN;
        WRITE('===> ');
        READ(WAHL1);
      UNTIL (WAHL1>='0') AND (WAHL1<='2');
      IF WAHL1<>'0' THEN
      BEGIN
        REPEAT
          GOTOXY(0,15);
          WRITELN('Wählen Sie die Laufgeschwindigkeit:');
          WRITELN;
          WRITE('1 - 100     0 = Ende  ===> ');
          READ(WAHL2);
        UNTIL (WAHL2>=0) AND (WAHL2<=100);
      END;
      IF WAHL2<>0 THEN
      BEGIN
        IF WAHL1='1' THEN
```

```
          REPEAT
             J:=1;
             FOR I:=0 TO 8 DO
             BEGIN
                POKE(DATENREGISTER,CHR(0));
                POKE(DATENREGISTER,CHR(J));
                DELAY(100*WAHL2);
                J:=J*2;
             END;
          UNTIL KEYPR ELSE
          REPEAT
             J:=128;
             FOR I:=8 DOWNTO 0 DO
             BEGIN
                POKE(DATENREGISTER,CHR(0));
                POKE(DATENREGISTER,CHR(J));
                DELAY(100*WAHL2);
                J:=ROUND(J/2);
             END;
          UNTIL KEYPR;
       END;
    UNTIL (WAHL1='0') OR (WAHL2=0);
END.
```

5.5 Ampel mit rot/gelb/grün und Linksabbieger

Das folgende Programm eignet sich für Eisenbahnanlagen.
Die Anbindung an den Computer hat den Vorteil, daß die
Ampel bei verschiedenen Situationen mit unterschiedlichen
Programmen laufen kann. So sind die Längen der einzelnen
Phasen variabel, zusätzlich kann der Ausfall der Ampel
durch Blinklicht simuliert werden. Für Bahnen der Spur H0
bieten sich 3-mm-LEDs an, während für die Spuren N und Z
1,8-mm-LEDs eingebaut werden sollten. Das Gestell der
Ampeln kann mit einigem Geschick selbst gebaut werden, es
sollte gleichzeitig als Massezuführung dienen. Die
Stromzuführung sollte durch lackierte dünne Kupferfäden
erfolgen, so daß die Größe der Ampel sehr gering bleibt.

Die Dauer der einzelnen Phasen kann mit der Prozedur
DELAY variiert werden. Es wurde ebenfalls beachtet, daß
die Ampeln eine gewisse Zeit alle gleichzeitig rot anzeigen
müssen.

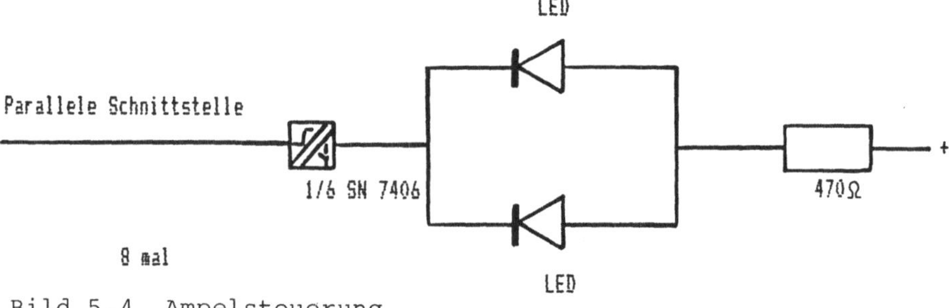

Bild 5.4   Ampelsteuerung

Materialliste: 1 25-poliger Stecker
               4 rote LEDs 3 oder 1,8 mm
               4 gelbe LEDs 3 oder 1,8 mm
               8 grüne LEDs 3 oder 1,8 mm
               8 Widerstände 470 Ohm
               2 Treiber SN 7406

Für den Ablauf der Ampelschaltungen gelten folgende
Überlegungen :

Bit 0 = 1./3. Ampel grün
Bit 1 = 1./3. Ampel gelb
Bit 2 = 1./3. Ampel rot
Bit 3 = 2./4. Ampel grün
Bit 4 = 2./4. Ampel gelb
Bit 5 = 2./4. Ampel rot
Bit 6 = 1./3. Ampel Linksabbieger
Bit 7 = 2./4. Ampel Linksabbieger

Takt	Dauer	1. Ampel	1.L.abb.	2. Ampel	2.L.abb.
1	10	grün	aus	rot	aus
2	2	gelb	an	rot	aus
3	1	rot	an	rot	aus
4	2	rot	aus	rot/gelb	aus
5	10	rot	aus	grün	aus
6	2	rot	aus	gelb	an
7	1	rot	aus	rot	an
8	2	rot/gelb	aus	rot	aus

usw. 9 wie 1

Takt	binärer Code								dezimaler Code
	Bit 0	1	2	3	4	5	6	7	
1	1	0	0	0	0	1	0	0	33
2	0	1	0	0	0	1	1	0	98
3	0	0	1	0	0	1	1	0	100
4	0	0	1	0	1	1	0	0	52
5	0	0	1	1	0	0	0	0	12
6	0	0	1	0	1	0	0	1	148
7	0	0	1	0	0	1	0	1	164
8	0	1	1	0	0	1	0	0	38

Kompilieren Sie das folgende Programm und linken Sie es
mit der SYSTEM.LIBRARY.

Pascal-Programm AMPEL

```
PROGRAM AMPEL;

VAR SLOT,VIA,
    DATENRICHTUNGSREGISTER,DATENREGISTER,
    WAHL2,I,J:INTEGER;

FUNCTION PEEK(ADRESSE:INTEGER):INTEGER;EXTERNAL;

PROCEDURE POKE(ADRESSE:INTEGER;WERT:CHAR);EXTERNAL;

FUNCTION KEYPR:BOOLEAN;EXTERNAL;

PROCEDURE DELAY(TIME:INTEGER);
VAR K:INTEGER;
BEGIN
   FOR K:=0 TO TIME DO;
END;

PROCEDURE PHASEN;
BEGIN
   POKE(DATENREGISTER,CHR(33));
   DELAY(100*WAHL2);
   POKE(DATENREGISTER,CHR(98));
   DELAY(20*WAHL2);
   POKE(DATENREGISTER,CHR(100));
   DELAY(10*WAHL2);
   POKE(DATENREGISTER,CHR(52));
   DELAY(20*WAHL2);
   POKE(DATENREGISTER,CHR(12));
   DELAY(100*WAHL2);
```

```
    POKE(DATENREGISTER,CHR(148));
    DELAY(20*WAHL2);
    POKE(DATENREGISTER,CHR(164));
    DELAY(10*WAHL2);
    POKE(DATENREGISTER,CHR(38));
    DELAY(20*WAHL2);
END;


BEGIN
    SLOT:=2;
    VIA:=-16256+16*SLOT;
    DATENRICHTUNGSREGISTER:=VIA+3;
    DATENREGISTER:=VIA+1;
    WRITE(CHR(12));
    WRITELN('Parallele Schnittstelle -Ausgabeport Ampel');
    WRITELN('=======================================');
    POKE(DATENRICHTUNGSREGISTER,CHR(255));
    REPEAT
        REPEAT
            GOTOXY(0,10);
            WRITELN('Wählen Sie bitte die Zeit einer Phase.');
            WRITE('1 - 100   0 = Ende  ===> ');
            READ(WAHL2);
        UNTIL (WAHL2>=0) AND (WAHL2<=100);
        IF WAHL2<>0 THEN
        BEGIN
            GOTOXY(0,20);WRITE('Ende: Bitte Taste drücken.');
            REPEAT
                PHASEN;
            UNTIL KEYPR;
        END;
    UNTIL WAHL2=0;
  END.


Aufgabe: Fügen Sie gelbes Blinklicht ein !
```

5.6 Der D/A-Wandler DAC 0800

Unsere Welt besteht meistens aus analogen, sich stetig
verändernden Signalen. Will man also z.B. Spannungen oder
Töne mit dem Computer variieren, so ist es zweckmäßig, das
an der parallelen Schnittstelle anstehende digitale 8-Bit-
Signal in ein analoges umzuwandeln. 8 Bits ermöglichen
eine noch zufriedenstellende Auflösung der Meßwerte. Ich
möchte hier nicht auf die Wirkungsweise der D/A-Wandler mit
ihren internen Netzwerken eingehen. Einen Überblick über
die Wandler der Baureihe DAC liefert das "Linear Databook"
von National Semiconductor (s. Anhang). Der Baustein DAC

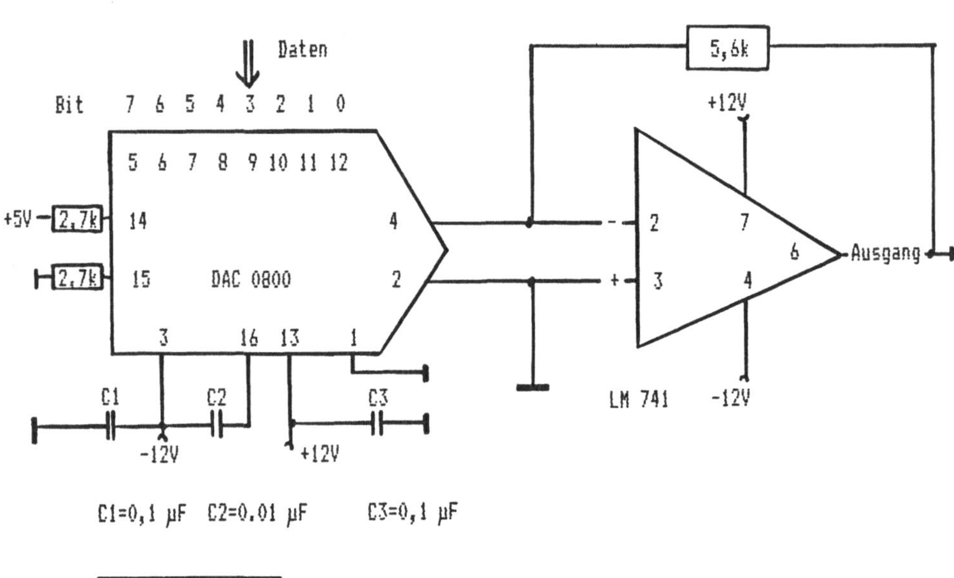

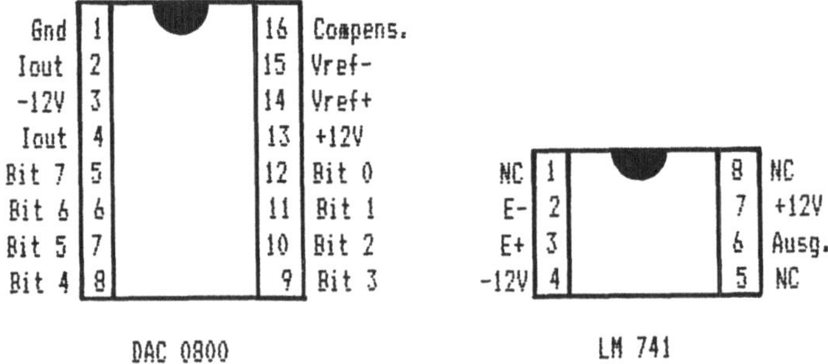

Bild 5.5 Schaltplan des D/A-Wandlers DAC 0800

0800 ist preisgünstig (ca. 15 DM) , dabei sehr leicht zu
handhaben und bietet eine zeitlich stabile Spannung, die
nicht etwa durch Temperatureinwirkungen stark driftet.
Das Buch "Linear Databook" von National Semiconductor
liefert eine einfache Schaltung, die übersichtlich, schnell
und kostengünstig zu realisieren ist. Bedenken Sie, was
kommerzielle Karten mit D/A-Wandlern kosten !

Ausgangsspannung: 0 bis 10V
Belastbarkeit   : 12 mA

    Bauen Sie diese Schaltung auf einer kleinen Platine auf
und in ein kleines Kunststoffgehäuse, das auf einer Seite
den 25-poligen Stecker und auf der anderen Seite zwei rote
und schwarze Telefonbuchsen für die Ausgangsspannung
enthält. Die Ausgangsspannung muß durch den Operations-
verstärker LM 741 (Preis: ca. 2 DM) auf den richtigen
Bereich (von mir wurden 0 bis 10V gewählt) gebracht werden.
Gleichzeitig erniedrigt er den Innenwiderstand, so daß der
Ausgang mit 12 mA belastet werden kann.

```
Materialliste: 1 25-poliger Stecker
               1 Kunststoffgehäuse
               1 D/A-Wandler DAC 0800
               1 Operationsverstärker LM 741
               2 Widerstände 2,7 kOhm
               1 Widerstand 5,6 kOhm
               2 Kondensatoren 0,1 µF
               1 Kondensator 0,01 µF
               2 Telefonbuchsen schwarz/rot
```

    Schließen Sie diesen D/A-Wandler über das Testgehäuse an
die parallele Schnittstelle an und lassen Sie folgendes
Programm, nachdem Sie es kompiliert und mit der
SYSTEM.LIBRARY gelinkt haben, laufen:

PASCAL-PROGRAMM   PAR3

```
PROGRAM PAR3;

VAR SLOT,VIA,I,DATENRICHTUNGSREGISTER,DATENREGISTER:INTEGER;

FUNCTION PEEK(ADRESSE:INTEGER):INTEGER;EXTERNAL;

PROCEDURE POKE(ADRESSE:INTEGER;WERT:CHAR);EXTERNAL;

BEGIN
    SLOT:=2;VIA:=-16256+16*SLOT;
    DATENRICHTUNGSREGISTER:=VIA+3;
    DATENREGISTER:=VIA+1;
    WRITE(CHR(12));
    WRITE('Parallele Schnittstelle -Ausgabeport D/A-Wandler');
    WRITELN(' Ende = 10000');
    WRITE('================================================');
    WRITELN('==============');
    POKE(DATENRICHTUNGSREGISTER,CHR(255));
    REPEAT
      REPEAT
        READ(I);
      UNTIL I>=0;
      POKE(DATENREGISTER,CHR(I MOD 256));
    UNTIL I=10000;
END.
```

Schließen Sie den D/A-Wandler an ein Voltmeter und
"poken" Sie einige Werte zwischen 0 und 255. Der Ausschlag
muß linear zwischen 0 und +10V liegen. Liegt der maximale
Wert nicht exakt bei +10V, so können Sie den 5,6 kOhm-
Widerstand durch ein Potentiometer ersetzen und so den
exakten Wert einstellen. Es steht uns jetzt für die
folgenden Versuche eine analoge Spannung im Bereich 0 bis
+10V zur Verfügung.

5.7 Darstellung mathematischer Funktionen auf dem Oszilloskop

Erzeugt man mit dem Computer einen zeitabhängigen Verlauf der Spannung am Ausgang des D/A-Wandlers, indem man etwa den Wert der in das Datenregister "gepokten" Daten immer um eins ansteigen läßt, so könnte man versuchen, diesen zeitlichen Verlauf U = f(t) auf dem Oszilloskop graphisch darzustellen. Schließt man den D/A-Wandler an den y-Eingang des Oszilloskops an und stellt eine beliebige Zeitbasis ein, so stellt man schnell enttäuscht fest, daß die Daten viel zu langsam das Oszilloskop erreichen. Ist die parallele Schnittstelle oder der D/A-Wandler zu langsam?

Nein. Es ist die Pascal-Sprache, die zuviel Zeit benötigt, um die Werte in das Datenregister zu packen. Die Werte müssen direkt mit Hilfe der Assembler-Sprache das Datenregister erreichen. Nur, wie soll das Assembler-Programm die gewünschten Funktionswerte übernehmen? Wir wollen nicht für jede neue Funktion ein neues Assembler-Programm schreiben - das ist nämlich reichlich mühselig. Die Lösung kann folgendermaßen aussehen: Die Funktions-werte werden in Pascal einmal ausgerechnet und in ein "ARRAY OF CHAR" gepackt. Dieser Vorgang ist nicht zeitkritisch, da er nur einmal erfolgt. Die Lage der Speicher wird dem Assem-bler-Programm mitgeteilt. Dann greift das Assembler-Programm in seinem schnellen Ablauf auf diese Speicher zu und packt die Werte in das Datenregister. Dieser Vorgang wird immer wiederholt, bis der Benutzer durch Drücken einer Taste das Ende signalisiert. Die Praxis zeigt, daß das Assembler-Programm dies spielend schafft.

Geben Sie das folgende Assembler-Programm ein, assem-lieren Sie es und fügen Sie es in die INTERFACELIB ein.

Assembler-Programm YTOSZIA

```
;------------------------------------------------------------
;  YTOSZI zur Darstellung mathematischer Funktionen
;  ** SLOT 2 **          Makros
;------------------------------------------------------------


        .MACRO POP       ; Pascal Startadresse
        PLA
        STA %1
        PLA
        STA %1+1
        .ENDM


        .MACRO PSH       ; Pascal Rücksprung
        LDA %1 +1
        PHA
        LDA %1
        PHA
        .ENDM



;------------------------------------------------------------
;  Definition der Variablen und Adressen
;------------------------------------------------------------


RETURN  .EQU 0
ADRESSE .EQU 253.         ; Startadresse des Feldes WERT
MAX     .EQU 255.         ; maximale Anzahl Punkte
VIA     .EQU 0C0A0        ; VIA Basisadresse
DATUM   .EQU VIA+1        ; Output paralleles Interface
KEY     .EQU 0C000        ; Taste gedrückt ?
```

```
;------------------------------------------------
;    Beginn der Prozedur
;------------------------------------------------
            .PROC YTOSZI,1
            POP RETURN
            PLA
            STA ADRESSE      ; Hole Startadresse des Feldes
            PLA              ; WERT vom Stack.
            STA ADRESSE+1
WIEDER      LDY #0
            LDA §ADRESSE,Y ; Bringe den Inhalt dieser
            STA DATUM        ; Speicher zum VIA.
BEGIN       INY
            LDA §ADRESSE,Y
            STA DATUM
            CPY MAX
            BNE BEGIN
            LDA KEY          ; Taste gedrückt ?
            BPL WIEDER
;------------------------------------------------
;    Ende der Funktion
;------------------------------------------------
            PSH RETURN       ; Pascal Rücksprung
            RTS
            .END
;------------------------------------------------
;    end of assembly
;------------------------------------------------
```

Wird in einem Pascal-Programm einer Assembler-Prozedur
ein ARRAY übergeben, so übermittelt das Pascal-System dem
Assembler-Programm nur die Anfangsadresse des
Speicherbereichs, in dem das ARRAY abgespeichert wurde.
Nur in den einfachen Fällen, in denen der Parameter vom Typ
INTEGER, CHAR oder BOOLEAN ist, wird der Wert des
Parameters übermittelt (sofern die Parameterliste nicht mit
VAR beginnt).

Statt also das gesamte Feld WERT an das Assembler-
Programm zu übergeben, wird nur die Startadresse des Feldes
vom Stack geholt.

Dieses Programm enthält zwei Schleifen:
1. Zwischen dem Label BEGIN und der Verzweigung BNE BEGIN,
   falls noch nicht MAX-Punkte auf den Bildschirm übertragen
   wurden.
2. Falls keine Taste gedrückt wird, wiederholt sich alles
   zwischen dem Label WIEDER und der Verzweigung BPL WIEDER.
   KEY enthält die Information über Tastenbetätigungen (s.
   KEYPR).

Das zugehörige Pascal-Programm kann folgendes Aussehen
haben:

Pascal-Programm YTOSZIP

```
PROGRAM YTOSZIP;

USES TRANSCEND;

TYPE FELD=PACKED ARRAY[0..255] OF CHAR;

VAR SLOT,VIA,
    DATENRICHTUNGSREGISTER,DATENREGISTER,J:INTEGER;
    WERT:FELD;
    CW:CHAR;
    KK,KL:REAL;

FUNCTION KEYPR:BOOLEAN;EXTERNAL;

FUNCTION PEEK(ADRESSE:INTEGER):INTEGER;EXTERNAL;

PROCEDURE POKE(ADRESSE:INTEGER;WERT:CHAR);EXTERNAL;
```

```
PROCEDURE YTOSZI(WERT:FELD);EXTERNAL;

PROCEDURE INITAAUS;
BEGIN
   POKE(DATENRICHTUNGSREGISTER,CHR(255));
   POKE(DATENREGISTER,CHR(0));
END;

PROCEDURE FUNKTION;
VAR I,J:INTEGER;
BEGIN
   INITAAUS;
   GOTOXY(20,20);
   WRITE('Bitte warten........
   I:=ORD(CW)-48;
   CASE I OF
      1:FOR J:=0 TO 255 DO
        WERT[J]:=CHR(J);
      2:FOR J:=0 TO 254 DO
        WERT[J]:=CHR(ROUND((J-127)*(J-127)/64));
      3:FOR J:=0 TO 255 DO
        WERT[J]:=CHR(ROUND(SQRT(J)*16));
      4:FOR J:=1 TO 255 DO
        WERT[J]:=CHR(ROUND(46*LN(J)));
      5:FOR J:=0 TO 255 DO
        WERT[J]:=CHR(ROUND(148.98*(EXP(J/255)-1)));
      6:FOR J:=0 TO 255 DO
        BEGIN
           KL:=22.3*SIN(0.01745*J/3)/COS(0.01745*J/3);
           WERT[J]:=CHR(ROUND(KL));
        END;
      7:FOR J:=0 TO 255 DO
        BEGIN
           KK:=J/100;
           KL:=100*SQRT(2.55*2.55-KK*KK);
```

```pascal
            WERT[J]:=CHR(ROUND(KL));
         END;
      8:FOR J:=0 TO 255 DO
        WERT[J]:=CHR(36*(J DIV 32));
      9:FOR J:=0 TO 255 DO
        BEGIN
            KK:=J/51-2.5;
            KL:=64*(0.1*KK*KK*KK*KK*KK-0.5*KK*KK*KK+2);
            WERT[J]:=CHR(ROUND(KL));
        END;
      17:FOR J:=1 TO 255 DO
        BEGIN
            KK:=0.00392*J;
            WERT[J]:=CHR(ROUND(219*(KK*SIN(1/KK)+0.32)));
        END;
      18:FOR J:=0 TO 255 DO
        WERT[J]:=CHR(ABS(J-150)+ABS(J-100)-50);
      19:FOR J:=0 TO 255 DO
        BEGIN
            KK:=0.06*J-7.65;
            KL:=(KK*KK+4*KK-21)/(KK*KK-4)+625;
            WERT[J]:=CHR(ROUND(0.378*KL));
        END;
      20:;
      21:;
      22:;
      23:;
      24:;
    END;
  GOTOXY(20,20);
  WRITE('Graphik fertig.');
  WRITE('  ===>   Ende : Bitte Taste druecken.');
  POKE(255,CHR(255)); (* Maximale Anzahl von Punkten *)
  YTOSZI(WERT);
END;
```

```
PROCEDURE MENUE;
BEGIN
   WRITE(CHR(12));
   WRITE('Parallele Schnittstelle - Demonstration ');
   WRITELN('des D/A- Wandlers        Funktionen');
   WRITE('========================================');
   WRITELN('================================');
   WRITELN;
   WRITE('Bitte wählen Sie:                ');
   WRITELN('     (Oszilloskop: 1 kHz und 2V/cm)');
   WRITELN;
   WRITELN('0 - Ende');WRITELN;
   WRITE('1 - Geraden (Sägezahn)         ');
   WRITELN('A - f:x-> x*sin(1/x)');
   WRITE('2 - Parabeln                   ');
   WRITELN('B - f:x-> /x-150/ + /x-100/');
   WRITE('3 - Wurzelfunktion             ');
   WRITELN('C - f:x-> (x*x+4x-21)/(x*x-4)');
   WRITELN('4 - Logarithmusfunktion     D - ');
   WRITELN('5 - Exponentialfunktion     E - ');
   WRITELN('6 - Tangensfunktion         F - ');
   WRITELN;
   WRITELN('7 - Viertel-Kreis-Ellipse   G - ');
   WRITELN('8 - Treppenfunktion         H - ');
   WRITELN('                 5           3');
   WRITELN('9 - f:x-> 0.1*x  - 0.5*x     I - ');
   REPEAT
      REPEAT
      GOTOXY(0,20);
      WRITE('===> ');
      READ(CW);
      J:=ORD(CW);
      IF J>94 THEN J:=J-32;
      CW:=CHR(J);
    UNTIL ((CW>='0') AND (CW<='9')) OR ((CW>='A')
```

```
     AND (CW<='I'));
     IF CW<>'0' THEN FUNKTION;
UNTIL CW='0';
END;


BEGIN
     SLOT:=2;
     VIA:=-16256+16*SLOT;
     DATENRICHTUNGSREGISTER:=VIA+3;
     DATENREGISTER:=VIA+1;
     REPEAT
        MENUE;
     UNTIL CW='0';
END.
```

Kompilieren Sie dieses Programm, linken Sie es mit der
SYSTEM.LIBRARY und mit YTOSZIA oder INTERFACELIB.
Schließen Sie den D/A-Wandler an den y-Eingang des
Oszilloskops an, stellen Sie die vertikale Amplitude auf
2 V/cm und auf DC sowie die "Timebase" auf 1 ms/cm. Nach
einer kurzen Zeit, in der die Funktionswerte berechnet
werden, erscheint auf dem Oszilloskop der Graph der
ausgesuchten Funktion. Das Ausfüllen der noch freien
Stellen in der Menükarte sei dem Leser überlassen.

5.8 Zwei parallele Schnittstellen

Für graphische Darstellungen mit einem Plotter etc.
benötigt man Ablenkungen in zwei Dimensionen, in x- und in
y-Richtung. Mit der parallelen Schnittstelle des Ports A
kann man jedoch nur einen D/A-Wandler betreiben. Ich
möchte aus zwei Gründen nur den Port A verwenden:

1. Viele Interfaces mit dem VIA 6522 benutzen einen Teil
   des Ports B für andere Zwecke (z.B. Hardware-Uhren).
2. Der Port B soll für Messungen freigehalten werden. Die
   Meßdatenerfassung erfolgt dann über Port B und die
   Ausgabe (z.B. Plotter) über Port A.

Die 8 Datenbits D0..D7 eines Ports reichen für eine
Darstellung mit 256 Punkten (2 exp 8). Man könnte zwar
zwei 4-Bit-D/A-Wandler anschließen, jedoch sind jeweils 16
Punkte (2 exp 4) pro Achse ein viel zu grobes Strickmuster.
Wie kann man über eine Schnittstelle zwei Datenströme
leiten ? Bisher haben wir an unserer parallelen Schnittstelle nur 9 "Pins" benutzt: "Ground" und die 8 Datenbits.
Es stehen jedoch noch zwei weitere Signalleitungen zur Verfügung, über eine der beiden wollen wir jetzt verfügen: es
ist der STROBE (auch CA2-Leitung genannt) an Pin 10. Diese
Signalleitung kann ebenfalls als Ein- oder als Ausgangsleitung dienen. Wir werden sie als Ausgangsleitung
benutzen. Die genauere Bedeutung des STROBEs werden wir
bei der externen Tastatur kennenlernen. Es sei nur gesagt,
daß diese Leitung kurze Impulse senden und empfangen kann,
jedoch auch einen Dauerpegel "low" und "high" annehmen kann.
Diese letzte Eigenschaft werden wir nutzen.

Zuerst wollen wir den STROBE nutzen: es sind die Bits 0
bis 3 des peripheren Steuer-Registers PCR zu setzen:

Peripheres Steuer-Register PCR Ansteuerung von CA2 (STROBE)

VIA+C   PERIPHERE STEUER-REGISTER PCR Bit 0-3
                  $0C08C+$10*SLOT = -16244+16*SLOT

   Wir müssen also unterscheiden, ob CA2 als Eingangs- oder
Ausgangsport dient, ob Pulse betrachtet oder Dauerpegel
gewünscht werden.

   Für den VIA 6522 gilt: Wird der Wert dezimal 12 oder 13
in das periphere Steuer-Register PCR geschrieben, so nimmt
CA2 als Ausgangsport den Dauerpegel "low" an, bei den dezima-
len Werten 14 oder 15 den Dauerpegel "high".

DAUERPEGEL CA2 (STROBE)
                     low   high

VIA 6522 PCR   13 = Bit 0,2,3 ges.   15 = Bit 0-3 ges.   oder
               12 = Bit 2,3 ges.   14 = Bit 1-3 ges.

   Für andere Bausteine beachten Sie bitte das jeweilige
Handbuch.

   Die Schnittstelle wird nun entsprechend dem Pegel der
CA2-Leitung hin- und hergeschaltet. Hierzu werden zwei 8-
Bit-Speicherflipflops SN 74100 (Preis: ca. 3 DM) benutzt.
Diese Flipflops haben 8 Daten-Eingänge und 8 Daten-Aus-
gänge sowie einen "Clock"-Eingang. Liegt an "Clock"
ein hoher Dauerpegel an, so werden die an den Eingängen
anliegenden Pegel zu den Ausgängen durchgeschaltet, bei
niedrigem Pegel nicht. Das ganze klappt jedoch nur
dadurch, daß die Zustände am Ausgang gehalten werden, auch
wenn am "Clock"-Eingang ein niedriger Pegel anliegt.
Erreicht man nun, daß an den "Clock"-Eingängen jeweils die
inversen CA2-Pegel (CA2 wird invertiert) anliegen, so

werden bei dem einen Flipflop die Daten zum Ausgang durchgeschaltet, beim anderen nicht und umgekehrt. An beiden
Dateneingängen liegen dieselben Daten der parallelen
Schnittstelle an. Man muß nun abwechselnd den Pegel von
CA2 ändern und jeweils die Daten für die x-Achse und die
y-Achse nacheinander durchgeben. Es tritt jedoch ein
Problem auf. In dem Moment, in dem der Pegel von CA2
umgeschaltet wird, wird beiden Flipflops der gleiche Wert
durchgeschaltet. Man muß also noch zusätzlich erreichen,
daß, ehe einer der "Clock"-Eingänge auf "high" geht, beide
"Clock"-Eingänge auf "low" liegen. Nur in diesem Zustand
kann man die Datenänderung für die x- und y- Achsen vornehmen. Dies verdeutlicht das gewünschte Pegelverlaufsdiagramm:

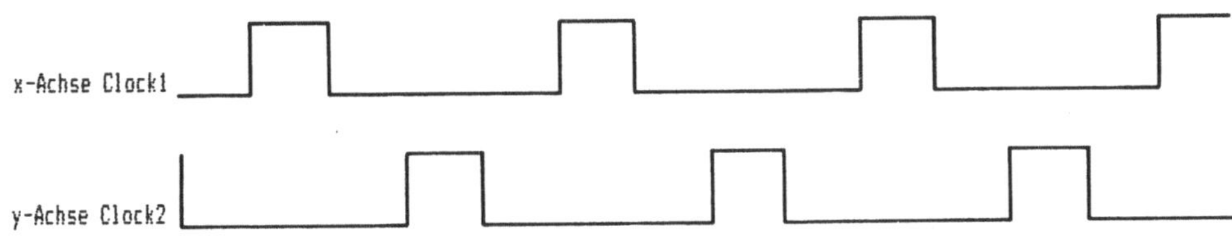

Bild 5.6 Pegelverlaufsdiagramm XYOSZI

Diese Pegel können durch folgende, etwas eigenwillige
Schaltung erreicht werden: Es werden nacheinander die
Pegel von CA2 auf "low" und "high" usw. gesetzt: CA2 sendet
also eine Serie von Impulsen, die vom Dezimalzähler SN 7490
gezählt werden. Nimmt man Pin 1 dieses Zählers als
Eingang, so zählt er jeweils bis 5. Die Signalfolgen an
den Ausgängen Pin 8 und 9 haben dann folgendes Aussehen,

darunter ist das gewünschte Verlaufsdiagramm XYOSZI für die
beiden "Clock"-Eingänge eingezeichnet:

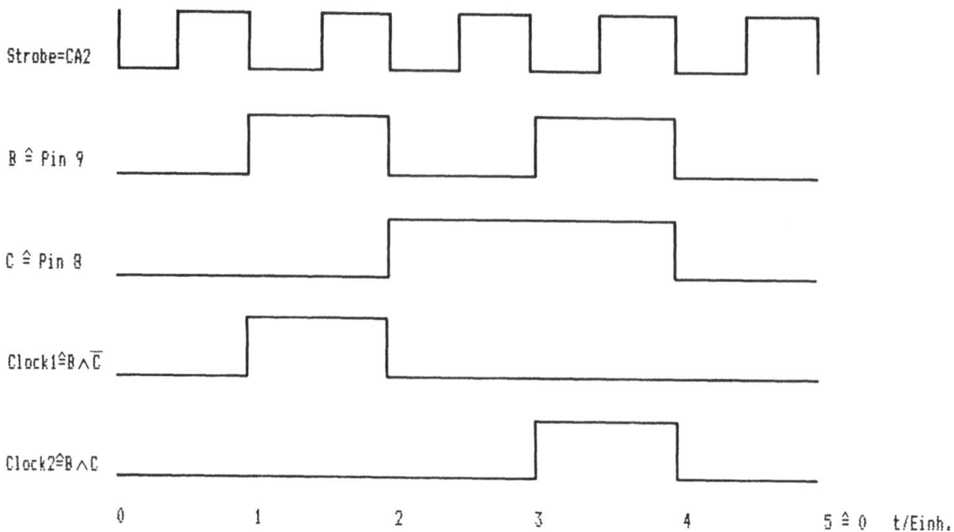

Bild 5.7   Pegelverlaufsdiagramm DEZIMALZÄHLER

   Wir sehen, daß die Diagramme bis auf zwei Stellen schon
in Ordnung sind. Durch UND-Verknüpfungen läßt sich das
Ergebnis erzielen: Wenn die Pegel mit B und C bezeichnet
werden, so gilt:

$$\text{Clock1} \triangleq B \wedge \bar{C}$$
$$\text{Clock2} \triangleq B \wedge C.$$

   Es tritt noch ein weiteres Problem auf. Man kann nicht
erwarten, daß nach jedem Programmdurchlauf der Dezimalzähler denselben Wert hat. Wir lassen ihn bis zu einer
bestimmten Stelle durchlaufen, sagen wir bis zur der
Stelle, an der der x-Ausgang durchgeschaltet wird. Erst
dann fangen wir mit dem Programm an. Wie erfährt man nun,
wann CA2 hohen Pegel hat? Es gibt glücklicherweise eine

weitere Datenleitung, die jedoch nur als Eingang geschaltet
wird. Sie dient dazu, von externen Geräten eine Bestätigung
für empfangene Daten zu bekommen: die ACKNOWLEDGE- (auch
CA1) Datenleitung an Pin 9. Wenn diese Leitung einen
Übergang von "low" auf "high" erleidet (oder umgekehrt, das
kann man sich aussuchen) wird ein bestimmtes Bit im
UNTERBRECHUNGS-FLAG-REGISTER IFR gesetzt. Dieses kann man
abfragen und dann entsprechend reagieren. Wir benötigen
wiederum die zugehörigen Adressen:

```
UNTERBRECHUNGS-FLAG-REGISTER FÜR ACKNOWLEDGE
--------------------------------------------------------------

VIA+C PCR        $0C08C+$10*SLOT = -16244+16*SLOT
                 Bit 0:1  für ansteigende Flanke
VIA+D IFR        $0C08D+$10*SLOT = -16243+16*SLOT
                 Bit 1 wird gesetzt
```

   VIA 6522: Wenn ACKNOWLEDGE von "low" auf "high" geht,
wird im Unterbrechungs-Flag-Register IFR Bit 1 gesetzt.

   Eine entsprechende Routine hat dann für den VIA 6522
folgendes Aussehen:

```
(* UNTERBRECHUNGS-FLAG-REGISTER IFR
   reagiert für CA1 auf ansteigende Flanke *)
POKE(PCR,CHR(1));
POKE(IFR,CHR(255));   (* Lösche alle Unterbrechungen *)

(* Pulsiere bis X-Koordinate angesprochen = CA1 TRUE *)
REPEAT
   POKE(PCR,CHR(15));
   POKE(PCR,CHR(13));
   I:=PEEK(IFR);
   I:=(I-4*(I DIV 4));   (* Ist Bit 1 gesetzt ?  *)
UNTIL I>1;
```

Daher muß der Eingang von Clock1 (x-Ausgang) mit der
Steuerleitung ACKNOWLEDGE an Pin 9 verbunden werden. Somit
erhalten wir die Gesamtschaltung für die Aufteilung der
parallelen Schnittstelle in zwei: die x-Achsen Ansteuerung
und die y-Achsen Ansteuerung. Der Zustand der
"Clock"-Eingänge wird durch LEDs angezeigt.

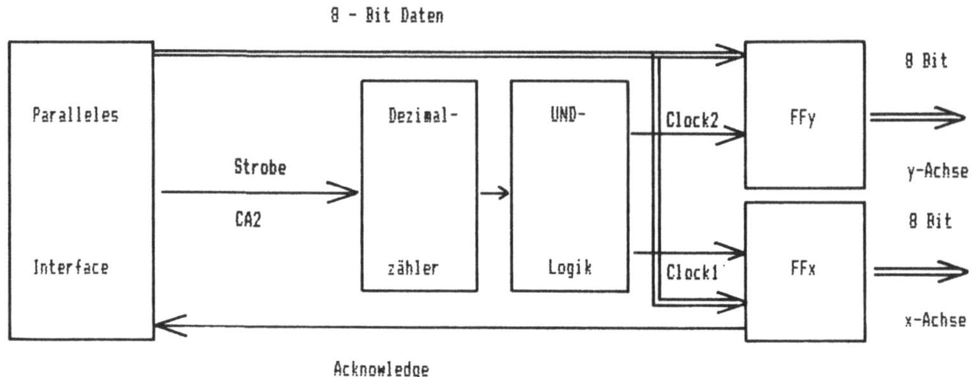

Bild 5.8   Blockschaltbild XYOSZI "x-y-Switch"

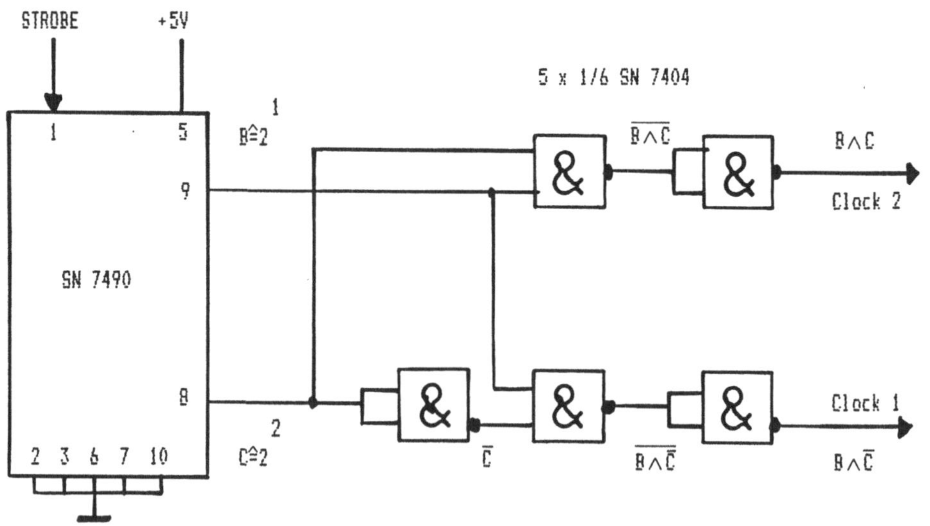

Bild 5.9   XYOSZI Erzeugung der "Clock"-Signale

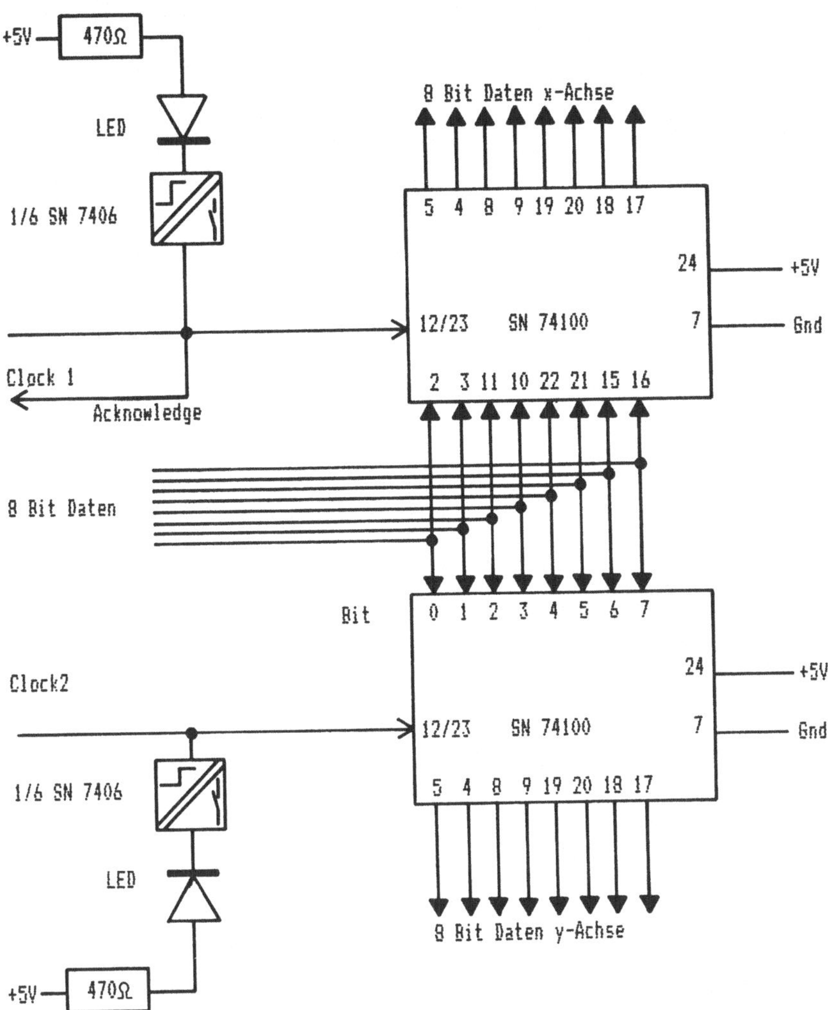

Bild 5.10   Gesamtschaltung XYOSZI "x-y-Switch"

Die ganze Schaltung hat wieder Platz in den gleichen
kleinen Kunststoffgehäusen, wie wir sie bisher benutzt
haben. Das Gehäuse hat drei 25-polige Stecker und Buchsen,
einen Stecker und zwei Buchsen. Die Versorgungsspannungen
werden direkt von dem Eingangsstecker auf die Ausgangs-
buchsen gelegt, die übrigen Pins werden nicht benutzt.

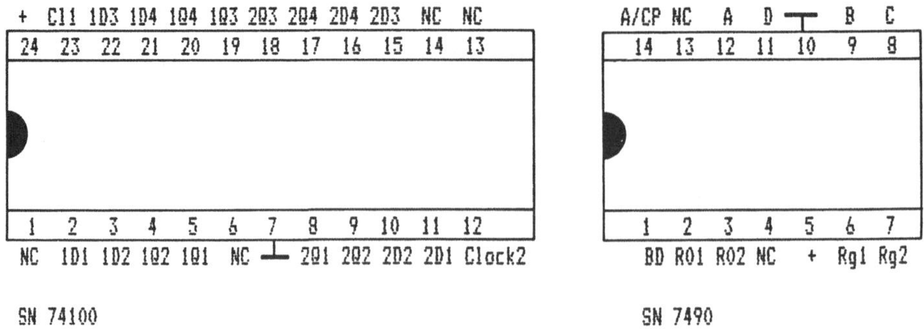

Bild 5.11   Anschlußbelegungen SN 7490 und SN 74100

```
Materialliste: 1 Kunststoffgehäuse
               1 25-poliger Stecker
               2 25-polige Buchsen
               2 LED 5 mm
               2 Widerstände 470 Ohm
               2 Achtfache Speicher Flipflops SN 74100
               1 Dezimalzähler SN 7490
               1 NAND-Gate SN 7400
               1 Treiber SN 7406
```

Dies ist die bisher umfangreichste Schaltung. Falls sie nicht auf Anhieb klappt, sollten Sie folgende Prüfroutine durchspielen:

1. Überprüfen Sie die Betriebsspannung +5V an allen ICs.
2. Überprüfen Sie auch den "Ground"-Anschluß durch Messen gegenüber +5V.
3. Überprüfen Sie, ob das Signal von CA2 ankommt.
4. Überprüfen Sie die Datenbits.

Schreiben Sie ein kurzes Programm, welches ca. 1-Hz-Impulse an CA2 erzeugt. Diese können Sie mit einem Voltmeter messen. Überprüfen Sie nun am Dezimalzähler, ob

die Pegel den gewünschten zeitlichen Verlauf haben. Dies
läßt sich allerdings mit einem Zweistrahloszilloskop und
einer höheren Frequenz besser beobachten.

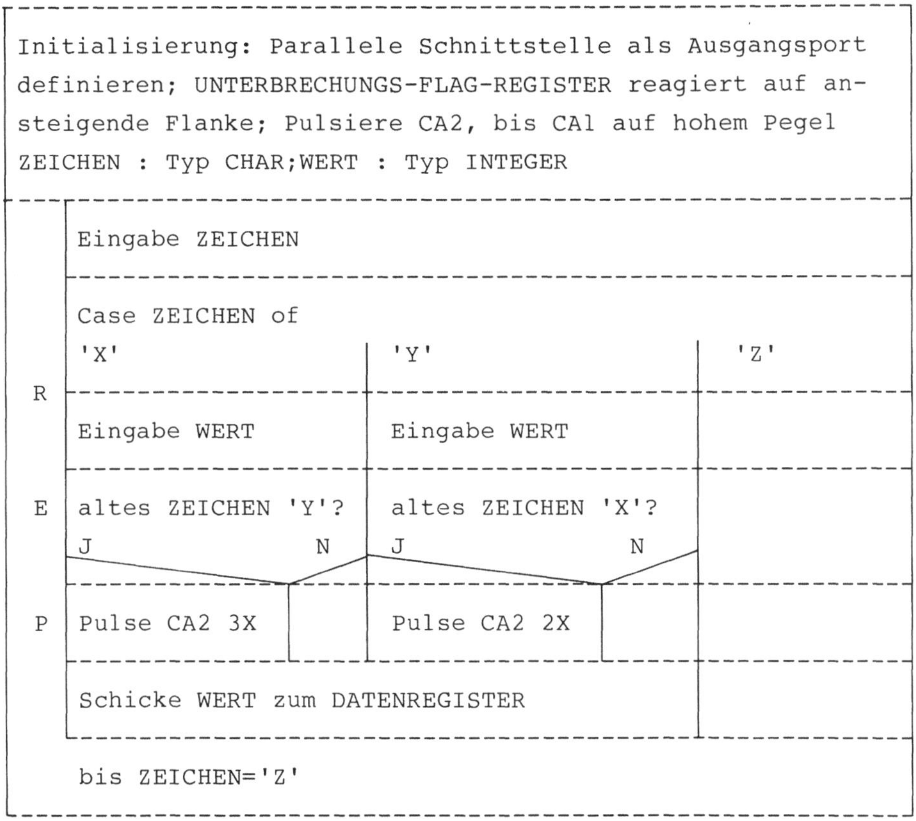

<table>
<tr><td colspan="4">Initialisierung: Parallele Schnittstelle als Ausgangsport definieren; UNTERBRECHUNGS-FLAG-REGISTER reagiert auf ansteigende Flanke; Pulsiere CA2, bis CA1 auf hohem Pegel ZEICHEN : Typ CHAR;WERT : Typ INTEGER</td></tr>
<tr><td rowspan="6">R

E

P</td><td colspan="3">Eingabe ZEICHEN</td></tr>
<tr><td colspan="3">Case ZEICHEN of</td></tr>
<tr><td>'X'</td><td>'Y'</td><td>'Z'</td></tr>
<tr><td>Eingabe WERT</td><td>Eingabe WERT</td><td></td></tr>
<tr><td>altes ZEICHEN 'Y'?
J   N</td><td>altes ZEICHEN 'X'?
J   N</td><td></td></tr>
<tr><td>Pulse CA2 3X</td><td>Pulse CA2 2X</td><td></td></tr>
<tr><td colspan="3">Schicke WERT zum DATENREGISTER</td></tr>
<tr><td colspan="4">bis ZEICHEN='Z'</td></tr>
</table>

Bild 5.12   Struktogramm XYPLOTTER

   Mit dem folgenden Programm werden jetzt beliebige Daten
auf die beiden x- und y-Ausgänge gegeben. Sie können das
Ergebnis z. B. am x-Ausgang mit dem D/A-Wandler und am
y-Ausgang mit dem Testgehäuse überprüfen. Mit einem zweiten
D/A-Wandler, wie wir ihn später benötigen, geht es natürlich genausogut.

Pascal-Programm XYPLOTTER

```
PROGRAM XYPLOT;

VAR SLOT,VIA,PCR,IFR,
    DATENRICHTUNGSREGISTER,DATENREGISTER,
    I,J,K,X,Y:INTEGER;
    XYA,CW,CH:CHAR;
    RE,REX,REY:REAL;


FUNCTION KEYPR:BOOLEAN;EXTERNAL;


PROCEDURE POKE(ADRESSE:INTEGER;WERT:CHAR);EXTERNAL;


FUNCTION PEEK(ADRESSE:INTEGER):INTEGER;EXTERNAL;


PROCEDURE PULS;
BEGIN
    POKE(PCR,CHR(15));
    POKE(PCR,CHR(13));
END;


PROCEDURE INIT;
BEGIN
    (* Initialisiere PORT A als OUTPUTPORT *)
    POKE(DATENRICHTUNGSREGISTER,CHR(255));
    POKE(DATENREGISTER,CHR(0));

    (* UNTERBRECHUNGS-FLAG-REGISTER
       reagiert für CA1 auf ansteigende Flanke *)
    POKE(PCR,CHR(1));
    POKE(IFR,CHR(255));  (* Lösche alle Unterbrechungen *)
    (* Pulsiere bis X-Koordinate angesprochen = CA1 TRUE *)
```

```
  REPEAT
     PULS;
        I:=PEEK(IFR);
        I:=(I-4*(I DIV 4));
     UNTIL I>1;    (* Ist Bit 1 gesetzt ? *)
  END;


PROCEDURE SETXY;
BEGIN
     IF CH='X' THEN
     BEGIN
        REPEAT
           READ(REX);
        UNTIL (REX>=0) AND (REX<=10);
        X:=ROUND(REX*25.5);
        IF XYA='Y' THEN
        BEGIN
           PULS;PULS;PULS;
        END;
        POKE(DATENREGISTER,CHR(X));
        XYA:='X';
     END;
     IF CH='Y' THEN
     BEGIN
        REPEAT
           READ(REY);
        UNTIL (REY>=0) AND (REY<=10);
        Y:=ROUND(REY*25.5);
        IF XYA='X' THEN
        BEGIN
           PULS;
           PULS;
        END;
        POKE(DATENREGISTER,CHR(Y));
        XYA:='Y';
     END;
  END;
```

```
PROCEDURE INVERSE;
BEGIN
   WRITE(CHR(154),'3');              (* Bitte an eigene 80- *)
END;                                 (* Zeichenkarte anpassen. *)


PROCEDURE NORMAL;
BEGIN
   WRITE(CHR(154),'2');              (* Bitte an eigene 80- *)
END;                                 (* Zeichenkarte anpassen. *)


PROCEDURE EINZELWERT;
BEGIN
   INIT;
   XYA:='X';
   X:=0;Y:=0;
   REX:=0;REY:=0;
   WRITE(CHR(12));INVERSE;
   WRITE('Einzelwert Plotter- oder Osziansteuerung');
   WRITELN('   x- und y-Koordinaten');
   NORMAL;
   POKE(DATENRICHTUNGSREGISTER,CHR(255));
   POKE(DATENREGISTER,CHR(0));
   REPEAT
      GOTOXY(0,10);
      WRITE('X oder Y  (Z=Ende)? ===> ');
      REPEAT READ(CH);UNTIL (CH='X') OR (CH='Y') OR (CH='Z');
      IF CH<>'Z' THEN
      BEGIN
         GOTOXY(0,10);
         INVERSE;
         WRITE('  gewählte Koordinate:    ');
         NORMAL;
         IF CH='X' THEN WRITELN(' X    ') ELSE WRITELN(' Y');
         GOTOXY(0,20);
         WRITE('WERT (0..10 V) ? ===>                    ');
```

```
            GOTOXY(24,20);
            SETXY;
            GOTOXY(0,15);
            WRITE('X-Koordinate: ',REX:5:2);
            WRITE(' V       Y-Koordinate: ',REY:5:2,' V      ');
        END;
    UNTIL CH='Z';
END;


BEGIN
    SLOT:=2;
    VIA:=-16256+16*SLOT;
    DATENRICHTUNGSREGISTER:=VIA+3;
    DATENREGISTER:=VIA+1;
    PCR:=VIA+12;
    IFR:=VIA+13;
    REPEAT
        EINZELWERT;
    UNTIL CH='Z';
END.
```

Kompilieren Sie dieses Programm und linken Sie es mit
der SYSTEM.LIBRARY. Wir benötigen jetzt einen zweiten D/A-
Wandler, wie er im Abschnitt 5.6 beschrieben wurde. Schließen
Sie ihn an. Verbinden Sie einen der beiden Masseausgänge (0V)
mit der Masse eines Oszilloskops. Die beiden spannungs-
führenden Buchsen der D/A-Wandler (rot) verbinden Sie
jeweils mit dem x- und dem y-Eingang Ihres Oszilloskops.
Wenn Sie das Programm laufen lassen, werden Sie feststellen, daß eine der beiden LEDs leuchtet. Markieren Sie
diese LED als x-Eingang und das andere als y-Eingang.
Wenn Sie Werte eingeben, müssen die LEDs entsprechend
umspringen, ebenso der Punkt auf dem Oszilloskop (Warnung:
Punkte auf dem Oszilloskop nur mit geringer Intensität und
für kurze Zeiten stehen lassen.).

5.9 Darstellung mathematischer Relationen auf dem Oszilloskop

Die Benutzung der x- und der y-Eingänge macht uns bedeutend flexibler. Wir sind von der Zeitachse unabhängig und können somit den Elektronenstrahl in alle Richtungen über den Bildschirm wandern lassen. Daher können jetzt auch ohne Probleme RELATIONEN graphisch dargestellt werden und nicht nur die einfacheren FUNKTIONEN.

FUNKTIONEN sind eindeutige Zuordnungen, jedem x-Wert wird genau ein y-Wert zugeordnet. RELATIONEN sind nicht eindeutig. Einem x-Wert kann gar kein, ein oder auch mehrere y-Werte zugeordnet werden.

Wir stehen bei der Darstellung der RELATIONEN den gleichen Problemen gegenüber wie bei den FUNKTIONEN. Pascal ist zu langsam. Wir müssen wiederum die berechneten Werte abspeichern und die Startadresse dem Assembler-Programm mitteilen. Dieses kann die Daten dann zum Ausgang der parallelen Schnittstelle bringen. Nur haben wir es diesmal mit Wertepaaren (x/y) zu tun. Das Zeichnen eines Qudrates oder eines Kreises macht nun keine große Schwierigkeiten mehr.

Assembler-Programm XYOSZIA

```
;--------------------------------------------
; XYOSZI zur Darstellung math. Rel.
; Slot 2
; Makros
;--------------------------------------------


        .MACRO POP        ; Pascal Startadresse
        PLA
```

```
        STA %1
        PLA
        STA %1+1
        .ENDM
        .MACRO PSH      ; Pascal Rücksprung
        LDA %1 +1
        PHA
        LDA %1
        PHA
        .ENDM


RETURN     .EQU 0
ADRESSE1 .EQU 2          ; Startadresse Daten x-Achse
ADRESSE2 .EQU 4          ; Startadresse Daten y-Achse
MAX        .EQU 255.      ; maximale Anzahl Punkte
UP         .EQU 254.      ; CA2 hoher Pegel (i.a. 13)
DOWN       .EQU 253.      ; CA2 niedriger Pegel (i.a. 15)
DATUM      .EQU 0C0A1     ; Datenregister
CA2        .EQU 0C0AC     ; Output CA2
KEY        .EQU 0C000     ; Taste gedrückt ?


;------------------------------------------
;    Beginn der Prozedur
;------------------------------------------


        .PROC XYOSZI,2
        POP RETURN
        PLA
        STA ADRESSE1     ; Hole Startadresse des Feldes XX
        PLA              ; vom Stack.
        STA ADRESSE1+1
        PLA
        STA ADRESSE2     ; Hole Startadresse des Feldes YY
        PLA              ; vom Stack.
        STA ADRESSE2+1
```

```
          JMP WIEDER              ; überspringe die Subroutines

PULS      LDA UP                  ; Subroutine: Schalte
          STA CA2                 ; einen Puls weiter
          LDA DOWN
          STA CA2
          RTS


POKEXY    LDA §ADRESSE1,Y         ; Subroutine: Poke
          STA DATUM               ; x-Wert zum
          JSR PULS                ; parallelen Interface
          JSR PULS                ; Schalte zur y-Achse
          LDA §ADRESSE2,Y         ; Poke y-Wert
          STA DATUM
          JSR PULS                ; Schalte zur x-Achse
          JSR PULS
          JSR PULS
          RTS


WIEDER    LDY #0                  ; Zähler Anzahl Punkte=0
          JSR POKEXY
BEGIN     INY                     ; erhöhe Zähler um 1
          JSR POKEXY
          CPY MAX                 ; sind bereits MAX-Punkte
          BNE BEGIN               ; gezeichnet?
          LDA KEY                 ; Taste gedrückt?
          BPL WIEDER
          PSH RETURN              ; Pascal Rücksprung
          RTS
          .END


;----------------------------------------------
;    end of assembly
;----------------------------------------------
```

Pascal-Programm XYOSZIP

```
PROGRAM XYOSZIP;

USES TRANSCEND;

TYPE FELD=PACKED ARRAY[0..255] OF CHAR;

VAR SLOT,VIA,PCR,IFR,I,J,
    DATENRICHTUNGSREGISTER,DATENREGISTER:INTEGER;
    XX,YY:FELD;
    CW:CHAR;

FUNCTION KEYPR:BOOLEAN;EXTERNAL;

PROCEDURE XYOSZI(XX,YY:FELD);EXTERNAL;

PROCEDURE POKE(ADRESSE:INTEGER;WERT:CHAR);EXTERNAL;

FUNCTION PEEK(ADRESSE:INTEGER):INTEGER;EXTERNAL;

PROCEDURE PULS;
BEGIN
   POKE(PCR,CHR(15));
   POKE(PCR,CHR(13));
END;

PROCEDURE INIT;
BEGIN
   POKE(DATENRICHTUNGSREGISTER,CHR(255));
   POKE(DATENREGISTER,CHR(0));

   (* UNTERBRECHUNGS-FLAG-REGISTER
   reagiert fuer CA1 auf ansteigende Flanke *)
   POKE(PCR,CHR(1));
```

```
    POKE(IFR,CHR(255));   (* Lösche alle Unterbrechungen *)
    (* pulsiere bis X-Koordinate angesprochen = CA1 TRUE *)
    REPEAT
       PULS;
       I:=PEEK(IFR);
       I:=(I-4*(I DIV 4));
    UNTIL I>1;
END;


PROCEDURE MENUE;
BEGIN
   WRITE(CHR(12));
   WRITE('Parallele Schnittstelle - Demonstration');
   WRITELN(' des D/A- Wandlers -        Relationen');
   WRITE('=================================');
   WRITELN('=================================');
   WRITELN;
   WRITE('Bitte wählen Sie:                  (Oszil');
   WRITELN('loskop: x- und y- Eingänge)');
   WRITELN;
   WRITELN('0 - Ende');WRITELN;
   WRITELN('1 - Quadrat              A -');
   WRITELN('2 - Kreis                B -');
   WRITELN('3 - Ellipse 1            C -');
   WRITELN('4 - Ellipse 2            D -');
   WRITELN('5 -                      E -');
   WRITELN('6 -                      F -');
   WRITELN;
   WRITELN('7 -                      G -');
   WRITELN('8 -                      H -');
   WRITELN('9 -                      I -');
   REPEAT
      GOTOXY(0,20);
      WRITE('===> ');
      READ(CW);
```

```
        J:=ORD(CW);
        IF J>94 THEN J:=J-32;
        CW:=CHR(J);
     UNTIL ((CW>='0') AND (CW<='9')) OR
           ((CW>='A') AND (CW<='I'));
END;


PROCEDURE OSZI;
VAR C1,C2:CHAR;


  PROCEDURE RELAT1;
  BEGIN
     FOR J:=0 TO 63 DO XX[J]:=CHR(J);
     FOR J:=64 TO 127 DO XX[J]:=CHR(64);
     FOR J:=128 TO 191 DO XX[J]:=CHR(193-J);
     FOR J:=192 TO 255 DO XX[J]:=CHR(0);
     FOR J:=0 TO 63 DO YY[J]:=CHR(0);
     FOR J:=64 TO 127 DO YY[J]:=CHR(J-64);
     FOR J:=128 TO 191 DO YY[J]:=CHR(64);
     FOR J:=192 TO 255 DO YY[J]:=CHR(256-J);
     POKE(255,CHR(255));  (* max. Anzahl Punkte *)
  END;


  PROCEDURE RELAT2;
  VAR II:INTEGER;
  BEGIN
     FOR J:=0 TO 128 DO
     BEGIN
        XX[J]:=CHR(J);
        II:=64*64-(J-64)*(J-64);
        YY[J]:=CHR(ROUND(SQRT(ABS(II)))+128);
        XX[127+J]:=CHR(J);
        YY[127+J]:=CHR(128-ROUND(SQRT(ABS(II))));
     END;
     POKE(255,CHR(255));  (* max. Anzahl Punkte *)
  END;
```

```
BEGIN
   SLOT:=2;
   VIA:=-16256+16*SLOT;
   DATENRICHTUNGSREGISTER:=VIA+3;
   DATENREGISTER:=VIA+1;
   PCR:=VIA+12;
   IFR:=VIA+13;
   POKE(254,CHR(13));        (* puls up *)
   POKE(253,CHR(15));        (* puls down *)
   INIT;
   REPEAT
      MENUE;
      IF CW<>'0' THEN
      BEGIN
         GOTOXY(0,22);
         WRITE('Bitte warten.');
         CASE CW OF '1':RELAT1;
                    '2':RELAT2;
         END;
         GOTOXY(0,22);
         WRITELN('Graphik fertig ');
         WRITE('  ===>  Ende : Bitte Taste drücken.');
         XYOSZI(XX,YY);
      END;
   UNTIL CW='0';
END;


BEGIN
   REPEAT
      OSZI;
   UNTIL CW='0';
END.
```

5.10 Schriften auf dem Oszilloskop

Um Schriftzeichen auf dem Oszilloskop darzustellen,
müssen wir lediglich eine einfache Methode finden, Zeichen
und Buchstaben zu definieren. Zu diesem Zweck wird ein
Textfile BUCHSTABEN beschrieben. In ihm sind alle Zeichen
ab dem ASCII-Code 32 (= SPACE) bis 127 dargestellt. Man
denke sich eine 7x9-Matrix, aus der alle Zeichen aufgebaut
sind. Die erste Zeile des Textfiles enthält das Zeichen
(oder beliebigen Text). Die zweite Zeile enthält die
x-Werte und die dritte Zeile die y-Werte dieser Punktma-
trix. Die Zeichen "A" und "B" haben danach folgendes
Aussehen:

```
A
11111234567777723456
12345799975432144444
B oder weiterer Text
76543211111111234567771234566
11111112345678999999873215555 46
```

```
          1   2   3   4   5   6   7              1   2   3   4   5   6   7
-----------------------------------    -----------------------------------
      9   .   .   #   #   #   .   .          9   #   #   #   #   #   #   .
      8   .   .   .   .   .   .   .          8   #   .   .   .   .   .   #
      7   .   #   .   .   .   #   .          7   #   .   .   .   .   .   #
      6   .   .   .   .   .   .   .          6   #   .   .   .   .   #   .
      5   #   .   .   .   .   .   #          5   #   #   #   #   #   .   .
      4   #   #   #   #   #   #   #          4   #   .   .   .   .   #   .
      3   #   .   .   .   .   .   #          3   #   .   .   .   .   .   #
      2   #   .   .   .   .   .   #          2   #   .   .   .   .   .   #
      1   #   .   .   .   .   .   #          1   #   #   #   #   #   #   .
-----------------------------------    -----------------------------------
          1   2   3   4   5   6   7              1   2   3   4   5   6   7
```

Zeichen, die nicht ausgefüllt werden sollen, bestehen
insgesamt aus 3x RETURN. Der File BUCHSTABEN muß zur
Laufzeit für das System zur Verfügung stehen. Der File kann
direkt im Editor des Pascal-Systems erstellt und korrigiert
werden. Zwingend vorgeschrieben sind:

1. In der ersten Zeile des Files steht ein "A" (dient, da
   es sich um einen Textfile handelt, zur Erkennung des
   Anfangs).
2. Die Zeichen sind nach dem ASCII-Code geordnet, beginnend
   mit ASCII 32 = SPACE.

3. In der zweiten Zeile stehen die x-Werte für SPACE,
   also gar nichts. In der 3. Zeile ebenso (nur 2x RETURN).

4. Es folgen jetzt alle anderen Zeichen, jeweils aus drei
   Zeilen bestehend:
   a) Erkennungstext (beliebig)
   b) x-Werte
   c) y-Werte.

In der Reihe des ASCII-Codes ist so das ganze Alphabet
aufgebaut. Dieser Textfile wird eingelesen, somit steht
uns entsprechend den eingegebenen Zahlen jede Schriftart
zur Verfügung. Aus diesem Zahlenstrom werden die EOLNs
und der Text zwischen den Ziffern entfernt. Je nach dem
gewünschten Zeichen wird die entsprechende Reihe ausgewählt
und an das Assembler-Programm übergeben. Um mehr Zeichen
darstellen zu können, dürfen jetzt maximal 512 Wertepaare
auf dem Bildschirm erzeugt werden. Da ein Zeichen ca. 20
Wertepaare umfaßt, können ca. 25 Zeichen dargestellt
werden.

Die Größe des Textes läßt sich am Oszilloskop mit der
vertikalen Amplitude ändern.

```
┌────────────────────────────────────────────────────────────────────┐
│ Start- und Rücksprung-Adresse für Pascal-Programm festhalten         │
│ Konstanten und Speicher benennen                                     │
├───┬──────────────────────────────────────────────────────────────────┤
│   │ Zähler Y-Register auf Null setzen                                 │
│   ├───┬──────────────────────────────────────────────────────────────┤
│   │   │ x- Wert aus Bereich 1 zum D/A-Wandler ausgeben               │
│   │ R │ zweimal Pulsen für x-y-Switch                                │
│   │ E │ y-Wert aus Bereich 1 zum D/A-Wandler ausgeben                │
│ R │ P │ dreimal Pulsen für x-y-Switch                                │
│   │   │ Y-Register um 1 erhöhen                                      │
│ E │   └──────────────────────────────────────────────────────────────┤
│   │     bis Y-Register = MAX1                                         │
│ P ├──────────────────────────────────────────────────────────────────┤
│   │ Zähler Y-Register auf Null setzen                                 │
│   ├───┬──────────────────────────────────────────────────────────────┤
│   │   │ x-Wert aus Bereich 2 zum D/A-Wandler ausgeben                │
│   │ R │ zweimal Pulsen für x-y-Switch                                │
│   │ E │ y-Wert aus Bereich 2 zum D/A-Wandler ausgeben                │
│   │ P │ dreimal Pulsen für x-y-Switch                                │
│   │   │ Y-Register um 1 erhöhen                                      │
│   │   └──────────────────────────────────────────────────────────────┤
│   │     bis Y-Register = MAX2                                         │
│   └──────────────────────────────────────────────────────────────────┤
│     bis Taste gedrückt wird                                           │
└──────────────────────────────────────────────────────────────────────┘
```

Bild 5.13   Struktogramm   SCHRIFTA

Die Prozedur PULS schaltet den CA2-Ausgang um einen Puls
weiter. Um von der x-Achse zur y-Achse umzuschalten, sind
nur zwei Pulse notwendig, umgekehrt drei. Die berechneten
Werte werden in die Felder XX und YY (PACKED ARRAY of CHAR)
gepackt. Die Startadressen dieser Felder werden dem
Assembler-Programm mitgeteilt.

Assembler-Programm   SCHRIFTA

```
;--------------------------------------------
;  SCHRIFTA zur Darstellung von Schriften
;  Die Schrift wird in zwei Schritten zu
;  je 256  Punkten dargestellt.
;  ** Slot 2 **
;--------------------------------------------


            .MACRO POP        ; Pascal Startadresse
            PLA
            STA %1
            PLA
            STA %1+1
            .ENDM
            .MACRO PSH        ; Pascal Rücksprung
            LDA %1 +1
            PHA
            LDA %1
            PHA
            .ENDM



RETURN    .EQU 0
ADRESSE1  .EQU 2             ; Startadresse Daten x - Achse 1.Teil
ADRESSE2  .EQU 4             ; Startadresse Daten y - Achse 1.Teil
ADRESSE3  .EQU 6             ; Startadresse Daten x - Achse 2.Teil
ADRESSE4  .EQU 8             ; Startadresse Daten y - Achse 2.Teil
MAX1      .EQU 255.          ; maximale Anzahl Punkte Teil 1
MAX2      .EQU 254.          ; maximale Anzahl Punkte Teil 2
UP        .EQU 253.          ; PCR hoher Pegel (i.a. 13)
DOWN      .EQU 252.          ; PCR niedriger Pegel (i.a. 15)
DATUM     .EQU 0C0A1         ; Datenregister
PCR       .EQU 0C0AC         ; Output PCR über CA2
KEY       .EQU 0C000         ; Taste gedrückt ?
```

```
;------------------------------------------
;    Beginn der Prozedur
;------------------------------------------


        .PROC SCHRIFT,4
        POP RETURN
        PLA
        STA ADRESSE4         ; Startadresse y-Werte 2.Teil
        PLA
        STA ADRESSE4+1
        PLA
        STA ADRESSE3         ; Startadresse x-Werte 2.Teil
        PLA
        STA ADRESSE3+1
        PLA
        STA ADRESSE2         ; Startadresse y-Werte 1.Teil
        PLA
        STA ADRESSE2+1
        PLA
        STA ADRESSE1         ; Startadresse x-Werte 1.Teil
        PLA
        STA ADRESSE1+1

        JMP WIEDER           ; überspringe die Subroutines

PULS    LDA UP               ; Subroutine: Schalte
        STA PCR              ; einen Puls weiter
        LDA DOWN
        STA PCR
        RTS


POKEXY1 LDA §ADRESSE1,Y      ; Subroutine: Poke
        STA DATUM            ; x-Wert zum
        JSR PULS             ; parallelen Interface
        JSR PULS             ; Schalte zur y-Achse
```

```
          LDA §ADRESSE2,Y   ; Poke y-Wert
          STA DATUM
          JSR PULS          ; Schalte zur x-Achse
          JSR PULS
          JSR PULS
          RTS


POKEXY2   LDA §ADRESSE3,Y   ; Subroutine: Poke
          STA DATUM         ; x-Wert zum
          JSR PULS          ; parallelen Interf.
          JSR PULS          ; Schalte zur y-Achse
          LDA §ADRESSE4,Y   ; Poke y-Wert
          STA DATUM
          JSR PULS          ; Schalte zur x-Achse
          JSR PULS
          JSR PULS
          RTS



WIEDER    LDY #0            ; Zähler Anzahl Punkte=0
          JSR POKEXY1
BEGIN1    INY               ; erhöhe Zähler um 1
          JSR POKEXY1
          CPY MAX1          ; sind bereits MAX1-Punkte
          BNE BEGIN1        ; gezeichnet?

          LDY #0            ; zeichne MAX1+1 bis
          JSR POKEXY2       ; MAX2 Punkte
BEGIN2    INY               ; erhöhe Zähler um 1
          JSR POKEXY2
          CPY MAX2          ; sind bereits MAX2-Punkte
          BNE BEGIN2        ; gezeichnet?

          LDA KEY           ; Taste gedrückt?
          BPL §WIEDER
```

```
;--------------------------------------------
;    Ende der Prozedur
;--------------------------------------------


        PSH RETURN    ; Pascal Rücksprung
        RTS
        .END


;--------------------------------------------
;    end of assembly
;--------------------------------------------
```

Das folgende Pascal-Programm baut auf den Prozeduren
INIT, LESEN und TEXT auf.

Die Funktion von INIT ist uns bereits bekannt, das
parallele Interface wird als Ausgangsport definiert und
über CA2 werden die beiden Flipflops so lange gepulst, bis
die Ausgabe auf die x-Achse gelenkt wird.

In LESEN wird der File BUCHSTABEN gelesen. Seine Daten
werden nach Streichen der RETURNs und der Zusatztexte in
die Arrays AX und AY geschrieben. Die Arrays werden
jeweils mit dem Zeichen "#" abgeschlossen.

Die Prozedur TEXT vergleicht die im Hauptprogramm
eingegebene Sequenz von Zeichen mit dem ASCII-Code und
holt die den Zeichen entsprechende Codierung aus den
Feldern AX und AY. Die Startadressen dieser Speicher
werden dem Assembler-Programm mitgeteilt.

Für zwei Zeichen wird immer ein Abstand von neun x-
Werten eingehalten. Die maximale Anzahl der Codierungen
wird nach MAX1 und MAX2 geschrieben. Danach wird das
Assembler-Programm SCHRIFT abgearbeitet, bis eine Taste
gedrückt wird.

```
┌──────────────────────────────────────────────────────────────────────┐
│Textfile BUCHSTABEN öffnen, Anfang suchen                               │
├──────┬──────┬──────────────────────────────────────────────────────────┤
│      │  R  │ Zeichen ins Array AX schreiben                            │
│  R   │  E  ├──────────────────────────────────────────────────────────┤
│      │  P  │    bis EOLN                                               │
│      ├──────┴──────────────────────────────────────────────────────────┤
│  E   │mit # abschließen                                                │
│      ├──────┬──────────────────────────────────────────────────────────┤
│      │  R  │Zeichen ins Array AY schreiben                             │
│  P   │  E  ├──────────────────────────────────────────────────────────┤
│      │  P  │    bis EOLN                                               │
│      ├──────┬──────────────────────────────────────────────────────────┤
│      │mit # abschließen                                                │
│      └─────────────────────────────────────────────────────────────────┤
│   bis EOF                                                              │
├──────┬──────────────────────────────────────────────────────────────────┤
│      │Schrift eingeben                                                 │
│      ├──────┬──────────────────────────────────────────────────────────┤
│      │      │ASCII-Code des Buchstabens bestimmen, Code-               │
│      │      │Kombination dieses Buchstabens aus den Arrays             │
│  R   │  R  │AX und AY holen;Startadressen von xx- und yy-              │
│      │      │Werten dem Assembler-Programm mitteilen. Ab-              │
│      │  E  │stand von 9 X-Werten bis zum nächsten Buchstaben           │
│      │      │einhalten                                                 │
│  E   │  P  ├──────────────────────────────────────────────────────────┤
│      │        bis Ende Schrift ohne "#" oder "§"                       │
│      ├──────┴──────────────────────────────────────────────────────────┤
│      │Assembler-Programm Schrift aufrufen                              │
│  P   ├─────────────────────────────────────────────────────────────────┤
│      │Warten, bis Taste gedrückt wird.                                 │
│      └─────────────────────────────────────────────────────────────────┤
│   bis "§"                                                              │
└──────────────────────────────────────────────────────────────────────┘
```

Bild 5.14   Struktogramm Schrift

Pascal-Programm SCHRIFTP

```
(**********************************************************

Dieses Programm erzeugt eine Schrift auf einem Oszilloskop.
Es werden die x- und y-Eingaenge des Oszilloskops benutzt.

Die Schrift wird durch ein ARRAY OF CHAR aufgerufen.

**********************************************************)

PROGRAM SCHRIFTEN;

TYPE FELD=PACKED ARRAY[0..511] OF CHAR;

VAR SLOT,VIA,PCR,IFR,
    DATENRICHTUNGSREGISTER,DATENREGISTER,
    MAX1,MAX2,I,J,K,L,ANZAHL,LAENGE:INTEGER;
    XX1,YY1,XX2,YY2:FELD;
    U:ARRAY[0..127] OF CHAR;
    AX,AY:PACKED ARRAY[1..128,0..63] OF CHAR;
    CK:CHAR;


FUNCTION KEYPR:BOOLEAN;EXTERNAL;

PROCEDURE SCHRIFT(XX1,YY1,XX2,YY2:FELD);EXTERNAL;

PROCEDURE POKE(ADRESSE:INTEGER;WERT:CHAR);EXTERNAL;

FUNCTION PEEK(ADRESSE:INTEGER):INTEGER;EXTERNAL;

PROCEDURE INVERSE;
BEGIN
    WRITE(CHR(154),'3');        (* Bitte an eigene *)
END;                           (* 80-Zeichenkarte anpassen. *)
```

```
PROCEDURE NORMAL;
BEGIN
   WRITE(CHR(154),'2');        (* Bitte an eigene *)
END;                           (* 80-Zeichenkarte anpassen *)


PROCEDURE PULS;
BEGIN
   POKE(PCR,CHR(15));
   POKE(PCR,CHR(13));
END;


PROCEDURE INIT;BEGIN
   (* Initialisiere Port A als Ausgangsport *)
   POKE(DATENRICHTUNGSREGISTER,CHR(255));
   POKE(DATENREGISTER,CHR(0));


   (* UNTERBRECHUNGS-FLAG-REGISTER reagiert
      für CA1 auf ansteigende Flanke *)
   POKE(PCR,CHR(1));
   POKE(IFR,CHR(255));     (* Lösche alle Unterbrechungen *)


   (* Pulsiere bis X-Koordinate angesprochen = CA1 TRUE *)
   REPEAT
      PULS;
      J:=PEEK(IFR);
      J:=(J-4*(J DIV 4));
   UNTIL J>1;
   POKE(253,CHR(13));          (* puls up *)
   POKE(252,CHR(15));          (* puls down *)
END;


PROCEDURE LESEN;
VAR Q:FILE OF CHAR;
    CH:CHAR;
```

```pascal
BEGIN
    RESET(Q,'#5:BUCHSTABEN.TEXT');
    IF Q^<=' ' THEN
    REPEAT
        GET(Q);
    UNTIL Q^='A';
    GET(Q);
    GET(Q);
    ANZAHL:=0;
    WHILE NOT EOF(Q) DO
    BEGIN
        ANZAHL:=ANZAHL+1;
        K:=-1;
        WHILE NOT EOLN(Q) DO
        BEGIN
            CH:=Q^;
            IF (ORD(CH)>=49) AND (ORD(CH)<=57) THEN
            BEGIN
                K:=K+1;
                CH:=CHR(ORD(CH)-48);
                AX[ANZAHL,K]:=CH;
            END;
            GET(Q);
        END;
        K:=K+1;
        AX[ANZAHL,K]:='#';
        GET(Q);
        K:=-1;
        WHILE NOT EOLN(Q) DO
        BEGIN
            CH:=Q^;
            IF (ORD(CH)>=49) AND (ORD(CH)<=57) THEN
            BEGIN
                K:=K+1;
                CH:=CHR(ORD(CH)-48);
```

```
                    AY[ANZAHL,K]:=CH;
            END;
            GET(Q);
        END;
        K:=K+1;
        AY[ANZAHL,K]:='#';
        REPEAT
            GET(Q);
        UNTIL EOLN(Q) OR EOF(Q);
        GET(Q);
    END;
    CLOSE(Q,LOCK);
END;


PROCEDURE TEXT;
VAR II,SUM:INTEGER;
    CJ:CHAR;
BEGIN
    SUM:=-1;
    FOR II:=0 TO LAENGE-1 DO
    BEGIN
        J:=-1;
        IF U[II]>=' ' THEN
        WHILE (AX[ORD(U[II])-31,J+1]<>'#') AND (SUM<=508) DO
        BEGIN
            SUM:=SUM+1;
            J:=J+1;
            CJ:=AX[ORD(U[II])-31,J];
            XX1[SUM]:=CHR((ORD(CJ)+9*II) MOD 256);
            YY1[SUM]:=AY[ORD(U[II])-31,J];
        END;
    END;
    GOTOXY(0,22);
    INVERSE;
    WRITE('Ready to plot. ');
```

```
NORMAL;
WRITELN('   Ende = Bitte Taste druecken.');
IF SUM>3 THEN
BEGIN
   IF SUM>255 THEN BEGIN MAX1:=255;MAX2:=SUM-255;END;
   IF SUM<=255 THEN BEGIN MAX1:=SUM;MAX2:=1;END;
   POKE(255,CHR(MAX1)); (* max. Anzahl Punkte 1. Teil *)
   POKE(254,CHR(MAX2)); (* max. Anzahl Punkte 2. Teil *)
   FOR J:=256 TO 511 DO
   BEGIN
      XX2[J-256]:=XX1[J];
      YY2[J-256]:=YY1[J];
   END;
   SCHRIFT(XX1,YY1,XX2,YY2);
END;
END;

BEGIN
   SLOT:=2;
   VIA:=-16256+16*SLOT;
   DATENRICHTUNGSREGISTER:=VIA+3;
   DATENREGISTER:=VIA+1;
   PCR:=VIA+12;
   IFR:=VIA+13;
   WRITE(CHR(12));
   INVERSE;
   WRITE('Schrifterzeugung auf dem');
   WRITELN(' Oszilloskop                      ');
   NORMAL;
   GOTOXY(0,5);
   WRITE('Bitte warten ... ich lese die Schrift');
   WRITE('art von der Diskette....');
   LESEN;
   REPEAT
      WRITE(CHR(12));
```

```
      INVERSE;
      WRITE('Schrifterzeugung auf dem');
      WRITELN(' Oszilloskop                        ');
      NORMAL;
      GOTOXY(0,5);
      WRITELN('Texteingabe (Ende = # Programmende = § )');
      WRITELN;
      WRITE(' ===> ');
      LAENGE:=-1;
      INIT;
      REPEAT
         LAENGE:=LAENGE+1;
         READ(U[LAENGE]);
      UNTIL (LAENGE>=125) OR (U[LAENGE]='#') OR
      (U[LAENGE]='§');
      IF U[LAENGE]<>'§' THEN
      BEGIN
         GOTOXY(0,18);
         WRITE('Bitte Oszilloskop mit x- und y- Eingaengen ');
         WRITELN('einschalten.');
         GOTOXY(0,22);
         WRITELN('Bitte warten.');
         TEXT;
         READ(CK);
      END;
   UNTIL U[0]='§';
END.
```

Kompilieren Sie dieses Programm und linken Sie es mit
SCHRIFTA und der SYSTEM.LIBRARY. Schließen Sie die beiden
D/A-Wandler an die x- und y-Eingänge des Oszilloskops an
und stellen Sie die Amplituden jeweils auf 1 - 0,2 V/cm.
Nach einer kurzen Umrechnungszeit erscheint die Schrift auf
dem Schirm. Besondere Effekte können Sie mit der INVERT-
Taste des Oszilloskops und der CHANNEL-I+II-Taste erreichen.

Als Anwendung dieser Schaltung können auf Fotos von
Oszilloskop-Bildern Schriften eingeblendet werden. Stellen
Sie sich hierfür nacheinander das Oszilloskop-Bild und
die Schrift her. Merken Sie sich für beide Einstellungen
die Daten. Bringen Sie nun die Schrift auf den Bildschirm
und belichten Sie für einige Sekunden. Dann schalten Sie
schnell auf das Oszilloskop-Bild um und belichten wiederum
einige Sekunden, ohne die Kamera zu entfernen.

5.11 Graphik auf dem Schulplotter

In den meisten Schulen steht in der Physik ein Plotter
zur Verfügung, der zwei analoge Eingänge x und y besitzt.
Auf diese Eingänge geben wir die analogen Spannungen
unserer zwei D/A-Wandler, die über den "x-y-Switch" geschaltet werden. Es ist möglich, mit der Datenleitung DB0 des
Ports B den Hubmagneten des Stiftes zu steuern (PENUP und
PENDOWN). Die Plotter, die mir bekannt sind, verfügen über
einen Eingang, der dem PEN-Schalter parallel liegt. Durch
einen einfachen Schließer kann dieser Schalter überbrückt
werden.

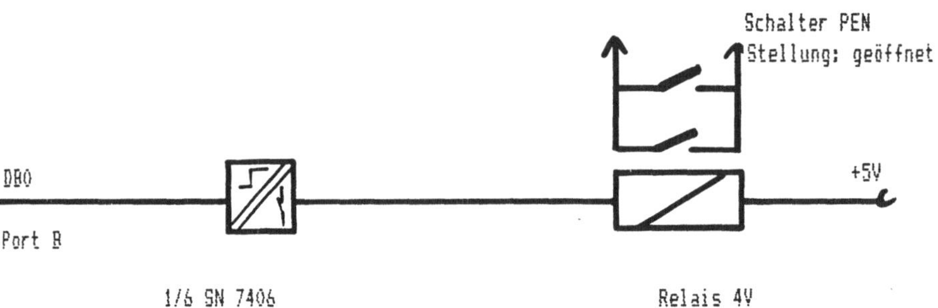

Bild 5.15   Schaltung zur Ansteuerung des Schreibstiftes

> Materialliste: 1 Relais 4V
>   1/6 SN 7406

Es steht eine Zeichenfläche von 256 X 256 Punkten zur
Verfügung, die durch analoge Spannungen von je 10V
realisiert werden. Durch die Hauptmenükarte können die
einzelnen Funktionen des Graphikpaketes aufgerufen werden:

- Linien zeichnen
- Rechtecke zeichnen
- Kreise zeichnen
- Koordinatensysteme zeichnen
- Texte verschiedener Größe zeichnen.

Diese Funktionen können in beliebiger Reihenfolge
aufgerufen werden, alle Parameter sind frei veränderlich:

- Linie: Koordinaten des Anfangs- und Endpunktes
        Die Endpunkte werden mit A und B bezeichnet.
- Rechteck: Koordinaten des Eckpunktes A (links unten),
        Seitenlängen a und b. Die Eckpunkte werden mit
        A, B, C und D bezeichnet.
- Kreis: Koordinaten des Mittelpunktes, Radius. Der Mittel-
        punkt wird mit M bezeichnet.
- Koordinatensystem: keine Parameter. Der Ursprung liegt bei
        128/128. Die Achsen werden mit X und Y
        bezeichnet.
- Schrift: Im File ZEICHEN können alle Schriftzeichen frei
        definiert werden. Die Größe der Schrift ist va-
        riabel (7X9-Matrix entspricht 1, Vergrößerungs-
        faktoren 1 bis 9).

Für eigene Programme stehen die Funktionen
MOVETO(XPOS,YPOS) und PUNKT(XPOS,YPOS,CHAR) zur Verfügung.

MOVETO(XPOS,YPOS): Diese Funktion führt den Schreibstift von der gegenwärtigen Position zur Position XPOS und
YPOS. Hierbei wird der Weg in kleinste Schritte von je
einer Einheit aufgelöst, so daß unterschiedliches
Verhalten der Verstärker für den x- und y-Eingang des
Plotters keinen Einfluß hat. Diese Funktion stimmt voll mit
der Pascal-Funktion MOVETO in TURTLEGRAPHICS überein. Über-

bzw. unterschreiten XPOS und YPOS die Werte 255 bzw. 0, so
werden diese Werte statt dessen angenommen.

PUNKT(XPOS,YPOS,CHAR): Diese Funktion stellt an der
Stelle XPOS/YPOS den Buchstaben dar, der durch CHAR
repräsentiert wird. Beispiel: PUNKT(200,50,'A') zeichnet
den Buchstaben A. Es können ganze Sätze dargestellt werden.
Diese müssen sich im ARRAY U befinden. Zusätzlich
müssen die Größen LAENGE und SIZE angegeben werden. LAENGE
gibt die Anzahl der Zeichen im ARRAY U an, SIZE gibt den
Vergrößerungsfaktor an. SIZE ist vom Typ INTEGER. 1
entspricht einer Matrix 7X9, 9 entspricht der Matrix 63X81.

Bei der Matrix, die die einzelnen Buchstaben bildet,
tritt gegenüber dem File BUCHSTABEN (siehe Abschnitt 5.10)
eine kleine Änderung ein. Beim Oszilloskop spielte es
keine Rolle, daß die Buchstaben stückweise zusammengesetzt
sind und es Sprünge gibt. Das Oszilloskop ist so schnell,
daß diese Übergänge nicht sichtbar sind. Beim Schulplotter
muß der Schreibstift zwischen den einzelnen Buchstaben und
häufig auch innerhalb eines Buchstabens angehoben werden.
Zu diesem Zweck wird an diesen Stellen das Wertepaar (0/0)
eingefügt, das das Anheben des Plotters bewirkt. Wegen
dieser Änderung wird ein neuer File ZEICHEN benutzt.

Die Buchstaben A und B werden dann durch diese
Matrizen dargestellt:

A
11111234567777770234560
12345799975432104444440
B
76543211111111234567765432106677Ø
21111123456789999987655555505432Ø

Natürlich verbleiben dem Benutzer einige Verbesserungs-
möglichkeiten: Die einzelnen Zeich en können noch
"schöner" dargestellt werden. Es können noch weitere
Funktionen eingerichtet werden. Am interessantesten dürfte
die Funktion HARDCOPY sein, die den mit TURTLEGRAPHICS
erstellten Graphikbildschirm abzeichnet. Diese Funktion
ist nicht schwer zu bilden: TURTLEGRAPHICS stellt die
BOOLEAN-Funktion SCREENBIT zur Verfügung, die angibt, ob
ein Punkt des Graphikbildschirms angesprochen ist oder
nicht. Durch zwei Schleifen lassen sich alle Punkte
erfassen und Punkt für Punkt plotten. Allerdings wird der
Zeichenstift hierdurch arg belastet.

Pascal-Programm SCHULPLOTTER

```
(***********************************************************


Dieses Programm zeichnet Graphen mathematischer Relationen
und Schriften auf Schulplottern. Der Schreibstift kann per
Hand oder per Programm angehoben oder gesenkt werden. Die
Position der Schrift kann eingegeben werden.


***********************************************************).


PROGRAM SCHULPLOTTER;


USES TRANSCEND;


TYPE FELD=PACKED ARRAY[0..1023] OF INTEGER;
     CHARFELD=ARRAY[0..127] OF CHAR;
VAR SLOT,VIA,PCR,IFR,
    DATRICHA,DATENA,DATRICHB,DATENB,
    SUM,XNULL,YNULL,XPOS,YPOS,XPOSALT,YPOSALT,
    BUCHSTABE,SIZE,ANZAHL,LAENGE,I,J,K,L:INTEGER;
    U:CHARFELD;
```

```pascal
   XX,YY:FELD;
   AX,AY:PACKED ARRAY[1..128,0..63] OF CHAR;
   WAHL,LETZTEKOORDINATE,PEN,CK:CHAR;

FUNCTION KEYPR:BOOLEAN;EXTERNAL;

PROCEDURE POKE(ADRESSE:INTEGER;WERT:CHAR);EXTERNAL;

FUNCTION PEEK(ADRESSE:INTEGER):INTEGER;EXTERNAL;

PROCEDURE INVERSE;
BEGIN
   WRITE(CHR(154),'3');      (* Bitte an eigene *)
END;                         (* 80-Zeichenkarte anpassen. *)

PROCEDURE NORMAL;
BEGIN
   WRITE(CHR(154),'2');      (* Bitte an eigene *)
END;                         (* 80-Zeichenkarte anpassen. *)

PROCEDURE TOP;
BEGIN
   WRITE(CHR(12));
   INVERSE;
   WRITE('          Graphik auf dem Schulplotter');
   WRITELN('                              ');
   NORMAL;
   GOTOXY(0,5);
END;

PROCEDURE PULS;
BEGIN
   POKE(PCR,CHR(15));
   POKE(PCR,CHR(13));
END;
```

```pascal
PROCEDURE INIT;BEGIN
   POKE(DATRICHB,CHR(1));
   POKE(DATRICHA,CHR(255));
   POKE(DATENA,CHR(0));

   (* UNTERBRECHUNGS-FLAG-REGISTER
   reagiert für CA1 auf ansteigende Flanke *)
   POKE(PCR,CHR(1));
   POKE(IFR,CHR(255));      (* Lösche alle Unterbrechungen *)

   (* Pulsiere bis X-Koordinate angesprochen = CA1 TRUE *)
   REPEAT
      PULS;
      J:=PEEK(IFR);
      J:=(J-4*(J DIV 4));
   UNTIL J>1;
   LETZTEKOORDINATE:='X';
   XPOSALT:=0;
   YPOSALT:=0;
END;


PROCEDURE DELAY;
VAR TIME:INTEGER;
BEGIN
   FOR TIME:=1 TO 50 DO;
END;


PROCEDURE MOVETO(XPOS,YPOS:INTEGER);
VAR XDIFF,YDIFF,XLAUF,YLAUF,LAUF,IJ:INTEGER;
BEGIN
   IF XPOS>255 THEN XPOS:=255;
   IF YPOS>255 THEN YPOS:=255;
   IF XPOS<0 THEN XPOS:=0;
   IF YPOS<0 THEN YPOS:=0;
   XDIFF:=ABS(XPOS-XPOSALT);
```

```
YDIFF:=ABS(YPOS-YPOSALT);
IF YDIFF<>0 THEN XLAUF:=ROUND(XDIFF/YDIFF) ELSE
XLAUF:=XDIFF;IF XLAUF<1 THEN XLAUF:=1;
IF XDIFF<>0 THEN YLAUF:=ROUND(YDIFF/XDIFF) ELSE
YLAUF:=YDIFF;IF YLAUF<1 THEN YLAUF:=1;
REPEAT
   FOR LAUF:=1 TO XLAUF DO
   BEGIN
      DELAY;
      IF XPOS>XPOSALT THEN
      BEGIN
         XPOSALT:=XPOSALT+1;
         IF LETZTEKOORDINATE='Y' THEN
         BEGIN
            PULS;
            PULS;
            POKE(DATENA,CHR(XPOSALT));
            PULS;
         END
         ELSE
         POKE(DATENA,CHR(XPOSALT));
         LETZTEKOORDINATE:='X';
      END;
      IF XPOS<XPOSALT THEN
      BEGIN
         XPOSALT:=XPOSALT-1;
         IF LETZTEKOORDINATE='Y' THEN
         BEGIN
            PULS;
            PULS;
            POKE(DATENA,CHR(XPOSALT));
            PULS;
         END
         ELSE
         POKE(DATENA,CHR(XPOSALT));
```

```
                LETZTEKOORDINATE:='X';
            END;
        END;
        FOR LAUF:=1 TO YLAUF DO
        BEGIN
            DELAY;
            IF YPOS>YPOSALT THEN
            BEGIN
                YPOSALT:=YPOSALT+1;
                IF LETZTEKOORDINATE='X' THEN
                BEGIN
                    PULS;
                    POKE(DATENA,CHR(YPOSALT));
                    PULS;
                END
                ELSE
                POKE(DATENA,CHR(YPOSALT));
                LETZTEKOORDINATE:='Y';
            END;
            IF YPOS<YPOSALT THEN
            BEGIN
                YPOSALT:=YPOSALT-1;
                IF LETZTEKOORDINATE='X' THEN
                BEGIN
                    PULS;
                    POKE(DATENA,CHR(YPOSALT));
                    PULS;
                END
                ELSE
                POKE(DATENA,CHR(YPOSALT));
                LETZTEKOORDINATE:='Y';
            END;
        END;
    UNTIL (XPOS=XPOSALT) AND (YPOS=YPOSALT);
END;
```

```pascal
PROCEDURE PENUP;
BEGIN
   POKE(DATENB,CHR(0));    (* PEN UP *)
END;


PROCEDURE PENDOWN;
BEGIN
   POKE(DATENB,CHR(1));    (* PEN DOWN *)
END;


PROCEDURE SCHRIFT(XNULL,YNULL,SIZE,SUM:INTEGER;XX,YY:FELD);
VAR DOT:INTEGER;
BEGIN
   FOR DOT:=0 TO SUM DO
   BEGIN
      IF (YY[DOT]=0) OR (DOT=0) THEN
      BEGIN
         IF PEN='1' THEN
         BEGIN
            TOP;
            GOTOXY(0,10);
            WRITE('Bitte Pen up ! ===> ');
            READLN(CK);
         END;
         PENUP;
         IF DOT<SUM THEN
         BEGIN
            DOT:=DOT+1;
            IF YY[DOT]>0 THEN
            BEGIN
               XPOS:=SIZE*XX[DOT]+XNULL;
               YPOS:=SIZE*YY[DOT]+YNULL;
               MOVETO(XPOS,YPOS);
               IF DOT<SUM THEN DOT:=DOT+1;
            END;
```

```pascal
        END;
        PENDOWN;
        IF PEN='1' THEN
        BEGIN
           WRITELN('          Bitte Pen down ! ===> ');
           READLN(CK);
        END;
     END;
     IF YY[DOT]>0 THEN
     BEGIN
        XPOS:=SIZE*XX[DOT]+XNULL;
        YPOS:=SIZE*YY[DOT]+YNULL;
        MOVETO(XPOS,YPOS);
     END;
  END;
  PENUP;
END;


PROCEDURE LESEN;
VAR Q:FILE OF CHAR;
    CH:CHAR;
BEGIN
   RESET(Q,'#5:ZEICHEN.TEXT');
   IF Q^<=' ' THEN
   REPEAT
      GET(Q);
   UNTIL Q^='A';
   GET(Q);
   GET(Q);
   ANZAHL:=0;
   WHILE NOT EOF(Q) DO
   BEGIN
      ANZAHL:=ANZAHL+1;
      K:=-1;
      WHILE NOT EOLN(Q) DO
```

```
    BEGIN
        CH:=Q^;
        IF (ORD(CH)>=48) AND (ORD(CH)<=57) THEN
        BEGIN
            K:=K+1;
            CH:=CHR(ORD(CH)-48);
            AX[ANZAHL,K]:=CH;
        END;
        GET(Q);
    END;
    K:=K+1;
    AX[ANZAHL,K]:='#';
    GET(Q);
    K:=-1;
    WHILE NOT EOLN(Q) DO
    BEGIN
        CH:=Q^;
        IF (ORD(CH)>=48) AND (ORD(CH)<=57) THEN
        BEGIN
            K:=K+1;
            CH:=CHR(ORD(CH)-48);
            AY[ANZAHL,K]:=CH;
        END;
        GET(Q);
    END;
    K:=K+1;
    AY[ANZAHL,K]:='#';
    REPEAT
        GET(Q);
    UNTIL EOLN(Q) OR EOF(Q);
    GET(Q);
  END;
  CLOSE(Q,LOCK);
END;
```

```pascal
PROCEDURE TEXT(XNULL,YNULL,SIZE:INTEGER;U:CHARFELD;LAENGE:
VAR II:INTEGER;                                      INTEGER);
    CJ:CHAR;
BEGIN
   SUM:=-1;
   FOR II:=0 TO LAENGE-1 DO
   BEGIN
      J:=-1;
      IF U[II]>=' ' THEN
      WHILE (AX[ORD(U[II])-31,J+1]<>'#') AND (SUM<=1015) DO
      BEGIN
         SUM:=SUM+1;
         J:=J+1;
         CJ:=AX[ORD(U[II])-31,J];
         XX[SUM]:=(ORD(CJ)+9*II) MOD 256;
         YY[SUM]:=ORD(AY[ORD(U[II])-31,J]);
      END;
   END;
   GOTOXY(0,23);
   INVERSE;
   WRITE('Bereit, Schrift zu zeichnen. ');
   NORMAL;
   SCHRIFT(XNULL,YNULL,SIZE,SUM,XX,YY);
END;


PROCEDURE PUNKT(A,B:INTEGER;CH:CHAR);
BEGIN
   PENUP;
   MOVETO(A,B);
   U[0]:=CH;
   LAENGE:=1;
   SIZE:=1;
   TEXT(A,B,SIZE,U,LAENGE);
END;
```

```
PROCEDURE GRAPHIK1;            (* Linie *)
VAR X1,Y1,X2,Y2:INTEGER;
BEGIN
   TOP;
   GOTOXY(0,10);
   WRITELN('Koordinaten des Anfangspunktes A ? ');
   WRITE('===> X= ');
   READLN(X1);
   WRITE('===> Y= ');
   READLN(Y1);
   WRITELN('Koordinaten des Anfangspunktes B ? ');
   WRITE('===> X= ');
   READLN(X2);
   WRITE('===> Y= ');
   READLN(Y2);
   PUNKT(X1-10,Y1,'A');
   MOVETO(X1,Y1);
   PENDOWN;
   FOR J:=X1 TO X2 DO
   BEGIN
      XPOS:=J;
      YPOS:=Y1+ROUND((J-X1)*((Y2-Y1)/(X2-X1)));
      MOVETO(XPOS,YPOS);
   END;
   PUNKT(X2+10,Y2,'B');
END;


PROCEDURE GRAPHIK2;               (* Rechteck *)
VAR A,B,XNULL,YNULL:INTEGER;
BEGIN
   TOP;
   GOTOXY(0,10);
   WRITELN('Koordinaten des Punktes A (links unten) ? ');
   WRITE('===> X= ');
   READLN(XNULL);
```

```
WRITE('===> Y= ');
READLN(YNULL);
WRITELN('Kantenlängen ?');
WRITE('===> a = ');
READLN(A);
WRITE('===> b = ');
READLN(B);
PUNKT(XNULL-10,YNULL,'A');
MOVETO(XNULL,YNULL);
PENDOWN;
FOR J:=XNULL TO XNULL+A DO
BEGIN
   XPOS:=J;
   YPOS:=YNULL;
   MOVETO(XPOS,YPOS);
END;
PUNKT(XNULL+A+2,YNULL,'B');
MOVETO(XNULL+A,YNULL);
PENDOWN;
FOR J:=YNULL TO YNULL+B DO
BEGIN
   XPOS:=XNULL+A;
   YPOS:=J;
   MOVETO(XPOS,YPOS);
END;
PUNKT(XNULL+A+2,YNULL+B,'C');
MOVETO(XNULL+A,YNULL+B);
PENDOWN;
FOR J:=XNULL+A DOWNTO XNULL DO
BEGIN
   XPOS:=J;
   YPOS:=YNULL+B;
   MOVETO(XPOS,YPOS);
END;
PUNKT(XNULL-10,YNULL+B,'D');
```

```pascal
     MOVETO(XNULL,YNULL+B);
     PENDOWN;
     FOR J:=YNULL+B DOWNTO YNULL DO
     BEGIN
        XPOS:=XNULL;
        YPOS:=J;
        MOVETO(XPOS,YPOS);
     END;
     PENUP;
END;


PROCEDURE GRAPHIK3;                 (* Kreis *)
VAR RADIUS,XMITTE,YMITTE:INTEGER;
BEGIN
   TOP;
   GOTOXY(0,10);
   WRITELN('Koordinaten des Mittelpunktes M  ? ');
   WRITE('===> X= ');
   READLN(XMITTE);
   WRITE('===> Y= ');
   READLN(YMITTE);
   WRITELN('Radius  ?');
   WRITE('===> r = ');
   READLN(RADIUS);
   PENUP;
   MOVETO(XMITTE,YMITTE);
   FOR J:=1 TO 5 DO
   BEGIN
      PENDOWN;
      DELAY;
      DELAY;
      PENUP;
   END;
   PUNKT(XMITTE-10,YMITTE,'M');
   MOVETO(XMITTE-RADIUS,YMITTE);
```

```
      PENDOWN;
      FOR J:=XMITTE-RADIUS TO XMITTE+RADIUS DO
      BEGIN
         XPOS:=J;
         YPOS:=ROUND(SQRT(RADIUS*RADIUS-(J-XMITTE)*(J-XMITTE))
         MOVETO(XPOS,YPOS);                              +YMITTE);
      END;
      FOR J:=XMITTE+RADIUS DOWNTO XMITTE-RADIUS DO
      BEGIN
         XPOS:=J;
         YPOS:=ROUND(-SQRT(RADIUS*RADIUS-(J-XMITTE)*(J-XMITTE))
         MOVETO(XPOS,YPOS);                              +YMITTE);
      END;
      PENUP;
END;


PROCEDURE GRAPHIK4;              (* Koordnatensystem *)
BEGIN
   TOP;
   GOTOXY(0,10);
   WRITELN('Ich zeichne das Koordinatensystem...');
   PENUP;
   MOVETO(0,128);
   PENDOWN;
   FOR J:=0 TO 255 DO
   BEGIN
      XPOS:=J;
      YPOS:=128;
      MOVETO(XPOS,YPOS);
   END;
   FOR J:=255 DOWNTO 245 DO
   BEGIN
      XPOS:=J;
      YPOS:=128+(J-255);
      MOVETO(XPOS,YPOS);
```

```
      END;
      PENUP;
      MOVETO(255,128);
      PENDOWN;
      FOR J:=255 DOWNTO 245 DO
      BEGIN
         XPOS:=J;
         YPOS:=128+(255-J);
         MOVETO(XPOS,YPOS);
      END;
      PENUP;
      MOVETO(240,120);
      PUNKT(245,107,'X');
      PENUP;
      MOVETO(128,0);
      PENDOWN;
      FOR J:=0 TO 255 DO
      BEGIN
         XPOS:=128;
         YPOS:=J;
         MOVETO(XPOS,YPOS);
      END;
      PENUP;
      MOVETO(118,245);
      PENDOWN;
      FOR J:=118 TO 138 DO
      BEGIN
         XPOS:=J;
         IF J<128 THEN YPOS:=255+J-128 ELSE YPOS:=255-J+128;
         MOVETO(XPOS,YPOS);
      END;
      PENUP;
      MOVETO(115,245);
      PUNKT(115,245,'Y');
   END;
```

```
PROCEDURE GRAPHIK5;
BEGIN
END;


PROCEDURE GRAPHIK6;
BEGIN
END;


PROCEDURE GRAPHIK7;
BEGIN
END;


PROCEDURE GRAPHIK8;
BEGIN
END;


PROCEDURE MENUE1;
BEGIN
   TOP;
   WRITELN('Bitte wählen Sie:');
   WRITELN;
   WRITELN('0 - Ende');
   WRITELN;
   WRITELN('1 - Linie');
   WRITELN('2 - Rechteck');
   WRITELN('3 - Kreis');
   WRITELN;
   WRITELN('4 - Koordinatenachsen');
   WRITELN('5 -');
   WRITELN('6 -');
   WRITELN;
   WRITELN('7 -');
   WRITELN('8 -');
   WRITELN('9 - Texte');
   REPEAT
```

```
      GOTOXY(0,22);
      WRITE('===> ');
      READ(WAHL);
   UNTIL (WAHL>='0') AND (WAHL<='9');
END;


PROCEDURE MENUE;
BEGIN
   TOP;
   WRITELN('Bitte wählen Sie:');
   WRITELN;
   WRITELN('0 - PEN-UP vom Computer');
   WRITELN;
   WRITELN('1 - PEN-UP per Hand');
   REPEAT
      GOTOXY(0,15);
      WRITE('===> ');
      READ(PEN);
   UNTIL (PEN='0') OR (PEN='1');
   GOTOXY(0,23);
   INVERSE;
   WRITE('Bitte Plotter einschalten.');
   NORMAL;
END;


PROCEDURE TEXTEINGABE;
VAR SIZECHAR:CHAR;
BEGIN
   TOP;
   WRITELN;
   WRITELN('Geben Sie bitte Ihren Text ein (Ende:#):');
   WRITELN;
   WRITE('===> ');
   LAENGE:=-1;
   REPEAT
```

```
         LAENGE:=LAENGE+1;
         READ(U[LAENGE]);
      UNTIL U[LAENGE]='#';
      WRITELN;
      WRITELN('Start-Position des Textes (x/y) (0<=x,y<=245) ?');
      REPEAT
         GOTOXY(0,15);
         WRITE('x= ');
         READLN(XNULL);
      UNTIL (XNULL>=0) AND (XNULL<=245);
      REPEAT
         GOTOXY(0,18);
         WRITE('y= ');
         READLN(YNULL);
      UNTIL (YNULL>=0) AND (YNULL<=245);
      REPEAT
         GOTOXY(0,21);
         WRITE('Schriftgroesse (1.. 9) ? ===> ');
         READ(SIZECHAR);
      UNTIL (SIZECHAR>='1') AND (SIZECHAR<='9');
      SIZE:=ORD(SIZECHAR)-48;
      TEXT(XNULL,YNULL,SIZE,U,LAENGE);
   END;


BEGIN
   SLOT:=2;
   VIA:=-16256+16*SLOT;
   DATRICHB:=VIA+2;
   DATRICHA:=VIA+3;
   DATENB:=VIA;
   DATENA:=VIA+1;
   PCR:=VIA+12;
   IFR:=VIA+13;
   PENUP;
```

```
INIT;
TOP;
WRITE('Bitte warten ... ich lese die Schrift');
WRITE('art von der Diskette....');
PENUP;
MOVETO(0,0);
LESEN;
MENUE;
REPEAT
   MENUE1;
   CASE WAHL OF '1':GRAPHIK1;
                '2':GRAPHIK2;
                '3':GRAPHIK3;
                '4':GRAPHIK4;
                '5':GRAPHIK5;
                '6':GRAPHIK6;
                '7':GRAPHIK7;
                '8':GRAPHIK8;
                '9':TEXTEINGABE;
   END;
   PENUP;
   UNTIL WAHL='0';
END.
```

Linken Sie dieses Programm mit der SYSTEM.LIBRARY. Die
Graphik Bild 5.16 zeigt die zur Verfügung stehenden
Funktionen.

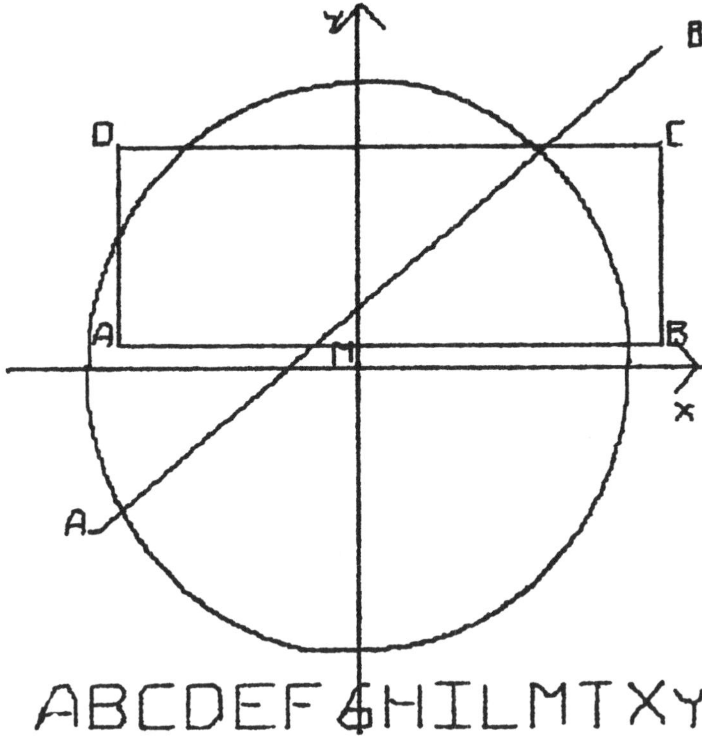

Bild 5.16 Darstellung der Graphik-Funktionen

5.12 Ein "Low-Cost"-Plotter

5.12.1 Der elektronische Teil des Plotters

Nur wenige Hobby-Apfel- und andere Obst-Freunde können
sich einen x-y-Flachbettplotter leisten. Mit einem bißchen
Geschick, und wenn man den Demonstrationsaspekt höher als
die tatsächliche Anwendbarkeit schätzt, können wir uns das
Gerät mit geringem Aufwand selber bauen.

Bei der Darstellung auf dem Oszilloskop bestand das
Hauptproblem in der schnellen Lieferung der Daten an den
D/A-Wandler. Hier kann das Zeichnen langsam erfolgen.
Aber wie soll die Position des Stiftes gemessen und
verändert werden ?

Die vier Antriebsmotoren Mx und My (für jede Achse zwei)
müssen Gleichstrommotoren sein, damit sie vor- und
rückwärts laufen können. Ihnen muß die volle Betriebsspannung zur Verfügung stehen, nicht etwa die Spannung des
D/A-Wandlers.

Die Position des Stiftes wird durch je zwei Widerstandsdrähte, die fest mit dem Bett des Plotters verbunden sind,
festgestellt. Ein Schleifer greift von diesen Drähten eine
Spannung ab, die im folgenden Text als Referenzspannung
bezeichnet wird. Natürlich gibt es zwei Referenzspannungen,
je eine für die x- und für die y-Achse.

Zuerst wollen wir uns mit dem Komparator LM 139 beschäftigen, der die Hauptaufgabe der folgenden Schaltung übernehmen soll. Er vergleicht die von den D/A-Wandlern

vorgegebenen Spannungen mit den Referenzspannungen, die die
Stellung des Zeichenstifts charakterisieren. Der LM 139
(Preis: ca. 2 DM) enthält 4 Komparatoren in einem
Gehäuse.

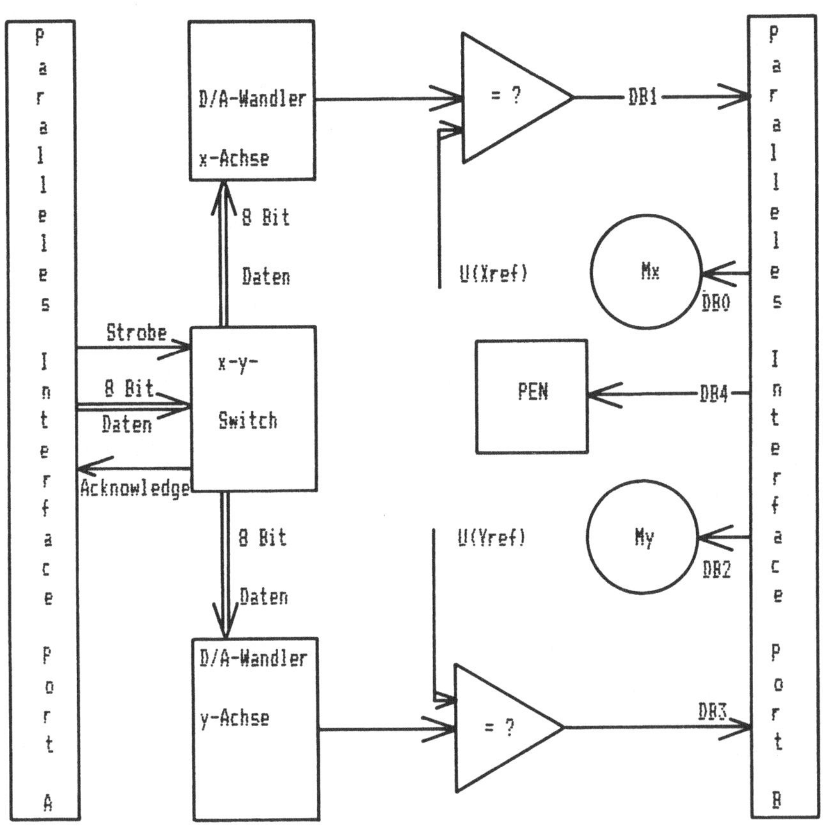

Bild 5.17   Blockschaltbild des Plotters

Die Typen LM 139, LM 239 und LM 339 sind alle miteinander kompatibel.

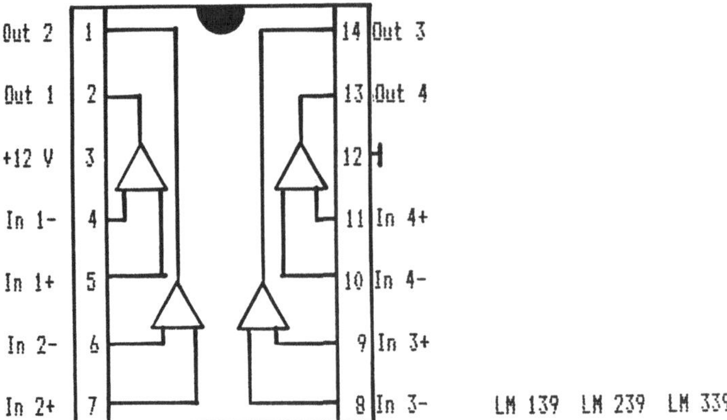

Bild 5.18   Anschlußbelegung der Komparatoren
             LM 139, LM 239, LM 339

    Werden an die beiden Eingänge IN+ und IN- zwei
Spannungen gelegt, die zwischen 0V und +12V liegen, so
nimmt der LM 139 am Ausgang OUT folgende Zustände an:

1. Wenn U(IN+) > U(IN-)+ 125 mV ist, dann liegt U(OUT) auf
   hohem Pegel.
2. Wenn U(IN+) < U(IN-)- 125 mV ist, dann liegt U(OUT) auf
   niedrigem Pegel.
3. Wenn U(IN+) und U(IN-) bis auf $\pm$125 mV gleich groß
   sind, ist der Ausgang unbestimmt: das IC fängt unregel-
   mäßig an zu schwingen.

    Gerade der letzte Punkt ist für uns fatal, da hierdurch
die Genauigkeit unseres Plotters auf 0,25V/10V = 6,4/256 =
ca. 2,5% sinkt. Wenn eben möglich, muß aber eine
Genauigkeit von 0,4% erreicht werden. Dies entspricht
ungefähr einer Auflösung von $\pm$ 1 mm. Die Lösung dieses
Problems finden wir später.

    Der Plotter muß drei Aufgaben erfüllen:
1. Der Motor Mx muß den x-Antrieb vorwärts und rückwärts
   besorgen. Die Prozedur zum Aufruf lautet MOVETOX(XPOS).
2. Der Motor My muß den y-Antrieb vorwärts und rückwärts

besorgen. Die Prozedur zum Aufruf lautet MOVETOY(YPOS).
3. Ein Zugmagnet muß den Stift heben und senken können. Die
   Prozeduren lauten PENUP und PENDOWN.

Der Stift stehe an der Stelle Xref und Yref, die über
die Draht-Potentiometer den zwei Spannungen U(Xref) und
U(Yref) entsprechen. Die Zuordnung muß auf ± 20 mV genau
sein (Gesamtspannung 10V). Wir beschränken uns jetzt auf
den x-Antrieb, da der y-Antrieb entsprechend verläuft.

Der Computer führe die Prozedur MOVETOX(XPOS) aus.
XPOS wird über den D/A-Wandler der x-Achse in die
Spannung U(Xd/a) umgewandelt. Es müssen drei Fälle
unterschieden werden:
1. U(Xref) > U(Xd/a)
2. U(Xref) = U(Xd/a)   (bis auf ±20 mV)
3. U(Xref) < U(Xd/a).

Zum ersten Fall

   DB0 wird durch das Computer-Programm auf 1 gesetzt, so
daß durch den Inverter 2 Relais 2 anzieht. Der Motor Mx
läuft. Die beiden Spannungen U(Xref) und U(Xd/a) werden an
die Eingänge IN+ und IN- des Komparators LM 139 gelegt. Da
U(Xref) > U(Xd/a) ist, gilt für den Ausgang hoher Pegel.
Durch den Treiber 1/6 SN 7406 hat das Relais 1 keine
Spannung: es befindet sich in Ruhelage. Die Kontakte des
Relais sind so geschaltet, daß der Motor Mx rückwärts
läuft. Hierdurch verringert sich dauernd U(Xref). Sobald
U(Xref) ungefähr gleich U(Xd/a) wird, erfährt der Ausgang
des Komparators einen Übergang von hohem auf niedrigen
Pegel. Entsprechend zieht das Relais 1 an, der Motor Mx
läuft vorwärts. Gleichzeitig bemerkt der Computer über DB1
(eine Datenleitung des Ports B) den Pegelanstieg an

Relais 1 und schaltet über DB1 und den Inverter 2 das
Relais 2 und damit den Motor Mx ab. Andernfalls finge das
Relais 1 durch den vorwärts und rückwärts laufenden Motor
an zu flattern.

Leider beträgt der Bereich des Übergangs am Ausgang
$U(diff) = U(Xref) - U(Xd/a) = 250$ mV. Dies bedeutet eine
Ungenauigkeit von ca. 2,5%. Die Schaltungen Bild 5.19
und Bild 5.20 helfen hier weiter. Durch den parallel
zum Ausgang geschalteten Kondensator von 1500 µF wird
zwar die Reaktionszeit des Komparators stark herabgesetzt,
aber auf die kommt es hier nicht an. Durch den Kondensator
wird die indifferente Lage des Ausgangs beseitigt
(integriert). Durch die nachgeschaltete TTL-Logik
(Treiber) kann die Übergangszone auf 40 mV und damit 0,4 %
verringert werden.

Zum zweiten Fall

Der zweite Fall verläuft wie der erste, sofern die Pegel
und die Laufrichtung des Motors vertauscht werden. Zum
Messen und Ansteuern der Relais 1 und 2 dienen hier DB2 und
DB3.

Zum dritten Fall

Das Ansteuerungsprogramm muß so gestaltet sein, daß nur
bei einer Änderung des x-Wertes in MOVETOX(X) um wenigstens
±1 das Programm gestartet wird.

Durch einen externen Taster kann der NULLPUNKT eingestellt
werden. Der Taster vermag

1. U(Xd/a) und U(Yd/a) auf Null setzen und
2. Relais 2 und Relais 4 anziehen lassen.

Das folgende Diagramm veranschaulicht den Übergang des
Ausganges des Komparators in Abhängigkeit von der Eingangs-
spannungsdifferenz.

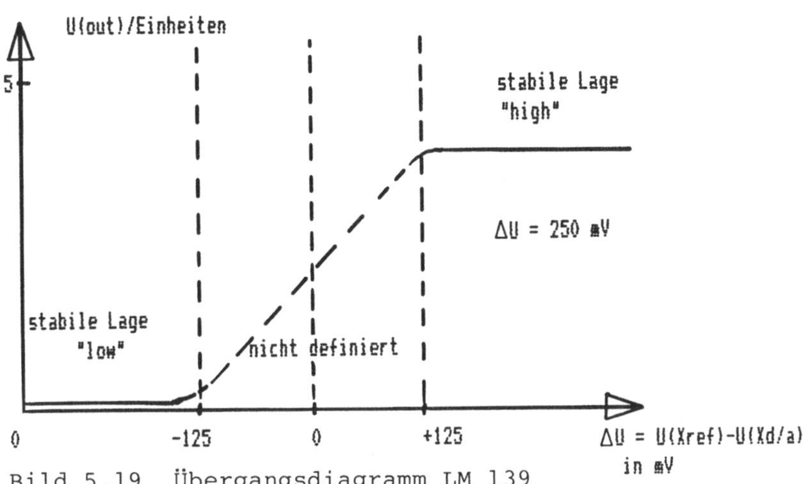

Bild 5.19   Übergangsdiagramm LM 139

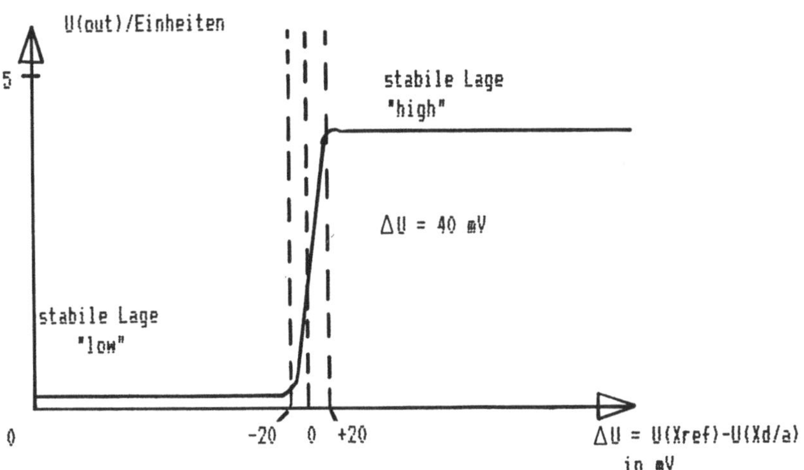

Bild 5.20 LM 139 mit Kondensator und nachgeschaltetem Treiber

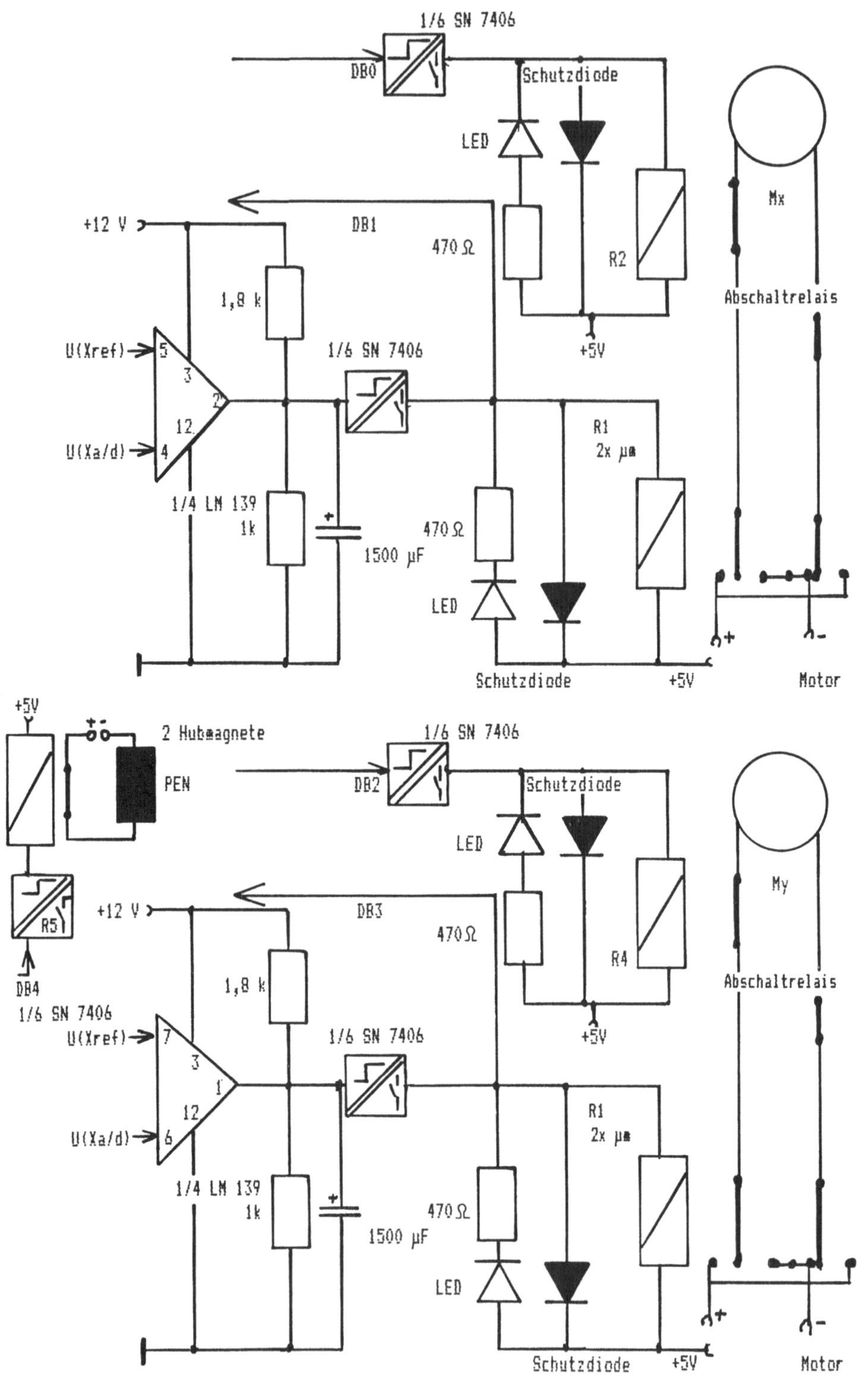

Bild 5.21   PLOTTER x- und y-Antrieb

Die Schaltung wird wieder in ein kleines Kunststoffge-
häuse eingebaut, das folgende Anschlüsse enthält: zwei
Eingänge Telefonbuchsen für die D/A- Wandler und die
Anschlüsse DB0 bis DB4 und zusätzlich die +5V und +12V
Versorgungsspannung.

```
Materialliste (ohne Motoren):  1 Komparator LM 139
                               4 Leuchtdioden
                               4 Dioden
                               4 Relais 4V
                               1 Treiber SN 7406
                               2 Kondensatoren 1500 µF
                               2 Widerstände 1 k
                               2 Widerstände 1,8 k
                               4 Widerstände 470 Ohm
```

5.12.2 Der mechanische Teil des Plotters

Um den Plotter selber zu bauen, ist ein großes Maß
handwerklicher Fähigkeiten für Feinarbeiten notwendig, um
eine Genauigkeit von ±1 mm zu garantieren. Das Bett des
Plotters besteht aus einer 1 mm dicken Aluminium-Platte, die
durch 2 mm starke Aluminium-Winkel gehalten und stabilisiert
wird. Die Winkel stehen auf den kürzeren Seiten etwas
über, um als Halter für die 10 mm Stahlstäbe zu dienen. Die
Stahlstäbe führen den Zeichenschlitten. Der Schlitten ruht
auf 4 Schnurrollen, die durch Kugellager geführt werden.
Für jeden Antrieb sind je zwei Motoren vorgesehen. Über
eine mehrfach gewickelte Rolle wird der Schlitten durch ein
dünnes Stahlseil (0,5 mm) und über 4 Umlenkrollen angetrieben. Unter dem Zeichenbett ist das Stahlseil diagonal
geführt, so daß ein Seil entlang der Längsseiten und
zweimal diagonal geführt wird. Hierdurch hat der Schlitten
kein seitliches Spiel.

An allen Enden des Bettes sind Reed-Relais befestigt,
die durch Magnete auf dem Schlitten eine Endabschaltung
bewirken (bzw. Richtungsumkehr). Unter dem Schlitten und
an den Seiten des Gehäuses sind Widerstandsdrähte gespannt,
die durch Schleifer abgetastet werden. Die Werte der
Drähte sind ziemlich beliebig, die angelegte Spannung
sollte jeweils 12V betragen. Nimmt man auf jeder Seite je
einen Draht und schaltet die abgegriffenen Teile in Serie,
so kann man die Genauigkeit verdoppeln.

Der Schreibstift wird durch zwei Hubmagnete angehoben
bzw. abgesenkt. Diese befinden sich auf jeder Seite des
Schlittens. Hierdurch wird ein gewichtsmäßiger Ausgleich
garantiert. Über einen Hebel quer über das Zeichenbrett
kann der Stift bewegt werden.

Die Motoren sollten ein kräftiges Anzugsmoment haben, was durch geeignete Getriebe erreicht werden kann. Angetrieben werden die beiden Schlitten durch dünne (o,5 mm) Stahlfäden, die rundum und unter dem Plotterbett diagonal geführt werden. Hierdurch wird ein seitliches Verkanten und damit eine Zeichenungenauigkeit vermieden.

Die folgenden Zeichnungen geben ein Bild vom Aufbau des Plotters. Er ist selbstverständlich kein Präzisionsplotter - aber für einfache Anwendungen reicht die Genauigkeit. Es sei darauf hingewiesen, daß das Gerät nur arbeiten kann, wenn
- das Antriebsseil stramm gespannt ist und sich der Schlitten trotzdem leicht führen läßt. Dies ist i.a. nur durch Kugellager realisierbar;
- der Abgriff der Referenzspannung exakt erfolgt.

Für die Stromversorgung der Motoren und Hubmagnete sollte ein eigenes Netzteil vorgesehen werden, um den Computer nicht zu belasten.

Die Software zu diesem Gerät finden Sie bereits im vorherigen Abschnitt. Die Prozedur DELAY muß neu geschrieben werden. Es müssen zusätzliche Schleifen eingebaut werden, die den Zustand der Motoren abfragen.

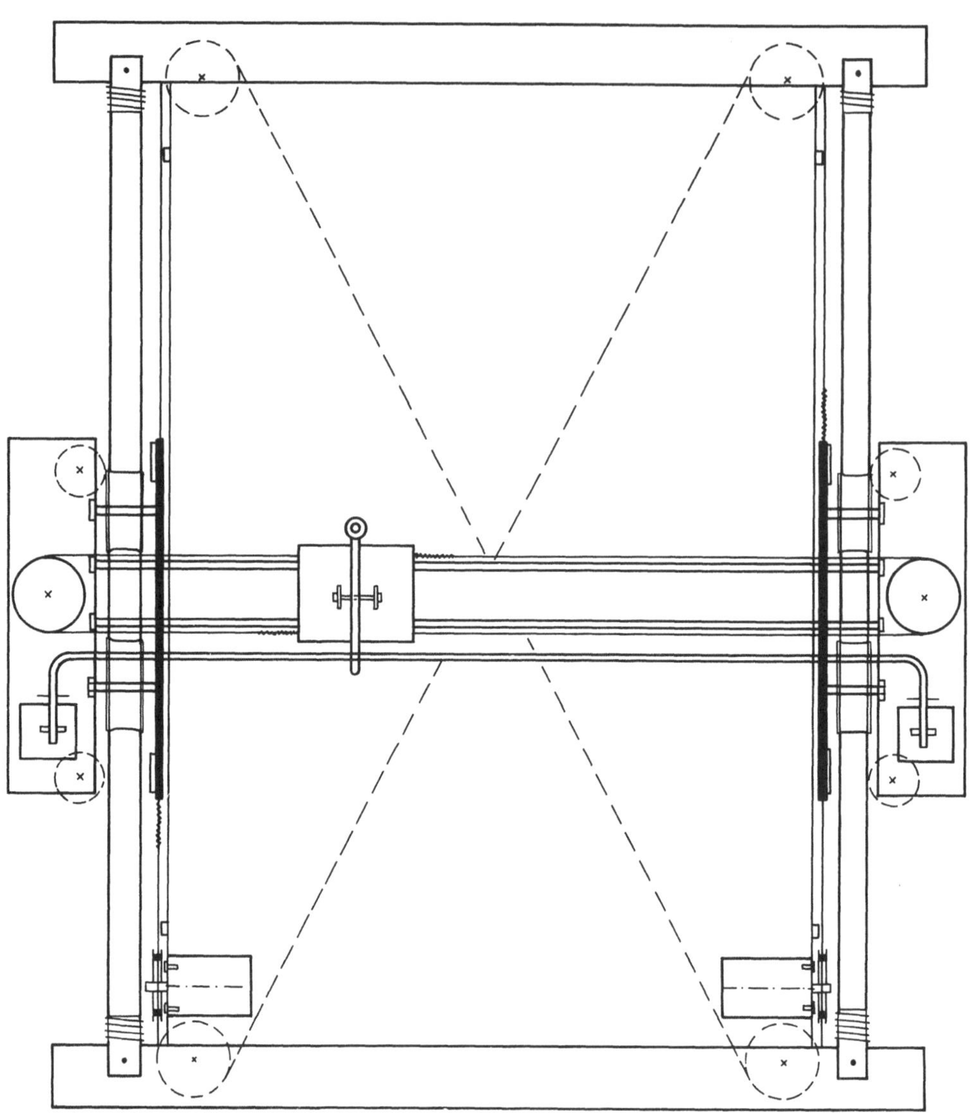

Bild 5.22 Ansichten des Plotters

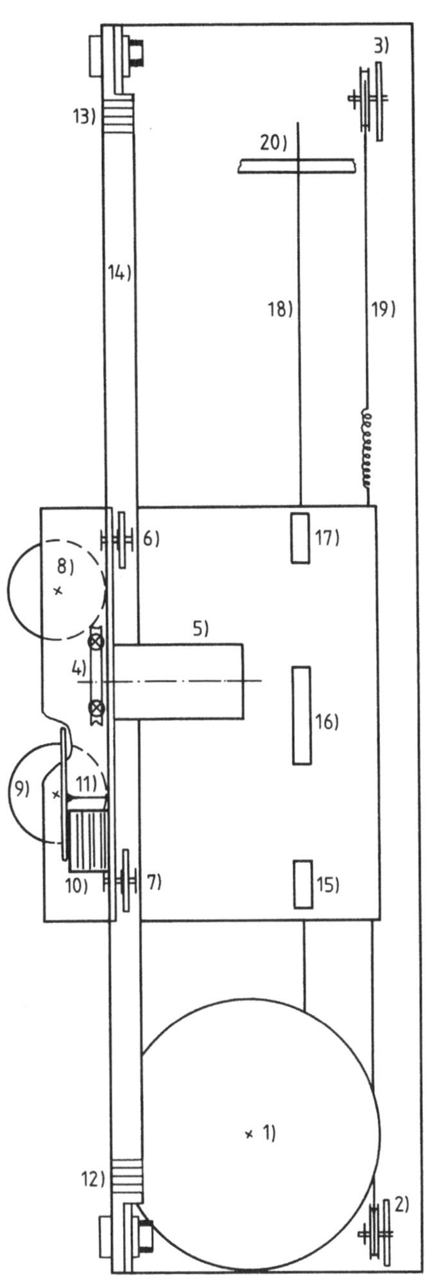

1 Antriebsrad x-Achse
2 Umlenkrolle
3 Umlenkrolle
4 Antriebsrad y-Achse
5 Antriebsmotor mit
  Getriebe y-Achse
6 Andruckrad
7 Andruckrad
8 Laufrad x-Achse
9 Laufrad x-Achse
10 Hubmagnet PEN
11 Hubmagnet PEN
12 Feder
13 Feder
14 Rundstange
15 Magnet für Reed-Relais
16 Schleifer für
   Widerstandsdraht
17 Magnet für Reed-Relais
18 Widerstandsdraht
19 Antriebsseil x-Achse
20 Reed-Relais

Bild 5.23   Ansichten des Plotters

Ich habe versucht, möglichst viele Teile aus dem
Versandhandel zu beziehen. Ich gebe hier einige Teile aus
dem Katalog der Firma Conrad Electronic E86 und der Firma
Völkner in Braunschweig an. Die Preise beziehen sich auf
den Stand Ende 1984.

```
Materialliste: 4 Motore Leistungs-Getriebemotor 851-R3
                    (Conrad) je DM 27,50
               12 Schnurrollen (Conrad Seite 300) je DM 3,80
                    als Antriebsrollen, Laufrollen
                    und Umlenkrollen
               16 Kugellager (Völkner) Typ 1345 je DM 2,80
               3m Widerstandsdraht ca. 120 Ohm/m
               2 Schleifer (aus alten Geräten ausbauen)
               2 Stahlstäbe 10 mm Durchmesser, je 36 cm lang
                    (Bauhandwerkerläden)
               2 Stahlstäbe 5 mm Durchmesser, je 28 cm lang
               1 Aluplatte 36x28 cm 1mm dick
               4 Winkel ca. 10x2 cm Alu, je 36 cm lang
               ca. 3m Stahlseil 0,5 mm Durchmesser
               4 Reed-Relais
               4 Magnete hierzu
               4 Federn 5 mm Durchmesser
               4 Federn 10 mm Durchmesser
               2 Hubmagnete
               1 Alustab 2 mm Durchmesser, 50 cm lang als Hebel
               1 Netzteil 6 oder 12V, 1A (als gegeben voraus-
                    gesetzt)
               Kleinteile, Schrauben etc.
               Werkzeug (Bohrmaschine, Metallsäge etc.)
               viel Geduld und Sorgfalt
               Gesamtkosten: ca. DM 250,- für die Mechanik
                    ca. DM 100,- für die Elektronik
```

6 Die parallele Schnittstelle als Eingangsport

6.1 Abfragen von Schaltern und LEDs

Ein bestimmtes Bit der parallelen Schnittstelle wird als
Eingangsport definiert, wenn das entsprechende Bit im
DATENRICHTUNGSREGISTER 0 gesetzt wird; werden alle 8 Bits
auf 0 gesetzt, so dienen alle Bits des Interfaces als
Eingabeport. Das folgende Programm liest die am Interface
anliegenden Daten. Kompilieren und linken Sie es mit der
SYSTEM.LIBRARY.

Pascal-Programm PAR4

```
PROGRAM PAR4;

VAR SLOT,VIA,
    I,DATENRICHTUNGSREGISTER,DATENREGISTER:INTEGER;

FUNCTION PEEK(ADRESSE:INTEGER):INTEGER;EXTERNAL;

PROCEDURE POKE(ADRESSE:INTEGER;WERT:CHAR);EXTERNAL;

FUNCTION KEYPR:BOOLEAN;EXTERNAL;

BEGIN
    SLOT:=2;
    VIA:=-16256+16*SLOT;
    DATENRICHTUNGSREGISTER:=VIA+3;
    DATENREGISTER:=VIA+1;
    POKE(DATENRICHTUNGSREGISTER,CHR(0));
    REPEAT
        I:=PEEK(DATENREGISTER);
```

```
    WRITELN(I:4,' ',CHR(I));
  UNTIL KEYPR;
END.
```

Legen Sie an die Daten-Bits verschiedene Pegel (0V oder
4-5V) und beobachten Sie die Ausgabe auf dem Bildschirm.
Was geschieht, wenn der Wert kleiner als 32 ist ?

Wenn Sie die Spannungen über Schalter oder Taster an den
Datenbus anschließen, können Sie unter Umständen feststellen, daß die Eingabewerte einen Moment lang schwanken: der
Schalter oder Taster ist nicht entprellt. Da es bei
mechanischen Tastern, Tasten oder Schaltern nicht auf
Mikrosekunden ankommt, sollte man beim Lesen des Eingabe-
ports eine Zeitschleife einbauen, die das Entprellen
simuliert.

Wenn Sie per Hand nacheinander die Zustände der
Datenbits verändern, wird auch die Anzeige auf dem
Bildschirm sich verändern. Das ist in diesem Demonstra-
tionsbeispiel nicht wichtig, aber bei ernsthaften
Anwendungen darf der Wert so lange nicht an den Computer
weitergegeben werden, bis alle Bits vollständig den neuen
Wert angenommen haben. Die Aufgabe dieser Rückmeldung
übernimmt der STROBE oder die CA2-Leitung. Dies wird bei
der externen Tastatur beschrieben.

Aufgabe: Über die parallele Schnittstelle sollen 16
Schalter auf ihren Zustand abgefragt werden. Die Schalter
sollen in einer Matrix angeordnet sein. Natürlich können
Taster, wie sie z.B. in der Tastatur des Apples angeordnet
sind, in anderen Kombinationen miteinander verknüpft sein.
Dieses Beispiel stehe nur stellvertretend (Bild 6.1).

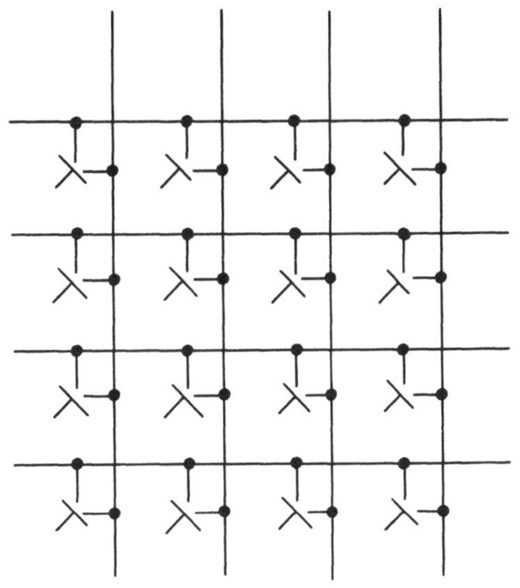

Bild 6.1

Schaltung   SCHALTER1

So wie in Bild 6.2 werden die Schalter an die Schnittstelle angeschlossen:

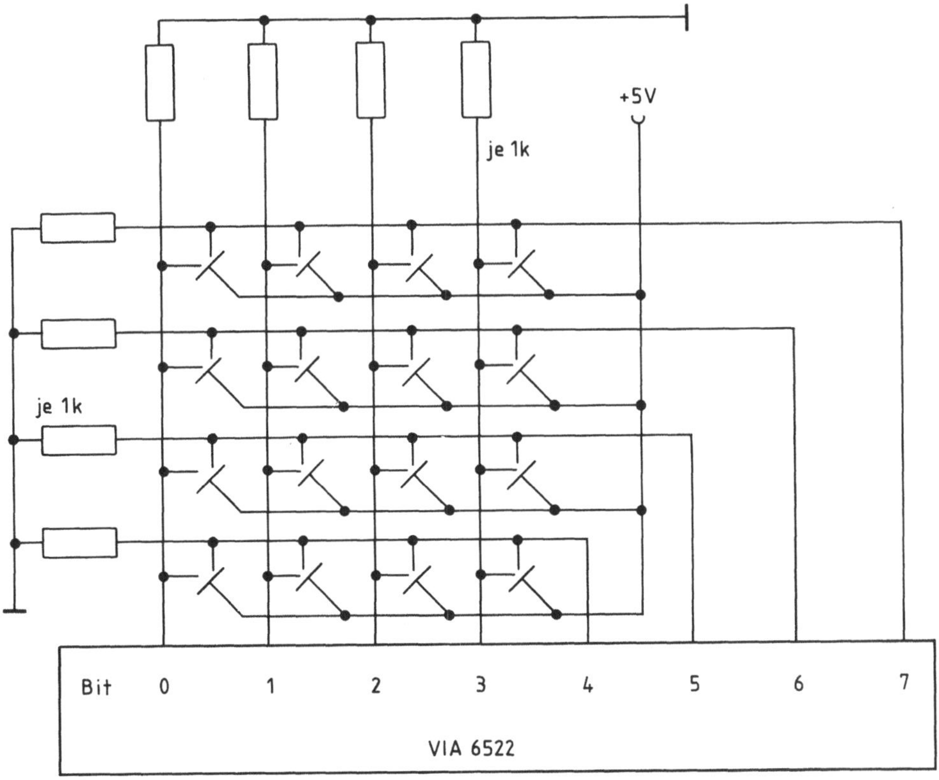

Bild 6.2   Schaltung   SCHALTER2

```
Materialliste : 16 Tasten
                 8 Widerstände 1 kOhm
                 1 25-poliger Stecker Min D
```

Wird ein Schalter geschlossen, so wird der Zustand an
zwei Datenbits geändert: er wechselt von "low" auf "high".
Durch regelmäßiges Abfragen der Daten-Bits können die
Zustände aller Schalter ermittelt werden.

Pascal-Programm PAR5

```
PROGRAM PAR5;

VAR SLOT,VIA,
    DATENRICHTUNGSREGISTER,DATENREGISTER,
    POTENZ,I,ALT,ALT1,NEU:INTEGER;
    TASTERALT,TASTERNEU:ARRAY[0..7] OF BOOLEAN;


FUNCTION PEEK(ADRESSE:INTEGER):INTEGER;EXTERNAL;


PROCEDURE POKE(ADRESSE:INTEGER;WERT:CHAR);EXTERNAL;


FUNCTION KEYPR:BOOLEAN;EXTERNAL;


PROCEDURE UNTERSUCHUNG;
BEGIN
    POTENZ:=256;
    ALT1:=ALT;
    FOR I:=7 DOWNTO 0 DO
    BEGIN
        POTENZ:=POTENZ DIV 2;
        IF ALT1>POTENZ THEN
        BEGIN
            TASTERNEU[I]:=TRUE;
            ALT1:=ALT1-POTENZ;
```

```
      END ELSE TASTERNEU[I]:=FALSE;
   END;
   WRITE('Die Schalter mit den Indizes ');
   FOR I:=7 DOWNTO 0 DO
   IF TASTERNEU[I]<>TASTERALT[I] THEN WRITE(I:2);
   WRITELN(' haben ihren Zustand geaendert.');
   FOR I:=7 DOWNTO 0 DO TASTERALT[I]:=TASTERNEU[I];
END;

BEGIN
   SLOT:=2;
   VIA:=-16256+16*SLOT;
   DATENRICHTUNGSREGISTER:=VIA+3;
   DATENREGISTER:=VIA+1;
   POKE(DATENRICHTUNGSREGISTER,CHR(0));
   FOR I:=7 DOWNTO 0 DO TASTERALT[I]:=FALSE;
   ALT:=PEEK(DATENREGISTER);
   REPEAT
      NEU:=PEEK(DATENREGISTER);
      IF NEU<>ALT THEN UNTERSUCHUNG;
      ALT:=NEU;
   UNTIL KEYPR;
END.
```

6.2 Eine externe Tastatur

In diesem Abschnitt wollen wir eine zweite Apple-Tastatur
über die parallele Schnittstelle anschließen. Die Apple-
Tastatur liefert uns den kompletten Datenbus und ein
zusätzliches STROBE-Signal, das dem Rechner signalisiert,
daß jetzt neue Daten zur Verfügung stehen. Dieser STROBE-
Impuls ist ca. 10 Mikrosekunden lang und bewirkt, sofern
STROBE als Eingangsleitung definiert wird, daß Bit 0 des
UNTERBRECHUNGS-FLAG-REGISTERs bei einem negativen Übergang
auf 1 gesetzt wird. Jedes Lesen oder Schreiben der Schnittstelle löscht dieses Bit. Das Benutzerprogramm muß also vor
dem Lesen der Schnittstelle immer erst abfragen, ob dieses
Bit 0 gesetzt ist.

Der Tastatur-Stecker besitzt 16 Pins:

Pin 1 : +5V	Pin 16: NC
Pin 2 : STROBE	Pin 15: 12V
Pin 3 : $\overline{\text{RESET}}$	Pin 14: NC
Pin 4 : NC	Pin 13: Bit 1
Pin 5 : Bit 5	Pin 12: Bit 0
Pin 6 : Bit 4	Pin 11: Bit 3
Pin 7 : Bit 6	Pin 10: Bit 2
Pin 8 : Ground	Pin 9 : NC

Wir benötigen ein Adapter-Kabel, das die entsprechende
Verbindung zu unserer parallelen Schnittstelle herstellt.

```
Materialliste: 1 16-poliger IC-Stecker
               1 25-poliger Stecker
               1m 12-adriges Kabel
```

Pascal-Programm TASTATUR

```
PROGRAM TASTATUR;

VAR MM,I,J,K,L,SLOT,VIA,IFR,
    DATENRICHTUNGSREGISTER,
    DATENREGISTER:INTEGER;
    W:CHAR;
    QQ,Q:FILE OF CHAR;
    ST:STRING;
    SU:ARRAY[1..30,1..63] OF CHAR;

FUNCTION PEEK(ADRESSE:INTEGER):INTEGER;EXTERNAL;

PROCEDURE POKE(ADRESSE:INTEGER;WERT:CHAR);EXTERNAL;

FUNCTION KEYPR:BOOLEAN;EXTERNAL;

PROCEDURE INITEIN;
BEGIN
   POKE(DATENRICHTUNGSREGISTER,CHR(0));
END;

PROCEDURE MENUE;
BEGIN
   WRITE(CHR(12));
   WRITELN('Parallele Schnittstelle - Eingabe');
   WRITELN('=================================');
   WRITELN;
   WRITELN('Bitte waehlen Sie:');
   WRITELN;
   WRITELN('0 - Ende');
   WRITELN;
   WRITELN('1 - Ziffernausgabe');
```

```
   WRITELN;
   WRITELN('2 - Charakterausgabe');
   WRITELN;
   WRITELN('3 - Erstellen eines Textfiles');
   WRITELN;
   WRITELN('4 - Listen der programmierbaren Tasten');
   WRITELN;
   REPEAT
      GOTOXY(0,21);WRITE('===> ');
      READ(W);
   UNTIL (W>='0') AND (W<='4');
END;


PROCEDURE PROAUS;
BEGIN
   WRITE(CHR(12));
   WRITELN('Programmierbare Tasten');
   WRITELN('======================');
   FOR I:=1 TO 26 DO
   BEGIN
      WRITE('Ctrl ',CHR(64+I),'   ');
      J:=64;
      REPEAT
         J:=J-1;
      UNTIL (SU[I,J]<>' ') OR (J=1);
      FOR K:=1 TO J+1 DO WRITE(SU[I,K]);
      WRITELN;
      IF (I=13) OR (I=26) THEN
      BEGIN
         GOTOXY(0,23);
         WRITE('===> Taste ');
         REPEAT UNTIL KEYPR;
         WRITE(CHR(12));
         WRITELN('Programmierbare Tasten');
         WRITELN('======================');
```

```
      END;
   END;
END;

PROCEDURE A(II:INTEGER);
BEGIN
   J:=64;
   REPEAT
      J:=J-1;
   UNTIL (SU[II,J]<>' ') OR (J=1);
   FOR K:=1 TO J DO WRITE(SU[II,K]);
END;

PROCEDURE CONTRL;
BEGIN
IF (W>='2') AND (I=135) THEN WRITE(CHR(7));
IF (W>='2') AND (I=140) THEN WRITE(CHR(12));
IF (W>='2') AND (I=141) THEN WRITE(CHR(13));
IF (W>='2') AND (I=142) THEN WRITE(CHR(14));
IF (W>='2') AND (I=143) THEN WRITE(CHR(15));
END;

PROCEDURE EINGABE;
BEGIN
   REPEAT
      MENUE;
      IF W='4' THEN PROAUS;
   UNTIL W<'4';
   IF W<>'0' THEN
   BEGIN
      WRITE(CHR(12));
      WRITELN('Parallele Schnittstelle externe Tastatur');
      WRITELN('========================================');
      WRITELN;
      INITEIN;
```

```
      POKE(IFR,'0'); (* MIT STROBE *)
      IF W='3' THEN
      BEGIN
         WRITE('Name des Textfiles (mit .Text ');
         WRITELN('oder .Data ) ?');
         WRITELN;
         WRITE('===> ');
         READLN(ST);
         REWRITE(Q,ST);
      END;
      IF W>='2' THEN
      WRITE('#####    Ende=Taste Rechner und dann ');
      WRITELN('Taste Schnittstelle  ##############');
      WRITE('----------------------------------------');
      WRITELN('----------------------------------------');
      REPEAT
         REPEAT UNTIL PEEK(IFR) MOD 2=1;
         (* TASTE GEDRÜCKT? MIT STROBE*)
         I:=PEEK(DATENREGISTER);
         I:=I MOD 256;
         IF W='1' THEN WRITE(I:5);
         IF W>='2' THEN WRITE(CHR(I));
         IF (W>='2')AND(I>=129) AND (I<=154) THEN A(I-128);
         CONTRL;
         IF W='3' THEN
         BEGIN
            Q^:=CHR(I);
            PUT(Q);
         END;
      UNTIL KEYPR;
      IF W='3' THEN CLOSE(Q,LOCK);
   END;
END;
```

```
BEGIN
   SLOT:=2;
   VIA:=-16256+16*SLOT;
   DATENRICHTUNGSREGISTER:=VIA+3;
   DATENREGISTER:=VIA+1;
   IFR:=VIA+13;          (* UNTERBRECHUNGSFLAGREGISTER *)
   WRITE(CHR(12));
   WRITELN('Parallele Schnittstellen externe Tastatur');
   WRITELN('=====================================');
   GOTOXY(0,10);
   WRITELN('Bitte warten........');
   FOR I:=1 TO 26 DO FOR J:=1 TO 63 DO SU[I,J]:=' ';
   RESET(QQ,'#5:TASTEN.TEXT');
   I:=0;
   REPEAT
      I:=I+1;J:=0;
      REPEAT
         J:=J+1;
         SU[I,J]:=QQ^;
         GET(QQ);
      UNTIL EOLN(QQ);
      GET(QQ);
   UNTIL EOF(QQ);
   CLOSE(QQ,LOCK);
   REPEAT
      EINGABE;
   UNTIL W='0';
END.
```

Kompilieren und linken Sie dieses Programm mit der
SYSTEM.LIBRARY. Bedenken Sie, daß zur Laufzeit der File
TASTEN.TEXT auf der Diskette #5: vorhanden sein muß. Sie
erhalten auf dieser externen Tastatur sogar mit 64 Zeichen
freiprogrammierbare Tasten, die über die CONTROL-Taste
abgerufen werden!

Der File TASTEN.TEXT kann folgendes Aussehen haben:

Ä

CTRL B

CTRL C

ä

Ü

ü

CTRL G

Ö

ö

ß

beliebiger Text

CTRL L

CTRL M

CTRL N

CTRL O

usw.

6.3 Rechteckgenerator

Durch regelmäßiges Beschreiben der Datenregister mit 0 und 1 lassen sich Rechtecksignale erzeugen. Die Frequenz läßt sich durch eine Warteschleife regulieren.

Pascal-Programm RECHTECK

```
PROGRAM RECHTECK;

VAR FREQUENZ,
    I,J,
    SLOT,VIA,IFR,
    DATENRICHTUNGSREGISTER,
    DATENREGISTER:INTEGER;
    WAHL:CHAR;


FUNCTION PEEK(ADRESSE:INTEGER):INTEGER;EXTERNAL;


PROCEDURE POKE(ADRESSE:INTEGER;WERT:CHAR);EXTERNAL;


FUNCTION KEYPR:BOOLEAN;EXTERNAL;


PROCEDURE INVERSE;
BEGIN
   WRITE(CHR(154),'3');      (* Bitte an eigene *)
END;                         (* 80-Zeichenkarte anpassen. *)


PROCEDURE NORMAL;
BEGIN
   WRITE(CHR(154),'2');      (* Bitte an eigene *)
END;                         (* 80-Zeichenkarte anpassen. *)
```

```
PROCEDURE DELAY(TIME:INTEGER);
VAR I:INTEGER;
BEGIN
   FOR I:=1 TO TIME DO;
END;


BEGIN
   SLOT:=2;
   VIA:=-16256+16*SLOT;
   DATENRICHTUNGSREGISTER:=VIA+3;
   DATENREGISTER:=VIA+1;
   POKE(DATENRICHTUNGSREGISTER,CHR(255));
   REPEAT
      WRITE(CHR(12));
      INVERSE;
      WRITE('      Paralleles Interface Reckteckgenerator ');
      NORMAL;
      GOTOXY(0,5);
      WRITELN('Bitte wählen Sie:');
      WRITELN;
      WRITELN('0 - Ende');
      WRITELN;
      WRITELN('1 - Rechteckgenerator');
      REPEAT
         GOTOXY(0,15);
         WRITE('===> ');
         READ(WAHL);
      UNTIL (WAHL='0') OR (WAHL='1');
      IF WAHL='1' THEN
      BEGIN
         REPEAT
            GOTOXY(0,20);
            WRITE('Frequenz ? (1=1Hz  - 80=240Hz) ===> ');
            READLN(FREQUENZ);
         UNTIL (FREQUENZ>=1) AND (FREQUENZ<=80);
```

```
      FREQUENZ:=ROUND(800/FREQUENZ)-10;
      GOTOXY(0,23);
      INVERSE;
      WRITE('Ende: Taste drücken.');
      NORMAL;
      REPEAT
         POKE(DATENREGISTER,CHR(0));
         DELAY(FREQUENZ);
         POKE(DATENREGISTER,CHR(255));
         DELAY(FREQUENZ);
      UNTIL KEYPR;
    END;
  UNTIL WAHL='0';
END.
```

Dieses Programm arbeitet von 1 Hz bis 240 Hz. Im
unteren Bereich sind keine Grenzen gesetzt. Für höhere
Frequenzen muß das Programm in Assembler geschrieben
werden. Die Frequenzangaben sind willkürlich und nicht
kalibriert.

6.4 Pulszähler

Wir haben im vorletzten Programm gesehen, daß bei jedem
STROBE-Impuls im UNTERBRECHUNGS-FLAG-REGISTER Bit 0 gesetzt
wird. Jedes Lesen oder Schreiben des DATENREGISTERs löscht
dieses Bit. Hiermit können wir einen Pulszähler konstru-
ieren. Ein Rechteckgenerator, der Impulse erzeugt, die im
niedrigen Pegel kleiner als 0,7V und im hohen Pegel größer
als 2V liegen, wird an den STROBE-Eingang Pin 2 angeschlossen.
Das folgende Programm besteht hauptsächlich aus der Prozedur
WARTEN, die offensichtlich so lange wartet, bis dieses
UNTERBRECHUNGS-FLAG-REGISTER Bit 0 gesetzt hat. Danach wird
dieses Bit durch Lesen des DATENREGISTERs gelöscht und ein
Summenspeicher um 1 erhöht.

Dieses Programm muß einen gravierenden Nachteil haben.
Welchen?

Pascal-Programm PULSZAEHLER1

```
PROGRAM PULSZAEHLER1;

VAR SUM,I,J,
    SLOT,VIA,IFR,
    DATENRICHTUNGSREGISTER,
    DATENREGISTER:INTEGER;

FUNCTION PEEK(ADRESSE:INTEGER):INTEGER;EXTERNAL;

PROCEDURE POKE(ADRESSE:INTEGER;WERT:CHAR);EXTERNAL;

FUNCTION KEYPR:BOOLEAN;EXTERNAL;
```

```
PROCEDURE INVERSE;
BEGIN
   WRITE(CHR(154),'3');      (* Bitte an eigene *)
END;                         (* 80-Zeichenkarte anpassen. *)


PROCEDURE NORMAL;
BEGIN
   WRITE(CHR(154),'2');      (* Bitte an eigene *)
END;                         (* 80-Zeichenkarte anpassen. *)


PROCEDURE WARTEN;
BEGIN
   REPEAT
   UNTIL PEEK(IFR) MOD 2=1;
   (* Unterbrechung aufgetreten ? *)
   I:=PEEK(DATENREGISTER);
   (* löscht Unterbrechungsflag *)
END;


BEGIN
   SLOT:=2;
   VIA:=-16256+16*SLOT;
   DATENRICHTUNGSREGISTER:=VIA+3;
   DATENREGISTER:=VIA+1;
   IFR:=VIA+13; (* UNTERBRECHUNGS-FLAG-REGISTER *)
   POKE(DATENRICHTUNGSREGISTER,CHR(0));
   SUM:=-1;
   WRITE(CHR(12));
   INVERSE;
   WRITE('      Paralleles Interface Pulszähler      ');
   NORMAL;
   GOTOXY(0,10);WRITE('            ===>              <=='); 
   REPEAT
      SUM:=SUM+1;
      WARTEN;
```

```
     GOTOXY(16,10);
     WRITE(SUM:7);
   UNTIL KEYPR;
END.
```

Kompilieren Sie dieses Programm und linken Sie es mit
der SYSTEM.LIBRARY. Welchen gravierenden Nachteil hat
dieses Programm? Es ist wie üblich in Pascal zu langsam.
Es kann nur bis zu einer Frequenz von 17 Hz benutzt werden.
Für höhere Frequenzen müssen wir notgedrungen wiederum den
zeitkritischen Teil in Assembler schreiben.

6.5 Interrupts

   Der Rechner hat zwei Möglichkeiten, auf den Zustand
peripherer Geräte zu reagieren:
1. per Software ("polling") oder
2. per Hardware.

   Die zweite Methode ist aufwendiger, dafür jedoch
schneller. Wenn ein externer Baustein die Aufmerksamkeit
der CPU auf sich gerichtet wissen will, so zieht er die
$\overline{\text{IRQ}}$-Leitung auf Null. Hierdurch kann die CPU gezwungen
werden, diesen Baustein zu bedienen, ehe die übrigen Geräte
(Tastatur, Bildschrirm etc.) abgefragt werden. Diese
Systeme heißen UNTERBRECHUNGSSYSTEME. Die CPU muß folgende
Punkte beachten:

1. Ist das Unterbrechungssystem gesperrt oder freigegeben?
2. Gibt es mehr als eine Unterbrechungsstelle ?
3. Wenn ja, welche Reihenfolge muß beachtet werden ?

   Tritt ein Interrupt auf, so unterbricht die CPU ihre
momentane Operation. Sie merkt sich die Stellung des
Programmzählers und beginnt ein spezielles
Unterbrechungsprogramm abzuarbeiten. Nach Beendigung
dieser Tätigkeit springt der Rechner wieder an die
Programmadresse, die er sich zum Zeitpunkt des Interrupts
gemerkt hat.

Wir werden uns hier nur mit einer möglichen
Unterbrechungsstelle, nämlich dem VIA 6522 beschäftigen.
Da Unterbrechungen zufällige Eingaben sein können, kann es
sehr schwierig sein, sie zu testen und zu finden. Hierauf
verzichten wir völlig. Es findet keine Überprüfung der
Herkunft des Interrupts statt.

Bei der CPU 6502 springt das Programm bei einem Interrupt zur Speicherstelle $FFFE und $FFFF. Dort findet sie die Startadresse für das Interrupt-Programm.

Die CPU 6502 reagiert in folgender Weise auf eine Unterbrechung:

1. Die Programmadresse wird auf den Stack gelegt.
2. Die $\overline{IRQ}$-Leitung wird gesperrt.
3. Die Adressen in $FFFE und $FFFF werden in den Programmzähler gelegt.

Der Programmierer kann mit den Befehlen CLI die Unterbrechung freigeben und sie mit SEI sperren. RTI speichert das Statusregister und holt die alte Programmadresse vom Stack zurück. $\overline{RESET}$ sperrt alle Unterbrechungen.

Der VIA 6522 kann durch folgende Ereignisse die $\overline{IRQ}$-Leitung auf Null setzen:

1. Aktiver Übergang an CA2;
2. Aktiver Übergang an CA1;
3. Vollständige Übertragung von 8 Bits des Schieberegisters (Lesen oder Schreiben);
4. Aktiver Übergang an CB2;
5. Aktiver Übergang an CB1;
6. Nulldurchgang von Timer 2;
7. Nulldurchgang von Timer 1.

Diese Interrupts setzen das entsprechende Bit im UNTER-BRECHUNGS-FLAG-REGISTER IFR auf 1. Bit 7 wird durch die UND-Verknüpfung der übrigen 6 Interruptmöglichkeiten gebildet.

Ein Interrupt wird gelöscht, wenn im UNTERBRECHUNGS-FREIGABE-REGISTER IER das entsprechende Bit gesetzt ist. Die Unterbrechungen können auch auf folgende Art freigegeben werden:

CA1,CA2: Lesen oder Schreiben des Ports A
CB1,CB2: Lesen oder Schreiben des Ports B
Timer1,Timer2: Lesen des niederwertigen Zählers oder
          Schreiben des höherwertigen Zählers dieses Timers.

6.5.1 Interrupts im Apple-Pascal-System

Wir haben es jetzt erstmals mit einer komplizierten
Situation zu tun: einerseits soll das Assembler-Programm
fleißig alle einkommenden Rechteckimpulse zählen, andererseits wollen wir das Ergebnis gleichzeitig vom Pascal-
Programm angezeigt bekommen. Der Computer soll nach außen
hin wie zwei Computer wirken, die unterschiedliche Sachen
tun. Wie soll die Lösung aussehen? Glücklicherweise ist
der Computer im Assembler-Teil sehr schnell. Wenn die
Pulse nicht zu schnell reinkommen, sollte es in der
Zwischenzeit möglich sein, andere Dinge, wie die Anzeige
auf dem Bildschirm zu tun. Wir müssen nur sicherstellen,
daß, wenn ein Puls ankommt, der Rechner sofort wieder in
das Assembler-Programm zurückkehrt. Solche UNTER-
BRECHUNGSSYSTEME oder INTERRUPTSYSTEME erfordern zwar einen
Hardware-Aufwand, sind dafür jedoch direkt und schnell.
Hierbei müssen einige Probleme gelöst werden. Das Pascal-
System ist nur bedingt fähig, Interrupts zu verarbeiten.

1. Bei Eingang eines Pulses von außen muß dies irgendwo
   vermerkt werden (UNTERBRECHUNGS-FLAG-REGISTER).
2. Es muß festgestellt werden, woher die Unterbrechung
   kommt.
3. Falls die Unterbrechungs-Flag gesetzt ist, muß der
   Computer an einer bestimmten Stelle ($FFFE und $FFFF),
   nachschauen, wohin er springen muß, um das Interrupt-
   Programm (hier: Zählen) abzuarbeiten.
4. Der Computer muß die momentane Adresse des Pascal-
   Programms retten.
5. Er springt zu der angegebenen Stelle und arbeitet das
   Interrupt-Programm (hier: Zähl-Programm) ab.
6. Er löscht die Unterbrechungs-Flags.

7. Er springt in das Pascal-Programm zurück und arbeitet
   dort weiter.

Wir schauen uns zuerst das Assembler-Programm an:

Assembler-Programm PULSA

```
;---------------------------------------------
;    Pulszähler                 ** SLOT 2 **
;---------------------------------------------


        .MACRO POP      ; Pascal Startadresse
        PLA
        STA %1
        PLA
        STA %1+1
        .ENDM
        .MACRO PSH      ; Pascal Rücksprung
        LDA %1 +1
        PHA
        LDA %1
        PHA
        .ENDM


;-------------------------------------------------
; Vereinbarung von Adressen und Konstanten
;-------------------------------------------------


RETURN .EQU 0
IRQV   .EQU 0FFFE    ; Interruptvektor
VIA    .EQU 0C0A0    ; VIA Basisadresse
DATEN  .EQU VIA+1.   ; Datenregister
IFR    .EQU VIA+13.  ; Unterbrechungsflagregister
IER    .EQU VIA+14.  ; Interrupt-Freigabe-Register
PULSE  .EQU 02710    ; Zwischenspeicher Pulszähler
```

```
;----------------------------------------------------

; Festlegung der Anfangsbedingungen

;----------------------------------------------------


        .PROC PULS
        POP RETURN
        CLD                 ; Setze sicherheitshalber Binärmode
        SEI                 ; Lass jetzt keinen Interrupt zu
        LDA #0007D          ; Sperre alle übrigen Interrupts
        STA IER
        LDA #00082          ; Lösche CA1-Unterbrechungsflag
        STA IFR
        STA IER             ; Gib CA1-Unterbrechung frei
        LDA #00000
        LDY #00003
LOOP    STA PULSE,Y         ; Setze alle Zählspeicher Null
        DEY
        BPL LOOP


;----------------------------------------------------

; Vorbereitung des  Interrupt - Teils

;----------------------------------------------------


        LDA IRQHNDLR        ; Packe Startadresse von
                            ; SCHLEIFE in IRQV
        STA IRQV            ; 2 Byte-Adresse
        LDA IRQHNDLR+1      ; bei jedem Interrupt springt das
        STA IRQV+1          ; Programm an diese Adresse
        CLI                 ; Lasse jetzt wieder Interrupts zu
        PSH RETURN
        RTS
IRQHNDLR .WORD SCHLEIFE     ; Pascal sucht selbst freie Adresse
```

```
;--------------------------------------------
; Interrupt - Teil
;--------------------------------------------

SCHLEIFE PHA
         TYA
         PHA
         TXA
         PHA
         LDY #00000        ; Erhöhe Zähler um 1
         LDX #00003        ; Berechne die richtigen Überträge
INKREMEN INC PULSE,X       ; Überträge bei jeweils 100
         LDA PULSE,X
         CMP TABELLE,X     ; Schaue hierzu in der Tabelle nach
         BCC ENDPULS
         TYA
         STA PULSE,X
         DEX
         BPL INKREMEN
ENDPULS  LDA DATEN         ; Lösche Unterbrechungs-
                           ; flagregister Bit 1 in IFR
         PLA               ; Akku, x- und y-Register werden
         TAX               ; wieder vom Stack genommen (PLA!)
         PLA
         TAY
         PLA
         RTI               ; Rückkehr vom Interrupt


TABELLE  .BYTE 100.,100.,100.,100.
         .END              ; End of Puls
```

   Dieses Assembler-Programm ist ausführlich dokumentiert.
Es sei nur darauf hingewiesen, daß als Eingang ACKNOWLEDGE
CA1 benutzt werden muß, da Bit 1 in IFR und IER benutzt
wird. Es wurde der Einfachheit halber darauf verzichtet
festzustellen, woher der Interrupt kommt. In Pascal-
Assembler ist es möglich, dem System zu überlassen, wo es

eine bestimmte Adresse ablagern möchte. Dies geschieht
durch .WORD . Der Anfang des Interrupt-Programms liegt
bei dem "Label" SCHLEIFE. Die Adresse dieses Labels wird
IRQHNDLR zugeordnet und vom System festgelegt. Diese
Adresse wird am Anfang des Programms in den INTERRUPTVEKTOR
abgelegt, der bei $FFFE und $FFFF liegt. Kommt ein
Interrupt vor, so schaut das System in $FFFE und $FFFF
nach, wo der Programm-Pointer hinzeigen soll.

Um hohe Pulsraten zählen zu können, werden für den
Zähler PULSE insgesamt 4 Speicher vorgesehen. Wird in
einem Speicher der Wert 100 (dezimal) erreicht, so wird der
nächste um 1 erhöht. Somit kann insgesamt bis 100 000 000
gezählt werden. Dies macht im folgenden Pascal-Programm
die Benutzung von LONG INTEGERs notwendig. Bei einem
Interrupt müssen die drei Register: Akku, x- und y-
Register gerettet werden. Dies geschieht dadurch, daß man
sie auf den Stack packt und am Ende des Interrupt-Programms in umgekehrter Reihenfolge wieder herunterholt.

Pascal-Programm   PULSP

```
PROGRAM PULSZAEHLER2;
VAR LONG,L1,L2,L3,L4:INTEGER[10];
    CH,WAHL:CHAR;


FUNCTION PEEK(ADRESSE:INTEGER):INTEGER;EXTERNAL;


PROCEDURE POKE(ADRESSE:INTEGER;WERT:CHAR);EXTERNAL;


FUNCTION KEYPR:BOOLEAN;EXTERNAL;


PROCEDURE PULS;EXTERNAL;


PROCEDURE INVERSE;
BEGIN
```

```
   WRITE(CHR(154),'3');        (* Bitte an eigene *)
END;                          (* 80-Zeichenkarte anpassen. *)


PROCEDURE NORMAL;
BEGIN
   WRITE(CHR(154),'2');        (* Bitte an eigene *)
END;                          (* 80-Zeichenkarte anpassen. *)


BEGIN
   REPEAT
      WRITE(CHR(12));
      INVERSE;
      WRITELN('            Paralleles Interface Pulszähler ');
      NORMAL;
      GOTOXY(0,10);
      WRITE('           ===>                <===');
      GOTOXY(0,22);WRITE('Start ==> bitte Taste drücken.');
      READ(CH);
      GOTOXY(0,22);WRITE('Stopp ==> bitte Taste drücken.');
      PULS;
      REPEAT
         GOTOXY(15,10);
         L1:=PEEK(10000);
         L2:=PEEK(10001);
         L3:=PEEK(10002);
         L4:=PEEK(10003);
         LONG:=1000000*L1+10000*L2+100*L3+L4;
         WRITE(LONG:9);
      UNTIL KEYPR;
      GOTOXY(0,22);
      WRITELN('0 = Ende  1 = weiter   ===>              ');
      GOTOXY(27,22);
      READ(WAHL);
   UNTIL WAHL='0';
END.
```

Kompilieren Sie dieses Programm und linken Sie es mit
PULSA. Es läuft tatsächlich viel schneller als das erste
Pulszählprogramm! Man stellt jedoch fest, daß der Cursor
langsamer wird, wenn die Frequenz ansteigt. Dies liegt
offensichtlich daran, daß die Anzahl der Interrupts steigt
und damit die interruptfreie Zeit, die dem Pascal-Programm
zur Verfügung steht, immer kleiner wird. Sie wird ab ca.
29 kHz sogar Null. Mit diesem Programm lassen sich also
Pulse bis ca. 25 kHz messen.

Um höhere Pulsraten messen zu können, muß insbesondere
der Assemblerteil, der bei jedem Interrupt angesprochen
wird, schneller gemacht werden.

6.5.2 Eine Interruptuhr

```
############################################################
##  Wichtige Anmerkung: Falls die Timer nicht starten, so ##
##  kann die Ursache in einer ungenügenden Pulsform von Φ₂ ##
##  liegen. Verbinden Sie in diesem Fall am Teststecker   ##
##  des selbstgebauten Interfaces CS über einen 2,7 kOhm- ##
##  Widerstand mit Φ₁ .                                   ##
############################################################
```

Der Pulszähler zählt alle Interrupts unabhängig davon,
in welchem zeitlichen Abstand sie erzeugt werden. Für einen
Frequenzzähler müssen wir die gezählten Interrupts auf eine
Zeiteinheit beziehen. Wir brauchen eine ECHTZEIT-UHR. Der
VIA 6522 hat solche "Timer", der PIA 6520 z.B. nicht. Die
folgenden beiden Programme (Interruptuhr und Frequenzzähler)
laufen daher nur mit dem VIA 6522. Der VIA besitzt zwei
Timer zu je 2 Bytes. Einen dieser Timer wollen wir benutzen. Die beiden Bytes des Timers werden mit einer Zahl
0...255 geladen. Sobald das "High-Byte" des Timers beschrieben wird, zählt der Timer rückwärts und erzeugt beim
Nulldurchgang einen Interrupt.


```
TIMER1
-------------------------------------------------------------
Low -Byte  VIA+4    $0C084+$10*SLOT = -16252+10*SLOT
High-Byte  VIA+5    $0C085+$10*SLOT = -16251+10*SLOT
```


Durch Beschreiben des Timers mit entsprechenden Zahlen
kann man jede 1/60 Sekunde einen Interrupt erzeugen und so
eine ECHTZEIT-UHR erhalten. Die Interruptflag wird durch
Lesen des "Low-Bytes" wieder gelöscht.

```
TIMERL     .EQU VIA+4
TIMERH     .EQU VIA+5
           LDA TIMERL       ; löscht Flag
           LDA #45
           STA TIMERL
           LDA #42
           STA TIMERH     ; Uhr beginnt zu laufen
```

Das folgende Programm blendet eine ECHTZEIT-INTERRUPT-Uhr auf dem Bildschirm ein und arbeitet gleichzeitig ein anderes Problem ab.

Assembler-Programm   IRPTUHRA

```
;------------------------------------------------
;     INTERRUPT - UHR FÜR PASCAL
;     *********** Slot 2 ***********
;------------------------------------------------
           .MACRO POP       ; Pascal Startadresse
           PLA
           STA %1
           PLA
           STA %1+1
           .ENDM
           .MACRO PSH       ; Pascal Rücksprung
           LDA %1 +1
           PHA
           LDA %1
           PHA
           .ENDM


;------------------------------------------------
; Vereinbarung von Adressen und Konstanten
;------------------------------------------------
```

```
RETURN .EQU 0
IRQV   .EQU 0FFFE      ; Interruptvektor
VIA    .EQU 0C0A0      ; VIA Basisadresse
TIMERL .EQU VIA+4.     ; Low-Byte des Timers
TIMERH .EQU VIA+5.     ; High-Byte des Timers
ACR    .EQU VIA+11.    ; Auxiliary Control Register
IER    .EQU VIA+14.    ; Interrupt Enable Register
HOUR   .EQU 02710      ; Zwischenspeicher Uhrzeit


;--------------------------------------------------
; Festlegung der Anfangsbedingungen
;--------------------------------------------------


        .PROC UHR
        POP RETURN
        CLD                    ; Setze sicherheitsh. Binärmode
        SEI                    ; Lass jetzt keinen Interrupt zu
        LDA #00040             ; Steuerung Timer 1: Sperre
        STA ACR                ; Ausgabe über PB7
        LDA #000C0             ; Ablauf von Timer 1
        STA IER                ; Bit 6 und 7
        LDA #00000
        LDY #00003             ; Setze alle Uhrzeit-Speicher 0.
LOOP    STA HOUR,Y
        DEY
        BPL LOOP
        LDA IRQHNDLR           ; Packe Startadresse von
        STA IRQV               ; SCHLEIFE in IRQV
        LDA IRQHNDLR+1         ; 2 Byte-Adresse
        STA IRQV+1
        LDA #00045             ; Lade Low-Byte mit 69 dezimal
        STA TIMERL
        LDA #00042             ; Lade High-Byte mit 66 dezimal
        STA TIMERH             ; Interrupt-Uhr läuft los
        CLI                    ; Lasse jetzt wieder Interrupts zu
```

```
        PSH RETURN
        RTS


;------------------------------------------------
; Interrupt - Teil
;------------------------------------------------


IRQHNDLR .WORD SCHLEIFE       ; Pascal sucht sich selbst eine
                              ; freie Adresse


SCHLEIFE PHA                  ; Nach einem Interrupt müssen die
         TYA                  ; x-, y-Register und der Akku
         PHA                  ; gerettet werden.
         TXA
         PHA
         LDA TIMERL           ; Durch Lesen des Timers wird der
         LDY #00000           ; Interrupt aufgehoben
         LDX #00003
INKREMEN INC HOUR,X           ; Erhöhe Zähler um 1
         LDA HOUR,X           ; Überträge bei 60 bzw. 24
         CMP TABELLE,X        ; Schaue hierzu in der Tabelle nach
         BCC ENDE
         TYA
         STA HOUR,X
         DEX
         BPL INKREMEN
ENDE     PLA                       ; Rette Akku und x-,y-Register
         TAX
         PLA
         TAY
         PLA
         RTI                       ; Rücksprung vom Interrupt


TABELLE  .BYTE 24.,60.,60.,60.
         .END                      ; End of Uhr
```

Pascal-Programm   IRPTUHRP

```
PROGRAM INTERUHR;

VAR I,J,K,L,M:INTEGER;

FUNCTION PEEK(ADRESSE:INTEGER):INTEGER;EXTERNAL;

FUNCTION KEYPR:BOOLEAN;EXTERNAL;

PROCEDURE UHR;EXTERNAL;

PROCEDURE INVERSE;
BEGIN
   WRITE(CHR(154),'3');        (* Bitte an eigene *)
END;                           (* 80-Zeichenkarte anpassen. *)

PROCEDURE NORMAL;
BEGIN
   WRITE(CHR(154),'2');        (* Bitte an eigene *)
END;                           (* 80-Zeichenkarte anpassen. *)

BEGIN
   WRITE(CHR(12));
   WRITE('Paralleles Interface Interrupt - Uhr');
   WRITELN('          Ende =0');
   WRITE('==================================');
   WRITELN('================');
   GOTOXY (0,4);
   WRITE ('Interrupt - Zeit : ');
   UHR;
   REPEAT
      GOTOXY(0,10);
      WRITE('Multiplikation 854 x ?              ');
      INVERSE;
```

```
   REPEAT
      GOTOXY(20,4);
      I:=PEEK(10000);
      J:=PEEK(10001);
      K:=PEEK(10002);
      L:=PEEK(10003);
      WRITE(I:2,':',J:2,':',K:2,':',L:2);
   UNTIL KEYPR;
   NORMAL;
   GOTOXY(21,10);
   READ(M);
   GOTOXY(0,14);
   WRITE('Multiplikation 854 x ',M:2,' = ',854*M:8);
   UNTIL M=0;
END.
```

Lädt man den Timer mit jeweils $FF, so fängt er in dem
Moment von 65536 rückwärts an zu zählen, in dem das "High-
Byte" geladen wird. Hierfür benötigt er 64,382 ms. Für
jeden einzelnen Zählschritt werden daher 0,982 us benötigt.
Dies entspricht einer Frequenz von 1,023 MHz. Der Timer
erhält seine Genauigkeit also durch den System-Quartz des
Apples. Um den Timer 1/60 s laufen zu lassen, müssen
insgesamt 65536/64,382*16,6667 Zählschritte ausgeführt
werden. Das sind 16965 Schritte. Das "High-Byte" muß
deshalb mit 16965/256=66 und das "Low-Byte" mit 69 beschrieben werden.

Hinweis: In diesen Programmen wird der Timer am Ende des
jeweiligen Programms nicht abgestellt. Dies kann durch
folgende Zeilen erfolgen:

```
POKE(ACR,CHR(0));
POKE(IER,CHR(0));.
```

6.6 Frequenzzähler

Der Frequenzzähler besteht aus zwei Schleifen. Einmal
wird der Timer auf den größten Wert $FF im "Low-" und im
"High-Byte" gesetzt. Während dieser im Hintergrund abwärts
zählt, wartet eine POLLING-Schleife darauf, daß ein
Rechteckimpuls das Interface erreicht und das UNTERBRE-
CHUNGS-FLAG-REGISTER im Bit 0 mit 1 besetzt. POLLING nennt
man einen Vorgang, der Geräte auf Ereignisse regelmäßig
abfragt. Wird ein Ereignis festgestellt, so wird ein
PULS-Zähler um 1 erhöht. Ist die Zeit des Timers abgelaufen, so wird das Assembler-Programm verlassen, und das
Pascal-Programm wertet das PULS-Zählregister aus. Da in
diesem Programm nicht nach jedem Interrupt durch den Timer1
ins Pascal-Programm zurückgesprungen wird, verbleibt der
Rechner viel länger im Assembler-Programm. Es können daher
höhere Frequenzen bis ca. 21 kHz gemessen werden. Das
Programm bietet verschieden lange Meßzeiten von 64 ms bis
ca. 1 s an. Man merkt schnell, daß bei geringen Meßzeiten
die Anzeigewerte stark schwanken.

Assembler-Programm FREQUA


```
;-----------------------------------------------
;     FREQUENZZÄHLER     ** SLOT 2 Eingang CA2 **
;     Makros
;-----------------------------------------------


        .MACRO POP        ; Pascal Startadresse
        PLA
        STA %1
        PLA
        STA %1+1
        .ENDM
```

```
        .MACRO PSH          ; Pascal Rücksprung
        LDA %1 +1
        PHA
        LDA %1
        PHA
        .ENDM


;--------------------------------------------------
; Vereinbarung von Adressen und Konstanten
;--------------------------------------------------


RETURN .EQU 0
VIA    .EQU 0C0A0          ; VIA Basisadresse
DATEN  .EQU VIA+1.         ; Datenregister
TIMERL .EQU VIA+4.         ; Low-Byte des Timers
TIMERH .EQU VIA+5.         ; High-Byte des Timers
ACR    .EQU VIA+11.        ; Hilfs-Steuer-Register
IFR    .EQU VIA+13.        ; Unterbrechungsflagregister
IER    .EQU VIA+14.        ; Unterbrechungs-Freigabe-Register
PULS   .EQU 02710          ; Zwischenspeicher Pulse



;--------------------------------------------------
; Beginn der Prozedur
;--------------------------------------------------


        .PROC FREQUENZ
        POP RETURN
        LDA #0
        STA PULS                ; Setze PULS - Zähler Null
        STA PULS+1
        LDA #000C0              ; Bit 6 und 7
        STA ACR                 ; Timer 1 kontinuierliche Be-
        STA IFR                 ; triebsart mit Ausgabe PB7
        STA IER                 ; Ablauf von Timer 1 setzen
```

```
;---------------------------------------------------
; Beginn des Interruptteils
;---------------------------------------------------


           LDA #000FF          ; Lade Low-Byte mit 255
           STA TIMERL
           STA TIMERH          ; Interrupt-Uhr läuft los
           LDA TIMERL          ; Hebe Interrupt auf

START      LDA TIMERH          ; Zeit abgelaufen ?
           BEQ ENDE
           LDA IFR             ; Liegt ein Interrupt
           AND #1              ; im BIT 0 (CA2) vor ?
           BEQ START           ; Nein, warte weiter
           LDY #00000          ; ja, zähle einen Puls dazu
           LDX #00001
INKREMEN   INC PULS,X          ; Erhöhe Zähler um 1
           LDA PULS,X          ; Überträge bei 256
           CMP TABELLE,X       ; Schaue hierzu in der Tabelle
           BCC ENDE            ; nach
           TYA
           STA PULS,X
           DEX
           BPL INKREMEN
ENDE       LDA DATEN           ; Hebe Interrupt auf
           LDA TIMERH
           BNE START
           PSH RETURN
           RTS
TABELLE    .BYTE 255.,255.
           .END


;---------------------------------------------------
;    end of assembly
;---------------------------------------------------
```

Pascal-Programm FREQUP

```
PROGRAM FREQU;

VAR I,J,K,L,M,SUM:INTEGER;

FUNCTION PEEK(ADRESSE:INTEGER):INTEGER;EXTERNAL;

FUNCTION KEYPR:BOOLEAN;EXTERNAL;

PROCEDURE FREQUENZ;EXTERNAL;

PROCEDURE INVERSE;
BEGIN
   WRITE(CHR(154),'3');        (* Bitte an eigene *)
END;                           (* 80-Zeichenkarte anpassen. *)


PROCEDURE NORMAL;
BEGIN
   WRITE(CHR(154),'2');        (* Bitte an eigene *)
END;                           (* 80-Zeichenkarte anpassen. *)


BEGIN
   REPEAT
      WRITE(CHR(12));
      WRITELN('Paralleles Interface Frequenzzähler');
      WRITELN('==================================');
      REPEAT
         GOTOXY(0,10);
         WRITELN('Meßzeit: 1 - 64,38 ms');
         WRITELN('        16 -  1,03 s');
         WRITELN;
         WRITELN('         0 - Ende');
         WRITELN;
         WRITE('===> ');
```

```pascal
          READ(K);
      UNTIL (K>=0) AND (K<=16);
      IF K>0 THEN
      BEGIN
          WRITE(CHR(12));
          WRITELN('Paralleles Interface Frequenzzähler');
          WRITELN('===================================');
          GOTOXY(0,4);
          WRITE('Meßzeit         ===> ',K*64.38:6:2,' ms');
          GOTOXY (0,7);
          WRITE ('Anzahl Pulse ===> ');
          GOTOXY(0,10);
          WRITE('Frequenz        ===>           Hz');
          INVERSE;
          REPEAT
             SUM:=0;
             FOR M:=1 TO K DO
             BEGIN
                FREQUENZ;
                I:=PEEK(10000);J:=PEEK(10001);
                L:=256*I+J;SUM:=SUM+L;
             END;
             GOTOXY(20,7);
             WRITE(SUM:7);
             GOTOXY(20,10);
             WRITE(ROUND(SUM/K*16/1.03008):7);
          UNTIL KEYPR;
          NORMAL;
      END;
   UNTIL K=0;
END.
```

Kompilieren Sie dieses Programm und linken Sie es mit FRE-
QUA und der SYSTEM.LIBRARY. Benutzen Sie den CA2 STROBE-
Eingang Pin 2!

6.7 Der A/D-Wandler ADC 0804

Der Baustein ADC 0804 stammt von der Firma National
Semiconductor und ist durch eine einfache Schaltung an
unsere parallele Schnittstele anschließbar.

Die Wandler ADC 0801, ADC 0802 und ADC 0803 unterscheiden sich vom ADC 0804 nur durch die Genauigkeit. Der
letztere hat eine Genauigkeit von ±1 Bit. Intern entspricht der Wandler einem Netzwerk von 256 Widerständen.
Im Takt des internen Pulsgebers wird die eingegebene
Spannung mit dem Spannungsabfall an diesen Widerständen
verglichen. Hierzu benötigt der Wandler 8 Vergleiche oder
64 Puls-Zyklen. Die Frequenz dieses Frequenzgenerators
wird durch den Widerstand 10 k und durch den Kondensator
150 pF bestimmt. Hierdurch erreicht man einen Takt mit der
Frequenz f=0.9/(R*C) = 600 kHz.

Zum Start einer Umwandlung muß die R/$\overline{\text{W}}$-Leitung
kurzzeitig auf "low" gezogen werden. Nach Beendigung der
Umwandlung geht $\overline{\text{INTR}}$ kurz auf "low". Man kann den Wandler
nun im sogenannten "Free-running-mode" laufen lassen, indem
man R/$\overline{\text{W}}$ mit $\overline{\text{INTR}}$ verbindet. Jede Beendigung einer
Umwandlung bewirkt den Start einer neuen. Ein erster
Übergang wird durch das Einschalten des Gerätes
(hoffentlich) erzeugt. In diesem "mode" können maximal
600 000/64 , d.h., ungefähr 10 000 Umwandlungen in einer
Sekunde erreicht werden. Dies ist ein Hinweis, wie schnell
die späteren Assembler-Programme mindestens und höchstens
sein dürfen.

Die Anschlüsse $\overline{\text{CS}}$ und $\overline{\text{RD}}$ werden mit Gnd verbunden, da
der VIA 6522 das CS-Signal bereits verarbeitet.

Der Wandler kann noch einiges mehr als wir hier
benötigen. Er kann z.B. Spannungsdifferenzen umwandeln
(Vin+ - Vin-).

Besonderer Wert wurde auf die Sicherung des Eingangs
gegen zu hohe Spannungen und gegen ein Verpolen gelegt.
Die vorgeschlagene Lösung mit zwei Dioden sichert die
Eingänge bis zur Durchbruchspannung ab und ist gleichzeitig sehr einfach. Ist die angelegte Spannung mehr
als doppelt so hoch wie die Versorgungsspannung + 0,2V bei
Germaniumdioden, so fließen die Ladungen zum Pluspol ab.
Bei negativen Eingangsspannungen fließen die Ladungen zum
Minuspol ab. Es sollten Germanium-Dioden verwendet werden,
da diese nur eine Diffusionsspannung von 0,2V gegenüber
0,6V bei Silizium-Dioden haben.

Die folgenden Diagramme und Schaltbilder geben die
Wirkungsweise des Wandlers wieder:

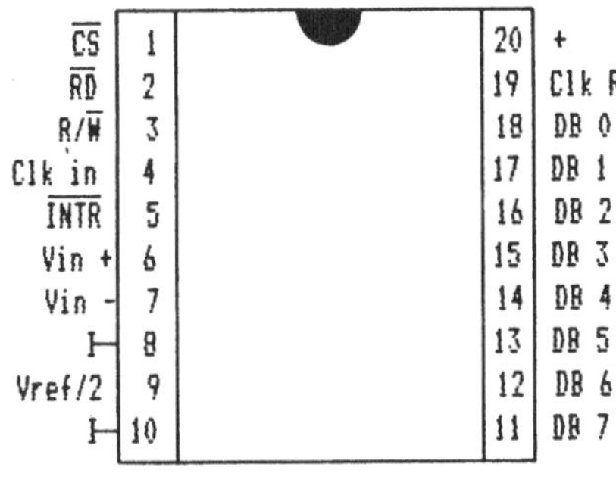

Bild 6.3   Anschlußbelegung ADC 0804

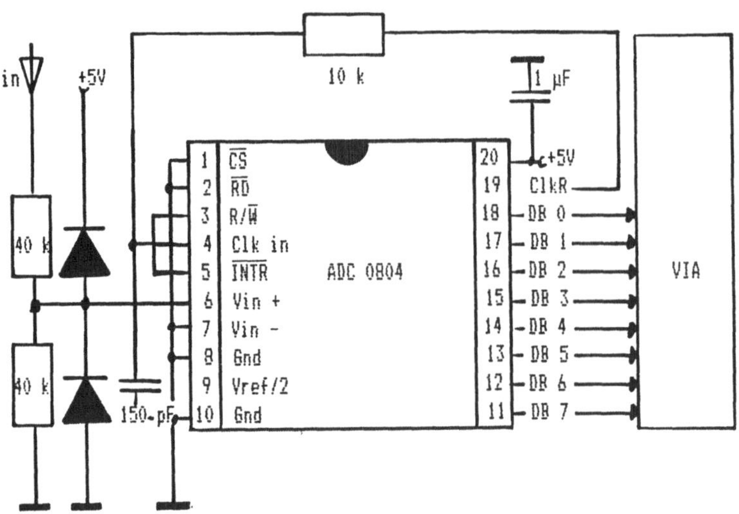

Bild 6.4   Schaltung A/D-Wandler ADC 0804

Materialliste: A/D-Wandler ADC 0800
               1 Widerstand 10 k
               1 Kondensator 150 pF
               2 Widerstände 40 k
               2 Dioden
               1 Kondensator 1 µF oder beliebig
               1 25-poliger Stecker Min D
               1 Taster
               1 Gehäuse

Wir werden nun die Funktion SPANNUNG entwickeln, die uns
den Wert der Spannung am analogen Eingang des Wandlers als
INTEGER-Wert im Bereich 0 bis 255 liefert. Da der Wandler
viel schneller als das Pascal-Programm ist, werden wir
diese Funktion in Assembler erstellen. Die Funktion hat
keine Parameter, so daß nur der Funktionswert auf den Stack
gepackt werden braucht.

Assembler-Programm SPANNUNGA

```
;----------------------------------------------
; Spannung
; ***** Slot 2 ****************************
;----------------------------------------------

        .MACRO POP      ; PASCAL STARTADRESSE
        PLA
        STA %1
        PLA
        STA %1+1
        .ENDM
        .MACRO PSH      ; PASCAL RÜCKSPRUNG
        LDA %1 +1
        PHA
        LDA %1
        PHA
        .ENDM


;-----------------------------------------------
;Vereinbarung von Adressen und Variablen
;-----------------------------------------------

RETURN     .EQU 0
VIA        .EQU 0C0A0
DRRG       .EQU VIA+3        ; Datenrichtungsregister Port A
DATA       .EQU VIA+1        ; Datenregister


;-----------------------------------------------
; Die Funktion
;-----------------------------------------------

        .FUNC SPANNUNG
        POP RETURN
```

```
        PLA
        PLA
        PLA
        PLA                     ; Funktionswert
        LDA #0.                 ; Mache Port A zum Eingangsport
        STA DRRG
        LDA #0                  ; Daten liegen nur zwischen
        PHA                     ; 0 und 255
        LDA DATA
        PHA
        PSH RETURN
        RTS
        .END


;-------------------------------------
;    end of assembly
;-------------------------------------
```

Das folgene Pascal-Programm ruft die Funktion SPANNUNG dauernd auf und liefert das Ergebnis als 8 Bit oder als analogen Wert.

Pascal-Programm SPANNUNGP

```
PROGRAM VOLT;

VAR I,J,K,SUM:INTEGER;

FUNCTION SPANNUNG:INTEGER;EXTERNAL;

FUNCTION KEYPR:BOOLEAN;EXTERNAL;

PROCEDURE INVERSE;
BEGIN
   WRITE(CHR(154),'3');        (* Bitte an eigene *)
END;                           (* 80-Zeichenkarte anpassen. *)
```

```
PROCEDURE NORMAL;
BEGIN
   WRITE(CHR(154),'2');   (* Bitte an eigene *)
END;                      (* 80-Zeichenkarte anpassen. *)


BEGIN
   WRITE(CHR(12));
   INVERSE;
   WRITE(' Paralleles Interface');
   WRITELN('     A/D - Wandler 8 Bit ');
   NORMAL;
   GOTOXY(0,10);
   WRITELN('Spannung als 8 - Bit - Wert : ');
   GOTOXY(0,15);
   WRITELN('Spannung als analoger Wert  : ');
   REPEAT
      SUM:=0;
      FOR K:=1 TO 6 DO SUM:=SUM+SPANNUNG;
      GOTOXY(30,10);
      WRITE(ROUND(SUM/6):3);
      GOTOXY(30,15);
      WRITE((SUM/6)*10.2/255:6:2,' V');
   UNTIL KEYPR;   (* Versorgungsspannung 5,1V 2*5.1=10.2 *)
END.
```

Kompilieren Sie dieses Programm und linken Sie es mit
SPANNUNGA. Es lassen sich jetzt viele Anwendungen finden.
Liegt der Bereich der zu messenden Spannung nicht zwischen
0..10 V, so kann durch ein Spannungsteiler der Meßbereich
angepaßt werden. Wechselspannungen lassen sich nur bei
geringen Frequenzen messen. Schließen Sie z.B. einen
Rechteck- oder einen anderen Funktionsgenerator an !

6.8 Analogrecorder mit Echtzeit-Messung

Der Analogrecorder oder Transientenrecorder ist ein
(begrenzter) Speicher-Oszilloskop. Begrenzt ist leider die
Frequenz, bei der er angewendet wird. Sie wird durch die
Umwandlungszeit des A/D-Wandlers bestimmt. Der Analogrecorder mißt analoge Spannungen, zeichnet die Werte graphisch auf den Bildschirm und speichert die Meßwerte.
Diese können auf Diskette geschrieben werden und so von
anderen Programmen analysiert und ausgewertet werden, z.B.
zur Bestimmung der Funktionsgleichung oder für Ausgleichs-
kurven. Dieser Analogrecorder hat folgende Eigenschaften:

- Echtzeit-Messung. Dies bedeutet, daß der zeitliche Abstand
  zwischen zwei Messungen fest und wohldefiniert ist.
  Das Zeitintervall kann zwischen 21 µs und 65 ms frei
  gewählt werden.
- Aufnahme von jeweils 1024 Meßwerten.
- Triggermöglichkeit. Dies bedeutet bei hoher Meßfrequenz,
  daß der Auslösemechanismus nicht per Hand und Taster
  erfolgt, sondern vom zu messenden Ereignis selbst. Der
  Triggerpunkt kann frei zwischen 0V und 10V für die Ein-
  gangsspannung gewählt werden. Digital kann zwischen 0 und
  255 gewählt werden.
- Es kann zwischen ansteigender und abfallender Flanke gewählt
  werden.
- variable Meßzeiten von 22 ms bis 1 min.
- variable Meßfrequenz von 16 Hz bis 48,7 kHz.
- graphische Darstellungen mit Stauchungsmöglichkeit und
  automatischer Anpassung der Amplitude.
- Abspeicherung der Daten auf Diskette mit anschließender
  Anzeige des Katalogs.
- Lesen der Daten von Diskette mit vorheriger Anzeige des
  Katalogs.

Als erstes geht das Programm in einen Wartezustand. Es
fragt dabei dauernd das Datenregister des Ports A ab. Erst
wenn ein bestimmter Wert im Eingang über- oder unterschrit-
ten wird (dies richtet sich nach der gewählten Flanke),
startet das Programm. Die Höhe dieser Startbarriere wird
durch die Variable TRIGGER bestimmt, die Flanke durch SLOPE.

Das Assembler-Programm, das die Daten erfaßt, muß an
einer entscheidenden Stelle schneller sein als die vorgege-
bene Zeit für die Messung und für die Umwandlung der analogen Spannungen in digitale Werte durch den A/D-Wandler.
Es arbeitet im Interrupt-Betrieb mit Timer Tl. Der Timer
wird gesetzt. Die Länge eines Zählintervalls wird durch
die beiden Größen ZEITHIGH und ZEITLOW bestimmt. Sofort
wird der Wert vom A/D-Wandler übernommen und in den Feldern
A, B, C und D abgespeichert. Die Anfangsadressen dieser
Felder wurden vom Pascal-Programm übernommen. Anschließend
geht das Programm in eine Warteschleife, um den Nulldurchgang des Timers abzuwarten.

Bei den hardwaremäßig vorgegebenen Werten für den A/D-
Wandler können maximal 55000 Umwandlungen pro Sekunde statt-
finden. Dies bedeutet für das "Low-Byte" des Timers dezimal
19 und für das "High-Byte" Null. Für eine Zählperiode darf
das Programm höchstens 1/55000 s brauchen, wenn die
Schnelligkeit des Wandlers voll genutzt werden soll.

Es muß noch darauf hingewiesen werden, daß für die
Zwischenspeicherung der Variablen ZEITHIGH, ZEITLOW,
TRIGGER und SLOPE nicht die Speicher 253 bis 255 (dezimal)
der "Zeropage" benutzt werden dürfen, da TURTLEGRAPHICS
auf diese Speicher zugreift.

Dies ist der zeitkritische Teil, der der Übersicht halber
für die Felder A,B,C und D hintereinander geschrieben wird:

```
ANFANG1    LDA DATUM            ; Meßwert erfassen
           STA §ADRESSE1,Y      ; Meßwert abspeichern
           LDA TIMERL           ; Hebe Interrupt auf
           INY                  ; Y-Zähler erhöhen
           CPY #0               ; Y-Register =256=0 ?
           BEQ ENDE1
WARTE1     LDA #00040
           BIT IFR
           BEQ WARTE1          ·; Wenn ja: Ende
           LDA TIMERL           ; Lösche Interruptflag
           JMP ANFANG1          ; nächster Meßwert
```

Die wichtigsten Operationen in diesem Programmteil lauten:

Befehl	Zyklen	Befehl	Zyklen	Befehl	Zyklen
LDA	4	CPY	2	BEQ	2
STA	5	BEQ	2	LDA	4
LDA	4	LDA	2	JMP	3
INY	2	BIT	4		

| Summe | | | | | 34 |

Es ist also möglich, den zeitlichen Abstand zwischen
zwei Meßwerten auf 34 µs schrumpfen zu lassen. Läßt
man die Warteschleife WARTE1 .. bis .. LDA TIMERL weg-
fallen, so werden nur 22 Zyklen benötigt. Die Echtzeit
während der Messung wird dann durch die genau definierte
Zeit der einzelnen Assembler-Befehle garantiert.

Für höhere Umwandlungsraten müssen in der Schaltung
Bild 6.4 zwei Werte geändert werden: Die Werte des
10-k-Widerstandes und/oder des 150-pF-Kondensators müssen
verringert werden, damit die Clock-Frequenz des
A/D-Wandlers gesteigert wird. Mann kann den Widerstand

kurzschließen und den Kondensator entfernen (kleine
Kapazität!), jedoch nicht beide gleichzeitig. Mit einem 2,7-
k-Widerstand und entferntem Kondensator lassen sich Umwand-
lungszahlen von 50 000 bis 60 000 pro Sekunde erreichen.
Die Frequenz der Clock liegt dann bei 3 bis 3,7 MHz.

Der Trigger läßt sich ebenfalls noch verbessern.
Während der Warteschleife können die Meßwerte in einen
Ringspeicher geschrieben werden. So können dann auch
einige Meßwerte vor dem Triggerpunkt gespeichert werden.

Assembler-Programm ANALOGA

```
;---------------------------------------------
;   Spannungesmessung mit Echtzeituhr Slot 2
;---------------------------------------------

            .MACRO POP      ; Pascal Startadresse
            PLA
            STA %1
            PLA
            STA %1+1
            .ENDM
            .MACRO PSH      ; Pascal Rücksprung
            LDA %1 +1
            PHA
            LDA %1
            PHA
            .ENDM


RETURN     .EQU 0
ADRESSE1   .EQU 2           ; Startadresse Speicher Meßwerte
ADRESSE2   .EQU 4
ADRESSE3   .EQU 6
ADRESSE4   .EQU 8
```

```
VIA        .EQU 0C0A0      ; VIA-Basisadresse
DATUM      .EQU VIA+1.     ; Datenregister
DATRICHB   .EQU VIA+2.     ; Datenrichtungsregister Port B
DATRICHA   .EQU VIA+3.     ; Datenrichtungsregister Port A
TIMERL     .EQU VIA+4.     ; Low-Byte Timer 1
TIMERH     .EQU VIA+5.     ; High-Byte Timer 1
ACR        .EQU VIA+11.    ; Auxiliary Control Register
IFR        .EQU VIA+13.    ; Unterbrechungsflagregister
IER        .EQU VIA+14.    ; Interrupt Enable Register


ZEITHIGH   .EQU 2F9
ZEITLOW    .EQU 2FE
TRIGGER    .EQU 2FD
SLOPE      .EQU 2FF


;---------------------------------------------
;   Beginn der Prozedur,  8 Parameter
;---------------------------------------------


           .PROC ANALOG,8
           POP RETURN
           PLA
           STA SLOPE
           PLA
           PLA
           STA TRIGGER
           PLA
           PLA
           STA ZEITLOW
           PLA
           PLA
           STA ZEITHIGH
           PLA
           PLA
           STA ADRESSE4
```

```
        PLA
        STA ADRESSE4+1
        PLA
        STA ADRESSE3
        PLA
        STA ADRESSE3+1
        PLA
        STA ADRESSE2
        PLA
        STA ADRESSE2+1
        PLA
        STA ADRESSE1
        PLA
        STA ADRESSE1+1


;-----------------------------------------------

; Festlegung der Anfangsbedingungen

;-----------------------------------------------


        LDA #0                  ; Mache Port A zu Eingängen
        STA DATRICHA            ;
        LDA #00080              ; Mache Bit 7 Port B zum Ausgang,
        STA DATRICHB            ; so können Sie die Frequenz
        LDA #000C0              ; des Timers 1 an PB7 messen
        STA ACR                 ; Diese Frequenz muß kleiner
        STA IFR                 ; sein als die Clock-Frequenz
                                ; des ADC 0804 geteilt durch 64.
        STA IER                 ; freilaufende Betriebsart
        LDA TIMERL              ; Durch Lesen des Timers 1 wird
        LDY #00000              ; der Interrupt aufgehoben
        LDA ZEITLOW             ; Lade Low-Byte
        STA TIMERL
        LDA ZEITHIGH            ; Lade High-Byte
        STA TIMERH              ; Interrupt-Uhr läuft los
```

```
;----------------------------------------------
; Timer 1 Interrupt-Teil
;----------------------------------------------


WAIT       LDA DATUM            ; Warte auf Triggerimpuls
           CMP TRIGGER
           PHP                  ; Vergleichsbit merken
           LDA SLOPE            ; für den Fall aufsteigender
           BEQ POSITIV          ; Meßwerte, andernfalls für ab-
           PLP                ; steigende Meßwerte:Vergleichsbit
           BCC WAIT           ; falls Trigger < Datum: Schleife
           BCS ANFANG1        ; falls Trigger >= Datum: weitermachen
POSITIV    PLP                ; aufsteigende Meßwerte: Vergleichsbit
           BEQ ANFANG1        ; Trigger=Datum: weitermachen
           BCS WAIT           ; Trigger>Datum: Schleife,sonst weiter


ANFANG1    LDA DATUM            ; Meßwert erfassen
           STA §ADRESSE1,Y      ; Meßwert abspeichern
           LDA TIMERL           ; Hebe Interrupt auf
           INY                  ; Y-Zähler erhöhen
           CPY #0               ; Y-Register =256=0 ?
           BEQ ENDE1
WARTE1     LDA #00040
           BIT IFR
           BEQ WARTE1           ; Wenn ja: Ende
           LDA TIMERL           ; Lösche Interruptflag
           JMP ANFANG1          ; nächster Meßwert


ENDE1      LDY #00000
ANFANG2    LDA DATUM            ; Meßwert erfassen
           STA §ADRESSE2,Y      ; Meßwert abspeichern
           LDA TIMERL           ; Hebe Interrupt auf
           INY                  ; Y-Zähler erhöhen
           CPY #0               ; Y-Register =256=0 ?
           BEQ ENDE2
```

```
WARTE2     LDA #00040
           BIT IFR
           BEQ WARTE2           ; Wenn ja: Ende
           LDA TIMERL           ; Lösche Interruptflag
           JMP ANFANG2          ; nächster Meßwert


ENDE2      LDY #00000
ANFANG3    LDA DATUM            ; Meßwert erfassen
           STA $ADRESSE3,Y      ; Meßwert abspeichern
           LDA TIMERL           ; Hebe Interrupt auf
           INY                  ; Y-Zähler erhöhen
           CPY #0               ; Y-Register =256=0 ?
           BEQ ENDE3
WARTE3     LDA #00040
           BIT IFR
           BEQ WARTE3           ; Wenn ja: Ende
           LDA TIMERL           ; Lösche Interruptflag
           JMP ANFANG3          ; nächster Meßwert


ENDE3      LDY #00000
ANFANG4    LDA DATUM            ; Meßwert erfassen
           STA $ADRESSE4,Y      ; Meßwert abspeichern
           LDA TIMERL           ; Hebe Interrupt auf
           INY                  ; Y-Zähler erhöhen
           CPY #0               ; Y-Register =256=0 ?
           BEQ ENDE4
WARTE4     LDA #00040
           BIT IFR
           BEQ WARTE4           ; Wenn ja: Ende
           LDA TIMERL           ; Lösche Interruptflag
           JMP ANFANG4          ; nächster Meßwert


ENDE4      PSH RETURN
           RTS
           .END                 ; end of assembly
```

Das Pascal-Programm ANALOGP ist modular aufgebaut. Die
Bezeichnungen der Prozeduren sind so gewählt, daß ihre
Bedeutung sofort erkennbar ist. Das Programm wird durch
drei Menükarten gesteuert:

1. Die Hauptmenükarte ermöglicht Verzweigungen zum Messen,
   zur graphischen Darstellung und zum Lesen und Beschreiben
   der Disketten mit Daten-Files sowie den Aufruf der beiden
   anderen Menükarten.
2. Die Meßparameter-Menükarte erlaubt die Veränderung der
   Meßparameter wie Anzahl der zu messenden Punkte, der
   Triggerhöhe TRIGGER und der Triggerflanke SLOPE.
3. Die Graphikparameter-Menükarte bestimmt die Graphikpara-
   meter wie Anzahl der zu zeichnenden Seiten. Da 1024 Meßpunkte erfaßt werden, können diese ungestaucht auf vier
   Graphikseiten oder gestaucht auf zwei bzw. einer Graphik-
   seite dargestellt werden. Die Skalierung der y-Achse kann
   automatisch zwischen dem kleinsten und größten Wert erfolgen oder per Hand eingestellt werden. Der Benutzer kann
   weiterhin wählen, ob die Koordinatenachse eingeblendet
   werden soll. Die y-Achse ist in 10 Einheiten zu je 1V
   eingeteilt, wenn der gesamte Meßbereich genutzt wird. Die
   Zeitachse ist auf das jeweilige Meßintervall kalibriert.

Wertvoll ist das Unterprogramm CATALOG. Es listet den
Inhalt der "Directory" auf. Es hilft somit, Abstürze des
Programms zu vermeiden, wenn der Name des zu lesenden
Datenfiles nicht exakt bekannt ist.

Die Meßdaten können je nach Wahl auf dem Bildschirm oder
auf dem Drucker ausgegeben werden.

Pascal-Programm ANALOGP

```pascal
PROGRAM ANALOGRECORDER;

USES TURTLEGRAPHICS;

TYPE FELD=PACKED ARRAY[0..255] OF CHAR;

VAR MIN,MAX,MINIMUM,MAXIMUM,DRIVE,ZEIT,SEITE,
    SLOPE,TRIGGER,ZEITHIGH,ZEITLOW,I,J,K:INTEGER;
    TIME,ANZAHL,LONG:INTEGER[7];
    REEL:REAL;
    A,B,C,D,E:FELD;
    KOSY,AUTSKAL,SEITEN,CK,CH:CHAR;

PROCEDURE ANALOG(A,B,C,D:FELD;ZH,ZL,TR,SL:CHAR);EXTERNAL;

PROCEDURE INVERSE;
BEGIN
   WRITE(CHR(154),'3'); (* Bitte an eigene 80-Zeichen- *)
END;                    (* Karte anpassen. *)

PROCEDURE NORMAL;
BEGIN
   WRITE(CHR(154),'2'); (* Bitte an eigene 80-Zeichen- *)
END;                    (* Karte anpassen. *)

PROCEDURE TOP;
BEGIN
   WRITE(CHR(12));
   INVERSE;
   WRITE('         Messwerterfassung mit ');
   WRITELN('Echtzeituhr mit dem VIA 6522                 ');
   NORMAL;
   WRITE('Triggerpunkt: ',TRIGGER:3,' Anzahl Mess./s: ');
   WRITE(ANZAHL:5,'  Zeitintervall: ',TIME:5,' us ');
   GOTOXY(0,5);
END;
```

```
PROCEDURE TEXT1;
BEGIN
WRITELN;
WRITELN('Meßdauer und Anzahl Meßpunkte/s für 1024 Messungen:');
WRITELN('--------------------------------------------------');
WRITELN('65535 us -      16 Messungen/s -65.536 s Meßdauer');
WRITELN('  100 us -10 230 Messungen/s - 0,102 s Meßdauer');
WRITELN('   33 us -31 000 Messungen/s - 0.034 s Meßdauer');
WRITELN('   20 us -51 150 Messungen/s - 0.021 s Meßdauer');
GOTOXY(0,15);
END;


PROCEDURE MESSPARAMETER;
VAR RE:REAL;
BEGIN
   TOP;
   TEXT1;
   WRITE('Meßintervall          (20 ... 65 535) ? ===> ');
   REPEAT
      GOTOXY(45,15);
      READLN(ZEIT);
   UNTIL ((ZEIT>=20) AND (ZEIT<=32768))
   OR ((ZEIT>=-32768) AND (ZEIT<=0));
   IF ZEIT>0 THEN
   BEGIN
      ZEITHIGH:=ZEIT DIV 256;
      ZEITLOW:=ZEIT MOD 256;
      TIME:=ZEIT;
      RE:=ZEIT/1000;
      IF ZEIT<33 THEN ANZAHL:=10*ROUND(102.3/RE)
      ELSE ANZAHL:=ROUND(1023/RE);
   END ELSE
   BEGIN
      ZEIT:=32767+ZEIT+1;
      ZEITHIGH:=128+(ZEIT DIV 256);
      ZEITLOW:=ZEIT MOD 256;
      TIME:=32767;
```

```pascal
        TIME:=TIME+1+ZEIT;
        RE:=32.768+ZEIT/1000;
        ANZAHL:=ROUND(1023/RE);
     END;
     IF ANZAHL<0 THEN ANZAHL:=65536+ANZAHL;
     WRITELN;
     WRITE('Anzahl Meßpunkte/s: ',ANZAHL:6);
     WRITELN(' gewähltes Zeitintervall: ',TIME:6,' us ');
     REPEAT
        GOTOXY(0,22);
        INVERSE;
        WRITE('Triggerschwelle (-255 .. 255');
        WRITE('    <0:neg. Flanke  >0:pos. Flanke) ?  ');
        NORMAL;
        WRITE(' ===> ');
        READLN(TRIGGER);
     UNTIL (TRIGGER>=-255) AND (TRIGGER<=255);
     IF TRIGGER<0 THEN SLOPE:=0 ELSE SLOPE:=1;
     TRIGGER:=ABS(TRIGGER);
END;


PROCEDURE EXTREMUM;
BEGIN
   IF (AUTSKAL='J') OR (AUTSKAL='j') THEN
   BEGIN
      GOTOXY(0,10);
      WRITELN('Ich suche Extrema - bitte 3 s warten...');
      MIN:=255;MAX:=0;
      FOR K:=1 TO 4 DO
      BEGIN
         CASE K OF 1:E:=A;
                   2:E:=B;
                   3:E:=C;
                   4:E:=D;
         END;
```

```
            FOR J:=0 TO 255 DO
            BEGIN
                IF ORD(E[J])>MAX THEN MAX:=ORD(E[J]);
                IF ORD(E[J])<MIN THEN MIN:=ORD(E[J]);
            END;
        END;
        MAXIMUM:=MAX;MINIMUM:=MIN;
    END;
END;


PROCEDURE MESSUNG;
VAR ZH,ZL,TR,SL:CHAR;
BEGIN
    TOP;
    WRITELN('Messung - bitte ',TIME:7,' ms warten... ');
    ZH:=CHR(ZEITHIGH);
    ZL:=CHR(ZEITLOW);
    TR:=CHR(TRIGGER);
    SL:=CHR(SLOPE);
    ANALOG(A,B,C,D,ZH,ZL,TR,SL);
    EXTREMUM;
END;


PROCEDURE AUSGABE;
VAR II:INTEGER;Q:TEXT;
BEGIN
    IF CH='5' THEN REWRITE(Q,'CONSOLE:') ELSE
    REWRITE(Q,'PRINTER:');
    FOR II:=1 TO 4 DO
    BEGIN
        CASE II OF 1:E:=A;
                   2:E:=B;
                   3:E:=C;
                   4:E:=D;
        END;
```

```
        WRITE(Q,CHR(12));
        TOP;
        GOTOXY(0,3);
        WRITE('Seite ',II:2,' von 4            Daten    Nr.  ');
        WRITELN(256*(II-1):3,'-',256*II-1:3);
        INVERSE;
        WRITE(Q,'   +     0   1   2   3   4   5   6   7');
        WRITELN(Q,'   8   9  10  11  12  13  14  15');
        NORMAL;
        FOR J:=0 TO 15 DO
        BEGIN
           INVERSE;
           WRITE(Q,256*(II-1)+16*J:3,'  ');
           NORMAL;
           FOR I:=0 TO 15 DO WRITE(Q,ORD(E[16*J+I]):4);
           WRITELN(Q);
        END;
        GOTOXY(0,22);
        INVERSE;
        WRITE('weiter: <RET>   ---   Ende: <ESC>   ==> ');
        NORMAL;
        READ(CK);
        IF ORD(CK)=27 THEN
        BEGIN
           CLOSE(Q,LOCK);
           EXIT(AUSGABE);
        END;
    END;
    CLOSE(Q,LOCK);
END;


PROCEDURE GRAPHIKPARAMETER;
BEGIN
    TOP;
    WRITELN('                    Graphikparameter');
```

```pascal
WRITELN('                              ================');
WRITELN;
WRITELN('automat. Skalierung zwischen Min und Max (j/n):');
GOTOXY(0,14);
WRITELN('Anzahl Seiten   1 - 2 - 4                       :');
WRITELN;
WRITELN('Koordinatensystem  einblenden (j/n)             :');
INVERSE;
GOTOXY(0,10);
WRITELN('Minimum:= ',MIN:4);
WRITELN('Maximum:= ',MAX:4);
REPEAT
   GOTOXY(60,8);
   READ(AUTSKAL);
UNTIL (AUTSKAL='J') OR (AUTSKAL='j')
OR (AUTSKAL='N') OR (AUTSKAL='n');
REPEAT
   GOTOXY(60,14);
   READ(SEITEN);
UNTIL (SEITEN='1') OR (SEITEN='2') OR (SEITEN='4');
SEITE:=ORD(SEITEN)-48;
REPEAT
   GOTOXY(60,16);
   READ(KOSY);
UNTIL (KOSY='J') OR (KOSY='j') OR (KOSY='N')OR(KOSY='n');
NORMAL;
IF (AUTSKAL='N') OR (AUTSKAL='n') THEN
BEGIN
   GOTOXY(0,18);
   WRITElN('Minimum  ===> ');
   WRITELN;
   WRITELN('Maximum  ===> ');
   INVERSE;
```

```
REPEAT
   GOTOXY(20,18);
        READLN(MINIMUM);
     UNTIL (MINIMUM>=0) AND (MINIMUM<=254);
     REPEAT
        GOTOXY(20,20);
        READLN(MAXIMUM);
     UNTIL (MAXIMUM>=1) AND (MAXIMUM<=255);
     NORMAL;
   END ELSE
   BEGIN
     MAXIMUM:=MAX;
     MINIMUM:=MIN;
   END;
END;


PROCEDURE ACHSE;
VAR J,K:INTEGER;
    L:INTEGER[8];
    ST:STRING;
BEGIN
   MOVETO(80,0);
   IF TIME<32768 THEN L:=ROUND(1.024*1.023*ZEIT/SEITE)
   ELSE
   BEGIN
     L:=2*ROUND((ZEIT/2)*1.024*1.023/SEITE);
     L:=L+2*ROUND(17163/SEITE);
   END;
   WSTRING('<== ');
   STR(L,ST);
   WSTRING(ST);
   WSTRING('ms ==>');
   FOR K:=0 TO 10 DO
```

```
  BEGIN
     PENCOLOR(NONE);
     MOVETO(0,19*K);
     PENCOLOR(WHITE);
     MOVETO(5,19*K);
  END;
  PENCOLOR(NONE);
  MOVETO(0,0);
  PENCOLOR(WHITE);
  MOVETO(0,190);
  PENCOLOR(NONE);
  MOVETO(10,180);
  WSTRING('U/V');
  FOR K:=1 TO 10 DO
  BEGIN
     PENCOLOR(NONE);
     MOVETO(25*K,90);
     PENCOLOR(WHITE);
     MOVETO(25*K,100);
  END;
  PENCOLOR(NONE);
  MOVETO(0,95);
  PENCOLOR(WHITE);
  MOVETO(256,95);
  PENCOLOR(NONE);
  MOVETO(248,80);
  WCHAR('T');
END;


PROCEDURE GRAPHIK;
VAR I,J,K:INTEGER;
    SKALA:REAL;
    CH:CHAR;
BEGIN
  IF MAXIMUM-MINIMUM<>0 THEN
  SKALA:=190/(MAXIMUM-MINIMUM) ELSE SKALA:=1;
  FOR I:=1 TO SEITE DO
  BEGIN
```

```
INITTURTLE;
IF (KOSY='J') OR (KOSY='j') THEN ACHSE;
IF SEITE=4 THEN
CASE I OF 1:E:=A;
          2:E:=B;
          3:E:=C;
          4:E:=D;
END;
IF SEITE=2 THEN
CASE I OF 1:BEGIN
               FOR K:=0 TO 127 DO E[K]:=A[2*K];
               FOR K:=0 TO 127 DO E[K+128]:=B[2*K];
             END;
          2:BEGIN
               FOR K:=0 TO 127 DO E[K]:=C[2*K];
               FOR K:=0 TO 127 DO E[K+128]:=D[2*K];
             END;
END;
IF SEITE=1 THEN
BEGIN
   FOR K:=0 TO 63 DO E[K]:=A[4*K];
   FOR K:=0 TO 63 DO E[K+64]:=B[4*K];
   FOR K:=0 TO 63 DO E[K+128]:=C[4*K];
   FOR K:=0 TO 63 DO E[K+192]:=D[4*K];
END;
PENCOLOR(NONE);
K:=ROUND((ORD(E[0])-MINIMUM)*SKALA);
IF K<0 THEN K:=0;
IF K>190 THEN K:=190;
MOVETO(0,K);
PENCOLOR(WHITE);
FOR J:=0 TO 255 DO
BEGIN
   K:=ROUND((ORD(E[J])-MINIMUM)*SKALA);
   IF K<0 THEN K:=0;
```

```
            IF K>190 THEN K:=190;
            MOVETO(J,K);
         END;
      PENCOLOR(NONE);
      MOVETO(199,0);
      WSTRING('==>TASTE');
      READ(CH);
   END;
   TEXTMODE;
END;


PROCEDURE CATALOG;
VAR SPEICHER:PACKED ARRAY[0..2048] OF CHAR;
    BUFFER:PACKED ARRAY[0..511] OF CHAR;
    CL:CHAR;
    ANZAHL,I,J,LAENGE,KK,MAXI,MAXA,A1,A2,K,L,
    LOWBYTE,HIGHBYTE,BYTE,TAG,MON,JAHR:INTEGER;


PROCEDURE STOP;
BEGIN
   GOTOXY(0,22);
   INVERSE;
   WRITE('Weiter: Bitte Taste druecken. ===> ');
   NORMAL;
   READ(CL);
END;


PROCEDURE TI;
BEGIN
   LAENGE:=ORD(SPEICHER[6]);
   WRITE(CHR(12));
   INVERSE;
   WRITE('                        Pascal  Directory  Drive ');
   WRITE(DRIVE:1,'  ');
   FOR J:=7 TO LAENGE+6 DO WRITE(SPEICHER[+J]);
```

```
    FOR J:=LAENGE+7 TO 13 DO WRITE(' ');
    WRITELN(':                          ');
    NORMAL;
    WRITELN;
    WRITE('    Filename                Bloecke    Laenge ');
    WRITELN('Bytes       Typ        Datum');
    WRITE('-------------------------------------------------');
    WRITELN('----------------------------');
END;


PROCEDURE SCHLUSS;
BEGIN
    WRITELN;
    INVERSE;
    WRITE('  ',ANZAHL:3,' Files     ',MAXA:3,' maximale Anzahl von');
    WRITELN(' Bloecken (mit Luecken) ',280-MAXA:3,' Bloecke frei');
    NORMAL;
END;
BEGIN
    WRITELN;WRITE('Bitte warten...');
    A1:=6;A2:=6;
    FOR KK:=2 TO 5 DO
    BEGIN
        UNITREAD(DRIVE,BUFFER,512,KK);
        FOR J:=0 TO 511 DO
        SPEICHER[512*(KK-2)+J]:=BUFFER[J];
    END;
    ANZAHL:=ORD(SPEICHER[17])*16+ORD(SPEICHER[16]);
    KK:=0;TI;
    FOR I:=0 TO ANZAHL-1 DO
    BEGIN
        KK:=KK+1;
        K:=26*I+26;
        HIGHBYTE:=ORD(SPEICHER[K+1])*16+ORD(SPEICHER[K+0]);
        IF HIGHBYTE<A1 THEN HIGHBYTE:=HIGHBYTE+240;
```

```
IF HIGHBYTE<>A2 THEN
BEGIN
   KK:=KK+1;
   WRITELN('   < unused >  ',-A2+HIGHBYTE+1:3);
END;
A1:=HIGHBYTE;
LOWBYTE:=ORD(SPEICHER[K+3])*16+ORD(SPEICHER[K+2]);
IF LOWBYTE<A2 THEN LOWBYTE:=LOWBYTE+240;
A2:=LOWBYTE;
MAXA:=LOWBYTE;
LAENGE:=ORD(SPEICHER[K+6]);
WRITE(I+1:2,' ');
FOR J:=0 TO LAENGE-1 DO WRITE(SPEICHER[K+7+J]);
FOR J:=LAENGE TO 15 DO WRITE(' ');
WRITE('   ',HIGHBYTE:4);
WRITE(' - ',LOWBYTE-1:4,'    ',LOWBYTE-HIGHBYTE:4);
HIGHBYTE:=ORD(SPEICHER[K+23])*16+ORD(SPEICHER[K+22]);
WRITE('   ',HIGHBYTE:4,'   ');
CASE ORD(SPEICHER[K+4]) OF 2:WRITE('Code - File   ');
                           3:WRITE('Text - File   ');
                           5:WRITE('Data - File   ');
END;
LOWBYTE:=ORD(SPEICHER[K+24]);
HIGHBYTE:=ORD(SPEICHER[K+25]);
IF HIGHBYTE MOD 2=1 THEN LOWBYTE:=LOWBYTE+256;
MON:=LOWBYTE MOD 16;
TAG:=ROUND(LOWBYTE/16-0.1);
JAHR:=ROUND(HIGHBYTE/2-0.1);
WRITELN(TAG:2,'.',MON:2,'.19',JAHR:2);
IF (KK>0) AND (KK MOD 16=0) THEN
BEGIN
   STOP;
   TI;
END;
END;
```

```
    SCHLUSS;
    STOP;
END;


PROCEDURE SCHREIBEN;
VAR I,J,K:INTEGER;
    DRIVES,CH:CHAR;
    R:FILE OF INTEGER;
    ST:STRING;
BEGIN
    TOP;
    REPEAT
       GOTOXY(0,10);
       WRITE('Laufwerk Nr. (4 oder 5) ===> ');
       READ(DRIVES);
    UNTIL (DRIVES='4') OR (DRIVES='5');
    DRIVE:=ORD(DRIVES)-48;
    GOTOXY(0,10);
    WRITE('Name des Files (ohne .DATA) ===> ');
    READLN(ST);
    ST:=CONCAT(ST,'.DATA');
    IF DRIVE=4 THEN ST:=CONCAT('#4:',ST) ELSE
    ST:=CONCAT('#5:',ST);GOTOXY(0,15);
    WRITELN('Bitte warten .......');
    REWRITE(R,ST);
    R^:=TRIGGER;
    PUT(R);
    R^:=ZEITHIGH;
    PUT(R);
    R^:=ZEITLOW;
    PUT(R);
    FOR K:=1 TO 4 DO
    BEGIN
        CASE K OF 1:E:=A;
                  2:E:=B;
```

```
                        3:E:=C;
                        4:E:=D;
      END;
      FOR J:=0 TO 255 DO
      BEGIN
         I:=ORD(E[J]);
         R^:=I;
         PUT(R);
      END;
   END;
   CLOSE(R,LOCK);
   CATALOG;
END;


PROCEDURE LESEN;
VAR I,J,K:INTEGER;
    DRIVES,CH:CHAR;
    R:FILE OF INTEGER;
    ST:STRING;
BEGIN
   TOP;
   REPEAT
      GOTOXY(0,10);
      WRITE('Laufwerk Nr. (4 oder 5) ===> ');
      READ(DRIVES);
   UNTIL (DRIVES='4') OR (DRIVES='5');
   DRIVE:=ORD(DRIVES)-48;
   CATALOG;
   TOP;
   GOTOXY(0,10);
   WRITE('Name des Files (ohne .DATA) ===> ');
   READLN(ST);
   ST:=CONCAT(ST,'.DATA');
   IF DRIVE=4 THEN ST:=CONCAT('#4:',ST) ELSE
   ST:=CONCAT('#5:',ST);GOTOXY(0,15);
```

```
      WRITELN('Bitte warten .......');
      RESET(R,ST);
      TRIGGER:=R^;
      GET(R);
      ZEITHIGH:=R^;
      GET(R);
      ZEITLOW:=R^;
      GET(R);
      FOR K:=1 TO 4 DO
      BEGIN
         FOR J:=0 TO 255 DO
         BEGIN
            I:=R^;
            E[J]:=CHR(I);
            GET(R);
         END;
         CASE K OF 1:A:=E;
                   2:B:=E;
                   3:C:=E;
                   4:D:=E;
         END;
      END;
   END;
   CLOSE(R,LOCK);
   ZEIT:=ZEITLOW+256*ZEITHIGH;
   TIME:=ZEIT;ANZAHL:=0;
   EXTREMUM;
END;


PROCEDURE MENUE;
BEGIN
   TOP;
   WRITELN('Bitte wählen Sie:');WRITELN;
   WRITELN('0 - Ende');WRITELN;
   WRITELN('1 - Festlegung der Meßbedingungen');
   WRITELN('2 - Echtzeit-Messung');WRITELN;
```

```
    WRITELN('3 - Graphikparameter festlegen');
    WRITELN('4 - Graphik');WRITELN;
    WRITELN('5 - Ausgabe der Meßergebnisse auf dem Bildsch.');
    WRITELN('6 - Ausgabe der Meßergebnisse auf dem Drucker');
    WRITELN;
    WRITELN('7 - Meßdaten auf Diskette schreiben');
    WRITELN('8 - Meßdaten von der Diskette lesen');
    REPEAT
       GOTOXY(0,22);
       WRITE('===> ');
       READ(CH);
    UNTIL (CH>='0') AND (CH<='8');
END;


BEGIN
    KOSY:='J';AUTSKAL:='J';
    SLOPE:=1;TRIGGER:=5;
    SEITE:=4;
    MAXIMUM:=255;MINIMUM:=0;
    MAX:=255;MIN:=255;
    TIME:=100;ANZAHL:=10000;
    ZEITLOW:=100;ZEITHIGH:=0;
    REPEAT
       MENUE;
       CASE CH OF '1':MESSPARAMETER;
                  '2':MESSUNG;
                  '3':GRAPHIKPARAMETER;
                  '4':GRAPHIK;
                  '5':AUSGABE;
                  '6':AUSGABE;
                  '7':SCHREIBEN;
                  '8':LESEN;
       END;
    UNTIL CH='0';
END.
```

6.9 Anwendung des Analogrecorders

Es lassen sich sehr viele Anwendungsmöglichkeiten für
den Analogrecorder, besonders in der Physik und der Technik
finden. Dieses Buch soll die Grundlagen für diese Versuche
legen. Deshalb möchte ich mich hier auf ein auch für Laien
durchschaubares Gebiet beschränken:

Es sollen die Verschlußzeiten von zwei Kameras, die
Intensitätsverteilungen von elektronischen und Würfelblitz-
lichtgeräten miteinander verglichen und das Anstiegsver-
halten einer gewöhnlichen Taschenlampe gemessen werden.
Das unterschiedliche Verhalten eines Fotowiderstandes und
eines Fototransistors werden gegenübergestellt.

Der Versuchsaufbau ist ungewöhnlich einfach. Ich habe
den erstbesten Fototransistor mit einem 10-kOhm-Widerstand
in Serie angeschlossen und an eine 5V Gleichspannungsquelle
gehängt. Den Spannungsabfall am Widerstand habe ich durch
den A/D-Wandler gemessen. Der Fototransistor wird im
ersten Teil vor das Objektiv der Kameras gehängt und mit
Isolierband festgeklebt. Achtung: der Sucher muß bei
Spiegelreflexkameras zugeklebt werden. In den geöffneten
Schacht der Kamera leuchtet eine Taschenlampe. Der zweite
Teil ist noch einfacher: im verdunkelten Raum wird der
Fototransistor angeblitzt.

Die Versuche gelingen so einfach, weil der Start der
Messung getriggert wird. Im etwas verdunkelten Raum oder
bei abgedecktem Fotowiderstand beträgt der digitiale
Eingangswert ca. 10. Setzt man die Triggerschwelle etwa
auf 25, so startet der Meßvorgang erst bei Belichtung des
Fototransistors.

    Es wurden folgende Parameter benutzt:
Trigger : 25
Graphik-Seiten : 4 , außer bei der Taschenlampe 2
Anzahl Meßpunkte : 10000.

Daten der Geräte:

Kamera Welta, Vorkriegsmodell Anastigmat 1:6,3 f=10,5 cm
Belichtungszeit 1/100 s
Irisblende

Praktika L   Blende 2,8   50 mm 1:2,8   Sucher abgedekt
Belichtungszeit 1/125 s
Lamellenverschluß
----

elektronisches Blitzlicht   Nikon SB-E

    Die Kurven werden natürlich durch die eigenen Anstiegs-
und Abfallzeiten des Fototransistors bzw. des Fotowiderstandes verfälscht. Zur Überprüfung der Anstiegs- und
Abfallzeiten des Fototransistors und Fotowiderstandes wird
einmal ein Rechtecksignal direkt vom Analogrecorder
gemessen. Anschließend steuert dieses Rechtecksignal über
eine rote Leuchtdiode den Fototransistor bzw. -widerstand
an. Der Unterschied ist augenfällig.

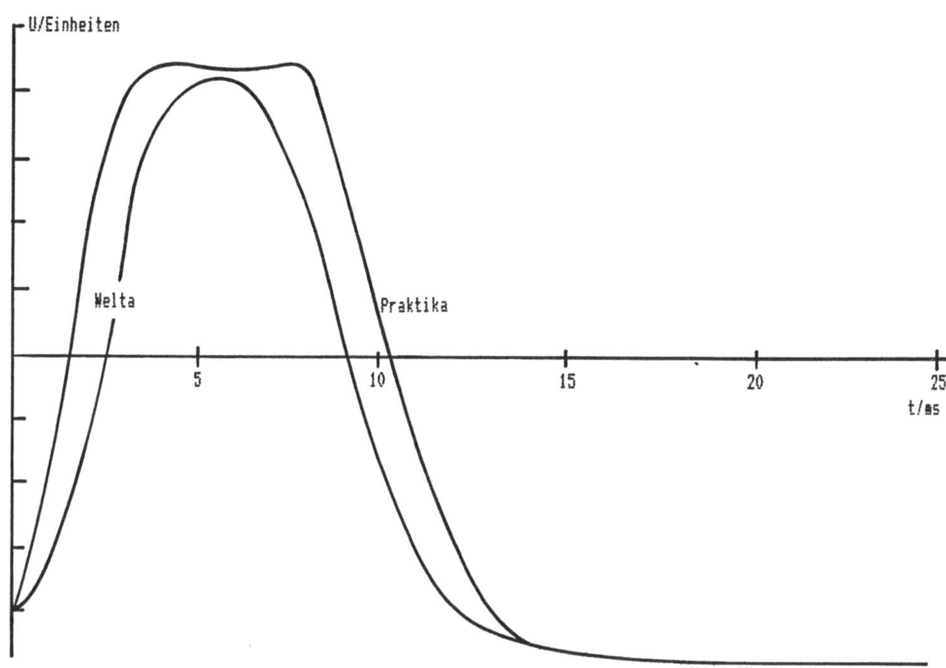

Bild 6.5   Belichtungszeiten zweier Kameras

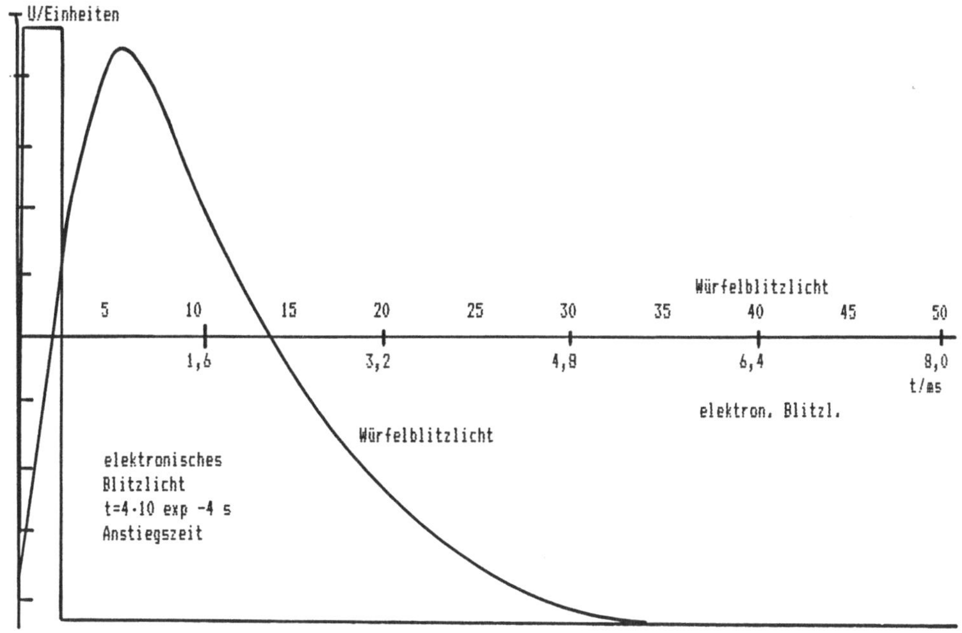

Bild 6.6   zeitliches Verhalten zweier Blitzlichtgeräte

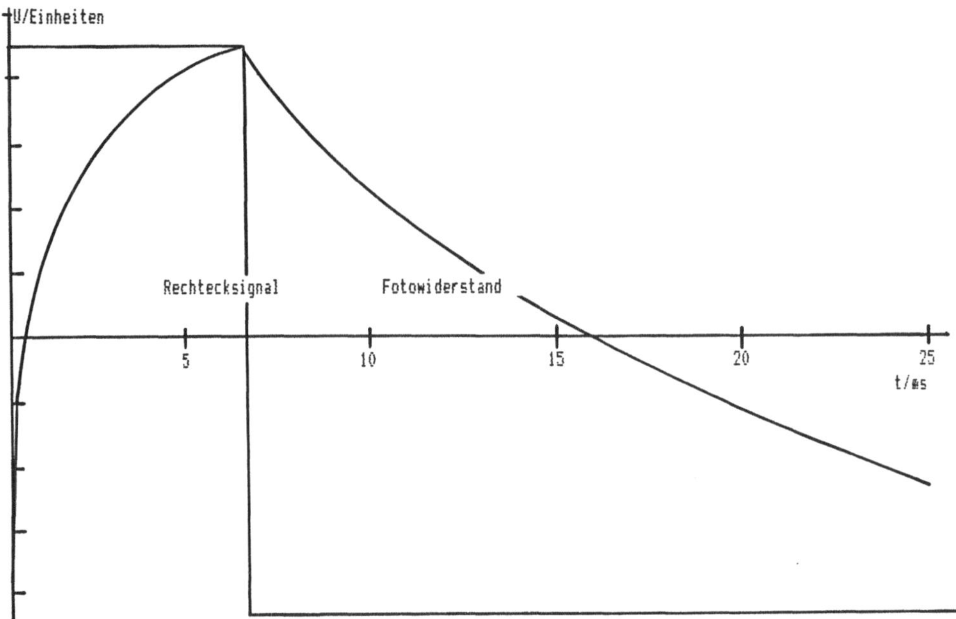

Bild 6.7   Fotowiderstand und Rechtecksignal

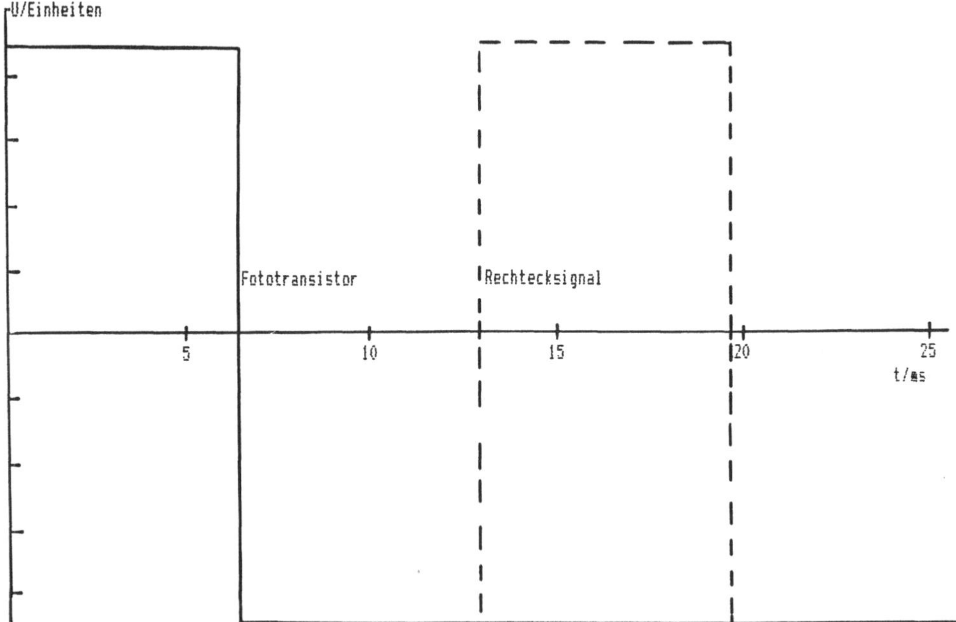

Bild 6.8   Fototransistor und Rechtecksignal

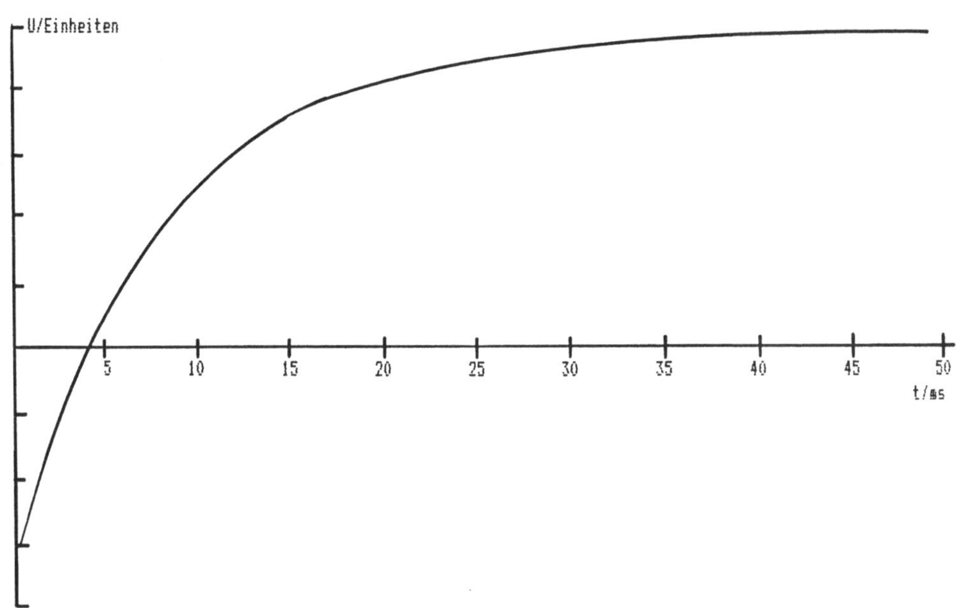

Bild 6.9   Verhalten einer Taschenlampe

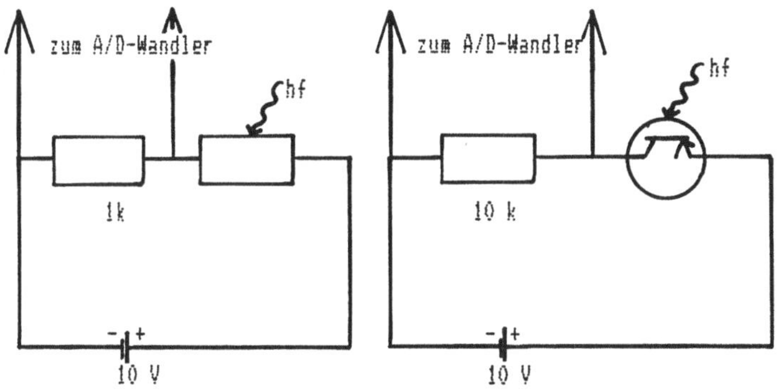

Bild 6.10   Schaltung Fotowiderstand und Fototransistor

6.10 Morsen mit Textausgabe

Den Morsefreunden dient das nächste Programm. Mit
seiner Hilfe läßt sich für Anfänger das Gemorste leicht
überprüfen. Er kann so Fehler schnell erkennen. Für den
Fortgeschrittenen liefert es den Morsetext auf Papier oder
in einen Datenfile.

Es bestehen folgende Konventionen: Das Morsealphabet
besteht aus Punkten, Strichen und Pausen. Ein Punkt soll
eine Einheit, ein Strich drei Einheiten, der Abstand zweier
Zeichen soll eine Einheit dauern. Dieses Programm läßt dem
Benutzer einen gewissen Spielraum. Ich definiere:

```
Punkt :  0 - 1 Zeiteinheiten
Strich:  >= 3 Zeiteinheiten
Pause :  0 - 1 Zeiteinheiten
Zeichenabstand:  >= 2 Zeiteinheiten
Wortabstand   :  >= 5 Zeiteinheiten
```

In einem "Testprogramm" kann der Benutzer das Tempo des
Computers seinem eigenen anpassen, indem er einen Satz von
Punkten eingibt, aus dem der Computer dann die mittlere
Länge einer Einheit für den Punkt und getrennt für die
Pause bestimmt. Verbesserungsvorschlag: Bestimmen Sie auch
die Durchschnittszeiten des Benutzers für Striche und Pausen
zwischen den Strichen, die nicht mit denen zwischen den
Punkten identisch sein müssen.

Als Eingabeport dient uns Bit 0 Pin 1. Der Taster wird
mit Ground und Pin 1 verbunden, so daß eine Pause hohem
Pegel und ein Punkt oder Strich niedrigem Pegel entspricht.
Die im Morsealphabet vorkommenden Zeichen sind:

```
a .-          j .---        t -
b -...        k -.-         u ..-
c -.-.        l .-..        v ...-
d -..         m --          w .--
e .           n -.          x -..-
f ..-.        o ---         y -.--
g --.         p .--.        z --..
h ....        q --.-        ä .-.-
i ..          r .-.         ü ..--
              s ...         ö ---.

0 -----       1 .----       2 ..---
3 ...--       4 ....-       5 .....
6 -....       7 --...       8 ---..
9 ----.


Punkt                   .-.-.-
Komma                   --..--
Doppelpunkt             ---...
Bindestrich             -....-
Apostroph               .----.
Klammer                 -.--.-
Fragezeichen            ..--..
Anführungszeichen  .-..-.
```

    Die Zeichen Anführungszeichen, Schluß des Verkehrs, ch
und ausländische Sonderzeichen werden hier nicht benutzt.
Die Zeichen werden im Programm codiert und in einem Array
abgespeichert, wobei der Index dem entspechenden ASCII-
Code entspricht. Hierbei gilt:

Strich : 2
Punkt : 1.

    Der Code wird von hinten aufgebaut, so daß z.B. 1121 .-..
entspricht (das ist ein L).

Üben Sie einmal mit diesem Programm! Solange man einen
langsamen Takt vorlegt, ist alles ganz einfach, aber wenn
man das Tempo steigert.... Der NOTE-Befehl meldet die
nicht gefundenen Zeichen !

Pascal-Programm MORSEN

```
PROGRAM MORSEN;

USES APPLESTUFF;

VAR LAENGE1,LAENGE2,I,J,TIME1,TIME2,SLOT,VIA,
    DATENRICHTUNGSREGISTER,DATENREGISTER:INTEGER;
    WAHL:CHAR;
    GEFUNDEN:BOOLEAN;
    ZAEHLER:REAL;
    Z1,Z2,ZEICHEN:INTEGER[8];
    M:ARRAY[1..64] OF INTEGER[8];

FUNCTION KEYPR:BOOLEAN;EXTERNAL;

PROCEDURE POKE(ADRESSE:INTEGER;WERT:CHAR);EXTERNAL;

FUNCTION PEEK(ADRESSE:INTEGER):INTEGER;EXTERNAL;

PROCEDURE INVERSE;

BEGIN
   WRITE(CHR(154),'3');  (* Bitte an eigene 80-Zeichen- *)
END;                     (* Karte anpassen. *)


PROCEDURE NORMAL;
BEGIN
   WRITE(CHR(154),'2');  (* Bitte an eigene 80-Zeichen- *)
END;                     (* Karte anpassen. *)
```

```
PROCEDURE WERTE1;
BEGIN
    M[1]:=0;M[2]:=122221;M[3]:=0;
    M[4]:=0;M[5]:=0;M[6]:=0;M[7]:=121121;
    M[8]:=212212;M[9]:=0;M[10]:=0;M[11]:=0;
    M[12]:=221122;M[13]:=211112;M[14]:=212121;M[15]:=0;
    M[16]:=22222;M[17]:=22221;M[18]:=22211;M[19]:=22111;
    M[20]:=21111;M[21]:=11111;M[22]:=11112;M[23]:=11122;
    M[24]:=11222;M[25]:=12222;M[26]:=111222;M[27]:=0;
    M[28]:=0;M[29]:=0;M[30]:=0;M[31]:=112211;M[32]:=0;
END;

PROCEDURE WERTE2;
BEGIN
    M[33]:=21;M[34]:=1112;M[35]:=1212;M[36]:=112;
    M[37]:=1;M[38]:=1211;M[39]:=122;M[40]:=1111;
    M[41]:=11;M[42]:=2221;M[43]:=212;M[44]:=1121;
    M[45]:=22;M[46]:=12;M[47]:=222;M[48]:=1221;
    M[49]:=2122;M[50]:=121;M[51]:=111;M[52]:=2;
    M[53]:=211;M[54]:=2111;M[55]:=221;M[56]:=2112;
    M[57]:=2212;M[58]:=1122;M[59]:=2121;M[60]:=1222;
    M[61]:=2211;M[62]:=0;M[63]:=0;M[64]:=0;
END;

PROCEDURE UEBEN;
BEGIN
    WRITE(CHR(12));
    INVERSE;
    WRITE(' Paralleles Interface      Morsen      ');
    NORMAL;
    GOTOXY(0,5);
    WRITE('Geben Sie bitte fuer einige Sekunden ');
    WRITELN('regelmaessig Punkte ein.');
    J:=0;
    TIME1:=0;
```

```
    TIME2:=0;
    REPEAT UNTIL PEEK(DATENREGISTER) MOD 2=0;
    REPEAT
        J:=J+1;
        REPEAT
           TIME1:=TIME1+1;
        UNTIL PEEK(DATENREGISTER) MOD 2=1;
        REPEAT
           TIME2:=TIME2+1;
        UNTIL PEEK(DATENREGISTER) MOD 2=0;
    UNTIL J=10;
    LAENGE1:=ROUND(TIME1/(2*J));
    LAENGE2:=ROUND(TIME2/(2*J));
    GOTOXY(0,10);
    FOR J:=10 TO 20 DO NOTE(J,J);
    WRITELN('Danke !   Bitte Taste drücken. ');
    GOTOXY(0,15);
    WRITE('Soll - Takt : Druck 20 Zeiteinheiten');
    WRITELN('   Leer 30 Zeiteinheiten');
    WRITELN;
    WRITE('Ihr Takt    : Druck',LAENGE1:3,' Zeitein');
    WRITELN('heiten    Leer',LAENGE2:3,' Zeiteinheiten');
    GOTOXY(0,20);
    WRITE('===> ');
    REPEAT UNTIL KEYPR;
END;


PROCEDURE MORS;
BEGIN
    WRITE(CHR(12));
    INVERSE;
    WRITE(' Paralleles Interface     Morsen     ');
    NORMAL;
    REPEAT
       ZAEHLER:=0.001;
```

```
      ZEICHEN:=0;
      REPEAT UNTIL PEEK(DATENREGISTER) MOD 2=0;
      REPEAT
         TIME1:=0;
         ZAEHLER:=ZAEHLER*10;
         REPEAT
           TIME1:=TIME1+1;
         UNTIL PEEK(DATENREGISTER) MOD 2=1;
         TIME2:=0;
         REPEAT
           TIME2:=TIME2+1;
         UNTIL (PEEK(DATENREGISTER) MOD 2=0)
         OR (TIME2>5*LAENGE2);
         IF ZAEHLER<100 THEN Z1:=ROUND(100*ZAEHLER);
         IF ZAEHLER>=100 THEN
         BEGIN
            Z1:=ROUND(ZAEHLER);
            Z1:=100*Z1;
         END;
         Z2:=2*Z1;
         IF TIME1<3*LAENGE1 THEN ZEICHEN:=ZEICHEN+Z1
         ELSE ZEICHEN:=ZEICHEN+Z2;
      UNTIL (TIME2>2*LAENGE2) OR (ZAEHLER>1000);
      GEFUNDEN:=FALSE;J:=0;
      REPEAT J:=J+1;
         IF ZEICHEN=M[J] THEN
         BEGIN
            WRITE(CHR(J+32));
            GEFUNDEN:=TRUE;
         END;
      UNTIL (J=64) OR GEFUNDEN;
      IF NOT GEFUNDEN THEN NOTE(10,10);
      IF TIME2>5*LAENGE2 THEN WRITE(' ');
   UNTIL KEYPR;
END;
```

```
BEGIN
   WERTE1;WERTE2;
   LAENGE1:=20;LAENGE2:=30;
   SLOT:=2;VIA:=-16256+16*SLOT;
   DATENRICHTUNGSREGISTER:=VIA+3;
   DATENREGISTER:=VIA+1;
   POKE(DATENRICHTUNGSREGISTER,CHR(0));
   REPEAT
      WRITE(CHR(12));INVERSE;
      WRITE(' Paralleles Interface      Morsen      ');
      NORMAL;GOTOXY(0,10);
      WRITELN('0 - Ende');WRITELN;
      WRITELN('1 - Takt bestimmen');
      WRITELN;
      WRITELN('2 - Morsen');
      REPEAT
         GOTOXY(0,20);
         WRITE('===> ');
         READ(WAHL);
      UNTIL (WAHL>='0') AND (WAHL<='2');
      IF WAHL='1' THEN UEBEN;
      IF WAHL='2' THEN MORS;
   UNTIL WAHL='0';
END.
```

Wir haben bis jetzt den Port A entweder strikt als
Eingangs- oder Ausgangsport benutzt. Mit seinen 8 Bits
könnten wir jeweils 8 Eingangs- oder 8 Ausgangsleitungen
kontrollieren. Nimmt man 4 Bits des zweiten Ausgangsports
B, über den der VIA 6522 noch verfügt, hinzu, so kann man
über 12 Datenleitungen verfügen. Da in vielen Schaltungen
des VIA 6522 einige Leitungen des Ports B für weitere
Funktionen benutzt werden, wollen wir nur über die Bits 0
bis 3 verfügen und werden sie als Bit 8 bis Bit 11
bezeichnen.

7 Die parallele Schnittstelle als Ein- und Ausgangsport

7.1 Ein IC-Tester für 14-polige ICs

Wir werden uns bei diesem Programm auf "Gates" beschränken. Flipflops und Zähler sollen jeweils eine eigene
Gruppe bilden. Das Programm arbeitet nach folgendem
Prinzip: Die Eingänge der Gates werden durch die parallele
Schnittstelle auf einen bestimmten Wert gesetzt. Dann
werden die Ausgänge abgefragt und mit den Soll-Werten
verglichen. Beschädigte Gates werden angegeben.
Nacheinander spielt der Computer alle möglichen Zustände
für die Eingänge durch.

Der 14-polige IC-Sockel sollte mit einem 25-poligen
Stecker Min-D verbunden werden:

IC - Sockel	Port A		Port B	
Pin 1	Pin 1	Bit 0		
Pin 2	Pin 2	Bit 1		
Pin 3	Pin 3	Bit 2		
Pin 4	Pin 4	Bit 3		
Pin 5	Pin 5	Bit 4		
Pin 6	Pin 6	Bit 5		
Pin 7	Pin 21	Ground		
Pin 8	Pin 7	Bit 6		
Pin 9	Pin 8	Bit 7		
Pin 10			Pin 11	Bit 8
Pin 11			Pin 12	Bit 9
Pin 12			Pin 13	Bit 10
Pin 13			Pin 14	Bit 11
Pin 14	Pin 25	+5 V		

Ich möchte die verschiedenen Programme am Beispiel des
SN 7400 beschreiben. Für weitere ICs möge sich der Leser
die Wahrheitstafeln selber schreiben. Der SN 7400 enthält 4
NAND-Gates. Das erste Gate hat die Pins 1 und 2 als Eingänge
und Pin 3 als Ausgang. Zuerst werden die Datenbits 0 und 1
als Ausgänge mit dem Wert 0 definiert, Bit 2 als Eingang
wird gelesen. Dieses Bit muß den Wert 1 haben, andernfalls
ist das Gate zerstört. Es gibt insgesamt 4 Fälle. Ist
einer der Fälle nicht wahr, so ist das Gate zerstört.

```
Ausgänge           Eingang
Bit 0    Bit 1     Bit2
----------------------------
0        0         1
0        1         1
1        0         1
1        1         0
```

Diese Wahrheitstafel muß für alle 4 Gates erfüllt sein:

```
Ausgänge Eing. Ausgänge Eing.  Ausgänge Eing. Ausgänge Eing.
Bit0 Bit1 Bit2 Bit3 Bit4 Bit5  Bit6 Bit7 Bit8 Bit9 B.10 B.11
--------------- --------------- --------------- ---------------
0    0    1    0    0    1     0    0    1    0    0    1
0    1    1    0    1    1     0    1    1    0    1    1
1    0    1    1    0    1     1    0    1    1    0    1
1    1    0    1    1    0     1    1    0    1    1    0
```

Das Programm fragt die Eingangsleitungen bei den entsprechenden Pegeln der Ausgangsleitungen auf diese Werte ab
und entscheidet dann, ob das IC in Ordnung ist.

Beachten Sie bitte: wenn die Anschlüsse fest verdrahtet
sind, dürfen Sie nur solche ICs nehmen, deren Masse an Pin
7 und deren Versorgungsspannung an Pin 14 liegen.

Pascal-Programm ICTESTER

```
PROGRAM ICTESTER;

VAR WAHL:CHAR;
    LAUF,I,J,K,L,M,N,
    SLOT,VIA,
    DATRICHA,DATRICHB,
    DATENA,DATENB:INTEGER;
    INV1,INV2,INV3,INV4,INV5,INV6,
    GATE1,GATE2,GATE3,GATE4:BOOLEAN;


FUNCTION KEYPR:BOOLEAN;EXTERNAL;


PROCEDURE POKE(ADRESSE:INTEGER;WERT:CHAR);EXTERNAL;


FUNCTION PEEK(ADRESSE:INTEGER):INTEGER;EXTERNAL;


PROCEDURE INVERSE;
BEGIN
   WRITE(CHR(154),'3'); (* Bitte an eigene 80-Zeichen- *)
END;                    (* Karte anpassen. *)


PROCEDURE NORMAL;
BEGIN
   WRITE(CHR(154),'2'); (* Bitte an eigene 80-Zeichen- *)
END;                    (* Karte anpassen. *)


PROCEDURE OUTPUT(WERT1,WERT2,WERT3,WERT4:INTEGER);
BEGIN
   POKE(DATRICHA,CHR(WERT1));
   POKE(DATENA,CHR(WERT2));
   POKE(DATRICHB,CHR(WERT3));
   POKE(DATENB,CHR(WERT4));
END;
```

```pascal
FUNCTION BIT(PIN:INTEGER):BOOLEAN;
VAR II,JJ:INTEGER;
BEGIN
   BIT:=FALSE;GOTOXY(0,5);
   II:=PEEK(DATENA);JJ:=PEEK(DATENB) MOD 16;
   CASE PIN OF 1:IF II MOD 2>=1 THEN BIT:=TRUE;
               2:IF II MOD 4>=2 THEN BIT:=TRUE;
               3:IF II MOD 8>=4 THEN BIT:=TRUE;
               4:IF II MOD 16>=8 THEN BIT:=TRUE;
               5:IF II MOD 32>=16 THEN BIT:=TRUE;
               6:IF II MOD 64>=32 THEN BIT:=TRUE;
               8:IF II MOD 128>=64 THEN BIT:=TRUE;
               9:IF II>=128 THEN BIT:=TRUE;
               10:IF JJ MOD 2>=1 THEN BIT:=TRUE;
               11:IF JJ MOD 4>=2 THEN BIT:=TRUE;
               12:IF JJ MOD 8>=4 THEN BIT:=TRUE;
               13:IF JJ>=8 THEN BIT:=TRUE;
   END;
END;


PROCEDURE A(GATES:INTEGER);
BEGIN
   CASE GATES OF
      1:WRITELN('Gate 1 mit Pin 1,2,3 ist defekt.');
      2:WRITELN('Gate 2 mit Pin 4,5,6 ist defekt.');
      3:WRITELN('Gate 3 mit Pin 8,9,10 ist defekt.');
      4:WRITELN('Gate 4 mit Pin 11,12,13 ist defekt.');
      5:BEGIN
          INVERSE;
          WRITE('Der Chip ist mit allen ');
          WRITELN('vier Gates in Ordnung.');
          NORMAL;
        END;
   END;
END;
```

```pascal
PROCEDURE B(INVER:INTEGER);
BEGIN
    CASE INVER OF
        1:WRITELN('Stufe 1 mit Pin 1 und 2 ist defekt.');
        2:WRITELN('Stufe 2 mit Pin 3 und 4 ist defekt.');
        3:WRITELN('Stufe 3 mit Pin 5 und 6 ist defekt.');
        4:WRITELN('Stufe 4 mit Pin 8 und 9 ist defekt.');
        5:WRITELN('Stufe 5 mit Pin 10 und 11 ist defekt.');
        6:WRITELN('Stufe 6 mit Pin 12 und 13 ist defekt.');
        7:BEGIN
            INVERSE;
            WRITE('Der Chip ist mit allen ');
            WRITELN('sechs Stufen in Ordnung.');
            NORMAL;
          END;
    END;
END;


PROCEDURE C(GATES:INTEGER);
BEGIN
    CASE GATES OF
        1:WRITELN('Gate 1 mit Pin 3,4,5,6 ist defekt.');
        2:WRITELN('Gate 2 mit Pin 8,9,10,11 ist defekt.');
        3:WRITELN('Gate 3 mit Pin 1,2,12,13 ist defekt.');
        4:BEGIN
            INVERSE;
            WRITE('Der Chip ist mit allen ');
            WRITELN('drei Gates in Ordnung.');
            NORMAL;
          END;
    END;
END;
```

```
PROCEDURE D(GATES:INTEGER);
BEGIN
   CASE GATES OF
      1:WRITELN('Gate 1 mit Pin 1,2,4,5,6 ist defekt.');
      2:WRITELN('Gate 2 mit Pin 8,9,10,12,13 ist defekt.');
      3:BEGIN
         INVERSE;
         WRITE('Der Chip ist mit beiden');
         WRITELN(' Gates in Ordnung.');
         NORMAL;
       END;
   END;
END;


PROCEDURE SN7400;


PROCEDURE FEHLER1;
BEGIN
   IF NOT BIT(3) THEN GATE1:=FALSE;
   IF NOT BIT(6) THEN GATE2:=FALSE;
   IF NOT BIT(8) THEN GATE3:=FALSE;
   IF NOT BIT(11) THEN GATE4:=FALSE;
END;


BEGIN
   WRITE(CHR(12));
   INVERSE;
   WRITE(' IC - Tester SN 7400, SN 7403, ');
   WRITELN('SN 7426, SN 7437 und SN 7438');
   NORMAL;
   WRITE('Vier NAND - Gatter  Pin 1,2,4,5,9,10,12,13 ');
   WRITELN('Eingänge Pin 3,6,8,11 Ausgänge');
   OUTPUT(155,0,13,0); (* NOT(0 AND 0) *)
   FEHLER1;
   OUTPUT(155,155,13,13); (* NOT(1 AND 1) *)
```

```
   IF BIT(3)  THEN GATE1:=FALSE;
   IF BIT(6)  THEN GATE2:=FALSE;
   IF BIT(8)  THEN GATE3:=FALSE;
   IF BIT(11) THEN GATE4:=FALSE;
   OUTPUT(155,9,13,9); (* NOT(1 AND 0) *)
   FEHLER1;
   OUTPUT(155,146,13,4); (* NOT(0 AND 1) *)
   FEHLER1;
   IF GATE1 AND GATE2 AND GATE3 AND GATE4 THEN A(5);
   IF NOT GATE1 THEN A(1);
   IF NOT GATE2 THEN A(2);
   IF NOT GATE3 THEN A(3);
   IF NOT GATE4 THEN A(4);
END;


PROCEDURE SN7401;


PROCEDURE FEHLER2;
BEGIN
   IF NOT BIT(1)  THEN GATE1:=FALSE;
   IF NOT BIT(4)  THEN GATE2:=FALSE;
   IF NOT BIT(10) THEN GATE3:=FALSE;
   IF NOT BIT(13) THEN GATE4:=FALSE;
END;


BEGIN
   WRITE(CHR(12));
   INVERSE;
   WRITELN('            IC - Tester SN 7401                ');
   NORMAL;
   WRITE('Vier NAND - Gatter  Pin 2,3,5,6,8,9,11,12 ');
   WRITELN('Eingänge Pin 1,4,10,13 Ausgänge');
   OUTPUT(246,0,6,0); (* NOT(0 AND 0) *)
   FEHLER2;
   OUTPUT(246,246,6,6); (* NOT(1 AND 1) *)
```

```
      IF BIT(1) THEN GATE1:=FALSE;
      IF BIT(4) THEN GATE2:=FALSE;
      IF BIT(10) THEN GATE3:=FALSE;
      IF BIT(13) THEN GATE4:=FALSE;
      OUTPUT(246,146,6,4); (* NOT(1 AND 0) *)
      FEHLER2;
      OUTPUT(246,100,6,2); (* NOT(0 AND 1) *)
      FEHLER2;
      IF GATE1 AND GATE2 AND GATE3 AND GATE4 THEN A(5);
      IF NOT GATE1 THEN A(1);
      IF NOT GATE2 THEN A(2);
      IF NOT GATE3 THEN A(3);
      IF NOT GATE4 THEN A(4);
END;


PROCEDURE SN7402;


PROCEDURE FEHLER3;
BEGIN
   IF BIT(1) THEN GATE1:=FALSE;
   IF BIT(4) THEN GATE2:=FALSE;
   IF BIT(10) THEN GATE3:=FALSE;
   IF BIT(13) THEN GATE4:=FALSE;
END;


BEGIN
   WRITE(CHR(12));
   INVERSE;
   WRITE('      IC - Tester SN 7402, ');
   WRITELN('SN 7428 und SN 7433      ');
   NORMAL;
   WRITE('Vier NOR - Gatter  Pin 2,3,5,6,8,9,11,12 ');
   WRITELN('Eingänge Pin 1,4,10,13 Ausgänge');
   OUTPUT(246,0,6,0); (* NOT(0 OR 0) *)
   IF NOT BIT(1) THEN GATE1:=FALSE;
```

```
  IF NOT BIT(4) THEN GATE2:=FALSE;
  IF NOT BIT(10) THEN GATE3:=FALSE;
  IF NOT BIT(13) THEN GATE4:=FALSE;
  OUTPUT(246,246,6,6); (* NOT(1 OR 1) *)
  FEHLER3;
  OUTPUT(246,146,6,4); (* NOT(1 OR 0) *)
  FEHLER3;
  OUTPUT(246,100,6,2); (* NOT(0 OR 1) *)
  FEHLER3;
  IF GATE1 AND GATE2 AND GATE3 AND GATE4 THEN A(5);
  IF NOT GATE1 THEN A(1);
  IF NOT GATE2 THEN A(2);
  IF NOT GATE3 THEN A(3);
  IF NOT GATE4 THEN A(4);
END;

PROCEDURE SN7404;
BEGIN
  WRITE(CHR(12));
  INVERSE;
  WRITE('  IC - Tester SN 7404, ');
  WRITELN('SN 7405, SN 7406, SN 7416          ');
  NORMAL;
  WRITE('Sechs Inverter  Pin 1,3,5,9,11,13 ');
  WRITELN('Eingänge Pin 2,4,6,8,10,12 Ausgänge');
  OUTPUT(149,149,10,10); (* INV(1) *)
  IF BIT(2) THEN INV1:=FALSE;
  IF BIT(4) THEN INV2:=FALSE;
  IF BIT(6) THEN INV3:=FALSE;
  IF BIT(8) THEN INV4:=FALSE;
  IF BIT(10) THEN INV5:=FALSE;
  IF BIT(12) THEN INV6:=FALSE;
  OUTPUT(149,0,10,0); (* INV(0) *)
  IF NOT BIT(2) THEN INV1:=FALSE;
  IF NOT BIT(4) THEN INV2:=FALSE;
```

```
   IF NOT BIT(6) THEN INV3:=FALSE;
   IF NOT BIT(8) THEN INV4:=FALSE;
   IF NOT BIT(10) THEN INV5:=FALSE;
   IF NOT BIT(12) THEN INV6:=FALSE;
   IF INV1 AND INV2 AND INV3 AND INV4
   AND INV5 AND INV6 THEN B(7);
   IF NOT INV1 THEN B(1);
   IF NOT INV2 THEN B(2);
   IF NOT INV3 THEN B(3);
   IF NOT INV4 THEN B(4);
   IF NOT INV5 THEN B(5);
   IF NOT INV6 THEN B(6);
END;


PROCEDURE SN7407;
BEGIN
   WRITE(CHR(12));
   INVERSE;
   WRITE('              IC - Tester SN ');
   WRITELN('7407 und SN 7417            ');
   NORMAL;
   WRITE('Sechs Treiber  Pin 1,3,5,9,11,13 ');
   WRITELN('Eingänge Pin 2,4,6,8,10,12 Ausgänge');
   OUTPUT(149,149,10,10); (* 1 *)
   IF NOT BIT(2) THEN INV1:=FALSE;
   IF NOT BIT(4) THEN INV2:=FALSE;
   IF NOT BIT(6) THEN INV3:=FALSE;
   IF NOT BIT(8) THEN INV4:=FALSE;
   IF NOT BIT(10) THEN INV5:=FALSE;
   IF NOT BIT(12) THEN INV6:=FALSE;
   OUTPUT(149,0,10,0); (* 0 *)
   IF BIT(2) THEN INV1:=FALSE;
   IF BIT(4) THEN INV2:=FALSE;
   IF BIT(6) THEN INV3:=FALSE;
   IF BIT(8) THEN INV4:=FALSE;
```

```
      IF BIT(10) THEN INV5:=FALSE;
      IF BIT(12) THEN INV6:=FALSE;
      IF INV1 AND INV2 AND INV3 AND INV4
      AND INV5 AND INV6 THEN B(7);
      IF NOT INV1 THEN B(1);
      IF NOT INV2 THEN B(2);
      IF NOT INV3 THEN B(3);
      IF NOT INV4 THEN B(4);
      IF NOT INV5 THEN B(5);
      IF NOT INV6 THEN B(6);
END;


PROCEDURE SN7408;


PROCEDURE FEHLER4;
BEGIN
   IF BIT(3) THEN GATE1:=FALSE;
   IF BIT(6) THEN GATE2:=FALSE;
   IF BIT(8) THEN GATE3:=FALSE;
   IF BIT(11) THEN GATE4:=FALSE;
END;


BEGIN
   WRITE(CHR(12));
   INVERSE;
   WRITE('          IC - Tester SN 7408 ');
   WRITELN('und SN 7409      ');
   NORMAL;
   WRITE('Vier AND - Gatter  Pin 1,2,4,5,9,10,12,13 ');
   WRITELN('Eingänge Pin 3,6,8,11 Ausgänge');
   OUTPUT(155,0,13,0); (* 0 AND 0 *)
   FEHLER4;
   OUTPUT(155,155,13,13); (* 1 AND 1 *)
   IF NOT BIT(3) THEN GATE1:=FALSE;
   IF NOT BIT(6) THEN GATE2:=FALSE;
```

```
   IF NOT BIT(8) THEN GATE3:=FALSE;
   IF NOT BIT(11) THEN GATE4:=FALSE;
   OUTPUT(155,9,13,9); (* 1 AND 0 *)
   FEHLER4;
   OUTPUT(155,146,13,4); (* 0 AND 1 *)
   FEHLER4;
   IF GATE1 AND GATE2 AND GATE3 AND GATE4 THEN A(5);
   IF NOT GATE1 THEN A(1);
   IF NOT GATE2 THEN A(2);
   IF NOT GATE3 THEN A(3);
   IF NOT GATE4 THEN A(4);
END;


PROCEDURE SN7410;

PROCEDURE FEHLER5;
BEGIN
   IF NOT BIT(6) THEN GATE1:=FALSE;
   IF NOT BIT(8) THEN GATE2:=FALSE;
   IF NOT BIT(12) THEN GATE3:=FALSE;
END;

BEGIN
   WRITE(CHR(12));
   INVERSE;
   WRITE('          IC - Tester ');
   WRITELN('SN 7410 und SN 7412      ');
   NORMAL;
   WRITE('Drei NAND - Gatter  Pin 1,2,3,4,5,9,10,11,13 ');
   WRITELN('Eingänge Pin 6,8,12 Ausgänge');
   OUTPUT(159,0,11,0); (* NOT(0 AND 0 AND 0) *)
   FEHLER5;
   OUTPUT(159,18,11,2); (* NOT(0 AND 0 AND 1) *)
   FEHLER5;
```

```
   OUTPUT(159,9,11,1); (* NOT(0 AND 1 AND 0) *)
   FEHLER5;
   OUTPUT(159,132,11,8); (* NOT(1 AND 0 AND 0) *)
   FEHLER5;
   OUTPUT(159,27,11,3); (* NOT(0 AND 1 AND 1) *)
   FEHLER5;
   OUTPUT(159,141,11,9); (* NOT(1 AND 1 AND 0) *)
   FEHLER5;
   OUTPUT(159,150,11,10); (* NOT(1 AND 0 AND 1) *)
   FEHLER5;
   OUTPUT(159,159,11,11); (* NOT(1 AND 1 AND 1) *)
   IF BIT(6) THEN GATE1:=FALSE;
   IF BIT(8) THEN GATE2:=FALSE;
   IF BIT(12) THEN GATE3:=FALSE;
   IF GATE1 AND GATE2 AND GATE3 THEN C(4);
   IF NOT GATE1 THEN C(1);
   IF NOT GATE2 THEN C(2);
   IF NOT GATE3 THEN C(3);
END;


PROCEDURE SN7415;


PROCEDURE FEHLER6;
BEGIN
   IF BIT(6) THEN GATE1:=FALSE;
   IF BIT(8) THEN GATE2:=FALSE;
   IF BIT(12) THEN GATE3:=FALSE;
END;


BEGIN
   WRITE(CHR(12));
   INVERSE;
   WRITELN('            IC - Tester SN 7415          ');
   NORMAL;
   WRITE('Drei AND - Gatter  Pin 1,2,3,4,5,9,10,11,13 ');
```

```pascal
    WRITELN('Eingänge Pin 6,8,12 Ausgänge');
    OUTPUT(159,0,11,0); (* 0 AND 0 AND 0 *)
    FEHLER6;
    OUTPUT(159,18,11,2); (* 0 AND 0 AND 1 *)
    FEHLER6;
    OUTPUT(159,9,11,1); (* 0 AND 1 AND 0 *)
    FEHLER6;
    OUTPUT(159,132,11,8); (* 1 AND 0 AND 0 *)
    FEHLER6;
    OUTPUT(159,27,11,3); (* 0 AND 1 AND 1 *)
    FEHLER6;
    OUTPUT(159,141,11,9); (* 1 AND 1 AND 0 *)
    FEHLER6;
    OUTPUT(159,150,11,10); (* 1 AND 0 AND 1 *)
    FEHLER6;
    OUTPUT(159,159,11,11); (* 1 AND 1 AND 1 *)
    IF NOT BIT(6) THEN GATE1:=FALSE;
    IF NOT BIT(8) THEN GATE2:=FALSE;
    IF NOT BIT(12) THEN GATE3:=FALSE;
    IF GATE1 AND GATE2 AND GATE3 THEN C(4);
    IF NOT GATE1 THEN C(1);
    IF NOT GATE2 THEN C(2);
    IF NOT GATE3 THEN C(3);
END;


PROCEDURE SN7420;


PROCEDURE FEHLER7;
BEGIN
    IF NOT BIT(6) THEN GATE1:=FALSE;
    IF NOT BIT(8) THEN GATE2:=FALSE;
END;
```

```pascal
BEGIN
    WRITE(CHR(12));
    INVERSE;
    WRITE('       IC - Tester SN 7420, ');
    WRITELN('SN 7422 und SN 7440     ');
    NORMAL;
    WRITE('Zwei AND - Gatter  Pin 1,2,4,5,9,10,12,13 ');
    WRITELN('Eingänge Pin 6,8 Ausgänge');
    OUTPUT(155,0,13,0); (* NOT( 0 AND 0 AND 0 AND 0) *)
    FEHLER7;
    OUTPUT(155,144,13,0); (* NOT( 0 AND 0 AND 0 AND 1 ) *)
    FEHLER7;
    OUTPUT(155,8,13,1); (* NOT( 0 AND 0 AND 1 AND 0 ) *)
    FEHLER7;
    OUTPUT(155,2,13,4); (* NOT( 0 AND 1 AND 0 AND 0 ) *)
    FEHLER7;
    OUTPUT(155,1,13,8); (* NOT( 1 AND 0 AND 0 AND 0 ) *)
    FEHLER7;
    OUTPUT(155,152,13,1); (* NOT( 0 AND 0 AND 1 AND 1 ) *)
    FEHLER7;
    OUTPUT(155,156,13,4); (* NOT( 0 AND 1 AND 0 AND 1 ) *)
    FEHLER7;
    OUTPUT(155,145,13,8); (* NOT( 1 AND 0 AND 0 AND 1 ) *)
    FEHLER7;
    OUTPUT(155,10,13,5); (* NOT( 0 AND 1 AND 1 AND 0 ) *)
    FEHLER7;
    OUTPUT(155,9,13,9); (* NOT( 1 AND 0 AND 1 AND 0 ) *)
    FEHLER7;
    OUTPUT(155,3,13,12); (* NOT( 1 AND 1 AND 0 AND 0 ) *)
    FEHLER7;
    OUTPUT(155,154,13,5); (* NOT( 0 AND 1 AND 1 AND 1 ) *)
    FEHLER7;
    OUTPUT(155,153,13,9); (* NOT( 1 AND 0 AND 1 AND 1 ) *)
    FEHLER7;
    OUTPUT(155,147,13,12); (* NOT( 1 AND 1 AND 0 AND 1 ) *)
    FEHLER7;
    OUTPUT(155,11,13,13); (* NOT( 1 AND 1 AND 1 AND 0 ) *)
```

```
      FEHLER7;
      OUTPUT(155,155,13,13); (* NOT( 1 AND 1 AND 1 AND 1 ) *)
      IF BIT(6) THEN GATE1:=FALSE;
      IF BIT(8) THEN GATE2:=FALSE;
      IF GATE1 AND GATE2  THEN D(3);
      IF NOT GATE1 THEN D(1);
      IF NOT GATE2 THEN D(2);
END;


PROCEDURE SN7427;


PROCEDURE FEHLER8;
BEGIN
      IF BIT(6) THEN GATE1:=FALSE;
      IF BIT(8) THEN GATE2:=FALSE;
      IF BIT(12) THEN GATE3:=FALSE;
END;


BEGIN
      WRITE(CHR(12));
      INVERSE;
      WRITELN('          IC - Tester SN 7427            ');
      NORMAL;
      WRITE('Drei NOR - Gatter  Pin 1,2,3,4,5,9,10,11,13 ');
      WRITELN('Eingänge Pin 6,8,12 Ausgänge');
      OUTPUT(159,0,11,0); (* NOT(0 OR 0 OR 0) *)
      IF NOT BIT(6) THEN GATE1:=FALSE;
      IF NOT BIT(8) THEN GATE2:=FALSE;
      IF NOT BIT(12) THEN GATE3:=FALSE;
      OUTPUT(159,18,11,2); (* NOT(0 OR 0 OR 1) *)
      FEHLER8;
      OUTPUT(159,9,11,1); (* NOT(0 OR 1 OR 0) *)
      FEHLER8;
      OUTPUT(159,132,11,8); (* NOT(1 OR 0 OR 0) *)
      FEHLER8;
```

```
   OUTPUT(159,27,11,3); (* NOT(0 OR 1 OR 1) *)
   FEHLER8;
   OUTPUT(159,141,11,9); (* NOT(1 OR 1 OR 0) *)
   FEHLER8;
   OUTPUT(159,150,11,10); (* NOT(1 OR 0 OR 1) *)
   FEHLER8;
   OUTPUT(159,159,11,11); (* NOT(1 OR 1 OR 1) *)
   FEHLER8;
   IF GATE1 AND GATE2 AND GATE3 THEN C(4);
   IF NOT GATE1 THEN C(1);
   IF NOT GATE2 THEN C(2);
   IF NOT GATE3 THEN C(3);
END;


PROCEDURE SN7430;
BEGIN
   WRITE(CHR(12));
   INVERSE;
   WRITELN('             IC - Tester SN 7430             ');
   NORMAL;
   WRITE('Acht NOR - Gatter  Pin 1,2,3,4,5,6,11,12 ');
   WRITELN('Eingänge Pin 8 Ausgang');
   WRITELN('Vereinfachte Wahrheitstafel:');
   WRITELN('1 2 3 4 5 6 7 8 Ausgang');
   WRITELN('----------------------');
   WRITELN('0 0 0 0 0 0 0 0  1');
   WRITELN('1 1 1 1 1 1 1 1  0');
   WRITELN;
   OUTPUT(63,0,6,0); (*NOT( achtmal 0 OR 0) *)
   IF NOT BIT(8) THEN GATE1:=FALSE;
   OUTPUT(63,63,6,6); (* NOT( achtmal 1 OR 1) *)
   IF BIT(8) THEN GATE1:=FALSE;
   GOTOXY(0,10);
   IF GATE1 THEN
```

```
BEGIN
    INVERSE;
    WRITELN('Der Chip ist in Ordnung.');
    NORMAL;
  END;
  IF NOT GATE1 THEN
  BEGIN
    INVERSE;
    WRITELN('DER CHIP IST DEFEKT.');
    NORMAL;
  END;
END;


PROCEDURE SN7432;


PROCEDURE FEHLER9;
BEGIN
  IF NOT BIT(3) THEN GATE1:=FALSE;
  IF NOT BIT(6) THEN GATE2:=FALSE;
  IF NOT BIT(8) THEN GATE3:=FALSE;
  IF NOT BIT(11) THEN GATE4:=FALSE;
END;


BEGIN
  WRITE(CHR(12));
  INVERSE;
  WRITELN('        IC - Tester SN 7432            ');
  NORMAL;
  WRITE('Vier OR - Gatter  Pin 1,2,4,5,9,10,12,13 ');
  WRITELN('Eingänge Pin 3,6,8,11 Ausgänge');
  OUTPUT(155,0,13,0); (* NOT(0 AND 0) *)
  IF BIT(3) THEN GATE1:=FALSE;
  IF BIT(6) THEN GATE2:=FALSE;
  IF BIT(8) THEN GATE3:=FALSE;
  IF BIT(11) THEN GATE4:=FALSE;
  OUTPUT(155,155,13,13); (* NOT(1 OR 1) *)
```

```
    FEHLER9;
    OUTPUT(155,9,13,9); (* NOT(1 OR 0) *)
    FEHLER9;
    OUTPUT(155,146,13,4); (* NOT(0 OR 1) *)
    FEHLER9;
    IF GATE1 AND GATE2 AND GATE3 AND GATE4 THEN A(5);
    IF NOT GATE1 THEN A(1);
    IF NOT GATE2 THEN A(2);
    IF NOT GATE3 THEN A(3);
    IF NOT GATE4 THEN A(4);
END;


PROCEDURE WAEHLEN;
BEGIN
    INV1:=TRUE;
    INV2:=TRUE;
    INV3:=TRUE;
    INV4:=TRUE;
    INV5:=TRUE;
    INV6:=TRUE;
    GATE1:=TRUE;
    GATE2:=TRUE;
    GATE3:=TRUE;
    GATE4:=TRUE;
    CASE WAHL OF 'A':SN7400;
                 'B':SN7401;
                 'C':SN7402;
                 'D':SN7400;
                 'E':SN7404;
                 'F':SN7404;
                 'G':SN7404;
                 'H':SN7407;
                 'I':SN7408;
                 'J':SN7408;
```

```
                        'K':SN7410;
                        'L':SN7410;
                        'M':SN7415;
                        'N':SN7404;
                        'O':SN7407;
                        'P':SN7420;
                        'Q':SN7420;
                        'R':SN7400;
                        'S':SN7427;
                        'T':SN7402;
                        'U':SN7430;
                        'V':SN7432;
                        'W':SN7402;
                        'X':SN7400;
                        'Y':SN7400;
                        'Z':SN7420;
    END;
    REPEAT UNTIL KEYPR;
END;

BEGIN
    SLOT:=2;
    VIA:=-16256+16*SLOT;
    DATENB:=VIA;
    DATENA:=VIA+1;
    DATRICHB:=VIA+2;
    DATRICHA:=VIA+3;
    REPEAT
        WRITE(CHR(12));
        INVERSE;
        WRITELN('          IC - Tester                ');
        NORMAL;
        WRITELN;
        WRITELN('Bitte wählen Sie:');
        WRITELN;
```

```
    WRITELN('0 - Ende');
    WRITELN;
    WRITELN('A - SN 7400      J - SN 7409      S - SN 7427');
    WRITELN('B - SN 7401      K - SN 7410      T - SN 7428');
    WRITELN('C - SN 7402      L - SN 7412      U - SN 7430');
    WRITELN('D - SN 7403      M - SN 7415      V - SN 7432');
    WRITELN('E - SN 7404      N - SN 7416      W - SN 7433');
    WRITELN('F - SN 7405      O - SN 7417      X - SN 7437');
    WRITELN('G - SN 7406      P - SN 7420      Y - SN 7438');
    WRITELN('H - SN 7407      Q - SN 7422      Z - SN 7440');
    WRITELN('I - SN 7408      R - SN 7426');
    REPEAT
        GOTOXY(0,23);
        WRITE('===> ');
        READ(WAHL);
    UNTIL (WAHL>='0') OR ((WAHL>='A') AND (WAHL<='Z')) OR
    ((WAHL>='a') and (WAHL<='z'));
    IF ORD(WAHL)>96 THEN WAHL:=CHR(ORD(WAHL)-32);
    IF WAHL<>'0' THEN WAEHLEN;
  UNTIL WAHL='0';
END.
```

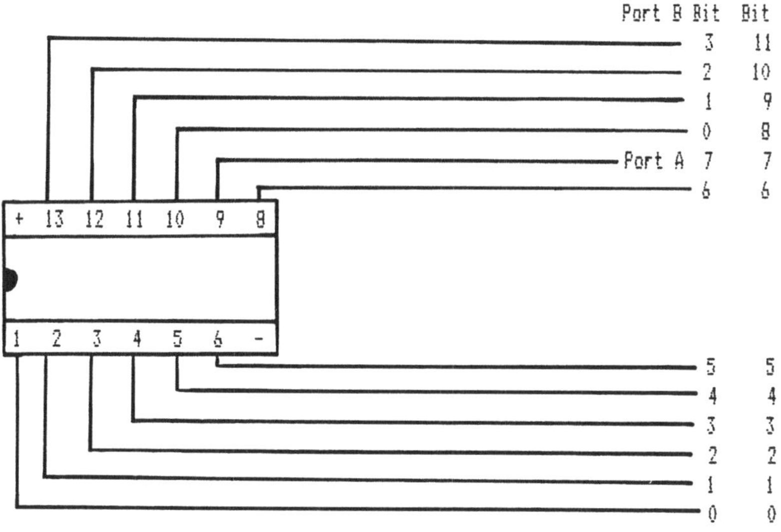

Bild 7.1 Schaltung IC-TESTER

```
Materialliste: 1 IC-Sockel
               1 Gehäuse
               1 25-poliger Stecker
```

Das Programm wurde für 26 ICs zwischen SN 7400 und SN 7440 erstellt, die GATTER sind. Es bieten sich keine Schwierigkeiten, den Tester auf FLIPFLOPs und ZÄHLER zu erweitern. Dies sei dem Leser überlassen. Das folgende Programm läßt uns zwischen diesen drei Baugruppen wählen:

Pascal-Programm ICMENUE

```
PROGRAM ICMENUE;

USES CHAINSTUFF;

VAR WAHL:CHAR;

BEGIN
   WRITE(CHR(12));
   INVERSE;
   WRITELN('          Menükarte IC - Tester          ');
   NORMAL;
   GOTOXY(0,10);
   WRITELN('Bitte wählen Sie:');
   WRITELN;
   WRITELN('0 - Ende');
   WRITELN;
   WRITELN('1 - Gatter');
   WRITELN;
   WRITELN('2 - Zähler');
   WRITELN;
   WRITELN('3 - Flip - Flops');
```

```
REPEAT
    GOTOXY(0,20);
    WRITE('===> ');
    READ(WAHL);
UNTIL (WAHL>='0') AND (WAHL<='3');
IF WAHL='1' THEN SETCHAIN('#5:ICTESTER.CODE');
IF WAHL='2' THEN SETCHAIN('#5:ICTESTER1.CODE');
IF WAHL='3' THEN SETCHAIN('#5:ICTESTER2.CODE');
END.
```

Es wurde angenommen, daß die Programme ICTESTER, ICTESTER1 und ICTESTER2 heißen.

8 Das Multiplexen der parallelen Schnittstelle

8.1 Die Multiplexer SN 74150 und SN 74154

Wenn man mehr Datenleitungen zu verarbeiten hat als die
parallele Schnittstelle enthält (also mehr als 8 Datenleitungen), müssen die Daten nacheinander aus- oder ein-
gegeben werden. Ein solcher Vorgang heißt Multiplexen,
die Bausteine Multiplexer. Die Bausteine SN 74150 und SN
74154 sind preisgünstig (ca. 7,- bzw. 3,50 DM) und können
jeweils 16 Datenleitungen auf eine multiplexen.

Der Multiplexer SN 74150 ist ein 16-Bit-Datenselek-
tor/Multiplexer. Er hat 16 Dateneingänge, 4 Datenselektoren , ein Ausgang und ein STROBE-Eingang. Für den
Ausgang W gilt (S=Strobe, A,B,C,D:Datenselektoren, E0 bis
E15 Dateneingänge):

$$W=nS(nAnBnCnDE0+AnBnCnDE2+nABnCnDE3+nAnBCnDE4+...+ABCDE15)$$

Hierbei bedeuten nA: nicht A etc., + bedeutet die ODER-
Verknüpfung, die Verknüpfung innerhalb einer Gruppe ist
die UND-Verknüpfung. Der STROBE-Eingang wird von uns nicht
benötigt und daher auf 1 gelegt.

Werden die Datenselektoren A,B,C und D auf 0 gelegt,
so wird der Wert von W nur durch den Wert von E0
festgelegt. Für die übrigen Fälle gilt dies entsprechend.
Dieser Multiplexer ist geeignet, 16 Eingangsleitungen
nacheinander auf eine Datenleitung des Eingangsports A zu
legen. Es können also insgesamt acht dieser Multiplexer
angeschlossen und somit 128 Eingangsdatenleitungen
kontrolliert werden. Die Datenselektoren werden durch die
ersten vier Bits des Ports B gesteuert.

Sollen weniger Leitungen gesteuert werden, so gibt es
Chips mit entsprechend weniger Input-Leitungen. Der
SN 74151 ist ein 8-Bit-Multiplexer mit drei Datenselektoren,
der SN 74153 enthält zwei Multiplexer mit jeweils vier Bits,
die durch zwei Datenselektoren ausgewählt werden.

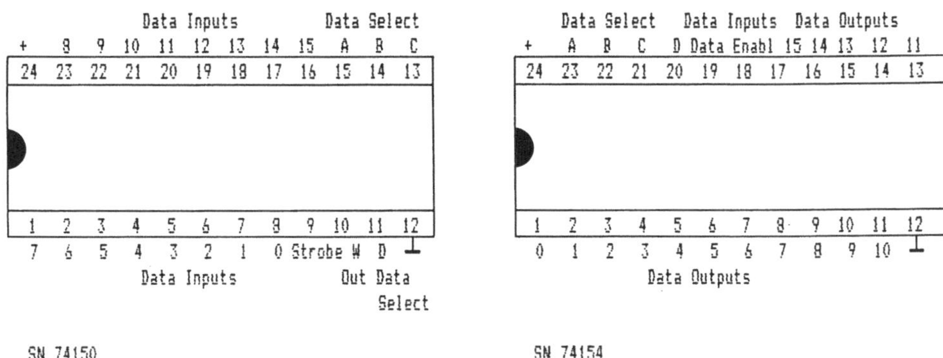

Bild 8.1   Die Multiplexer/Demultiplexer SN74150 und SN74154

Beim vier zu 16 Decoder/Demultiplexer SN 74154 ist es
umgekehrt. Vier Datenselektoren dienen als Eingang. Je nach
ihren Werten wird einer der 16 Ausgänge angesteuert. Der
Normalzustand der Ausgänge ist "high". Wird er angesprochen,
so sinkt der Wert auf "low". Zusätzlich enthält der Chip zwei
Eingänge DATA ENABLE. Liegt dieser Eingang auf "high", so ist
der gesamte Chip außer Funktion gesetzt. Dies ermöglicht
uns folgende Anwendung: Durch die ersten vier Bits des Ports
B werden die Datenselektoren angesteuert. Die acht Bits des
Ports A werden auf den Eingang DATA ENABLE gelegt. Hierdurch
können wir mit acht Chips insgesamt 128 Ausgänge steuern.

8.2 Ansteuern von Sieben-Segment-Anzeigen

Es sollen 16 Sieben-Segment-Anzeigen durch den Rechner
angesteuert werden und auf ihnen Zahlen oder Schriften
angezeigt werden. Die Schriften sollen auch vorwärts- und
rückwärts laufen können. Da diese Anzeigen nur 8 Striche
zulassen, können nicht alle Zeichen dargestellt werden,
denn für normale Zeichen auf dem Bildschirm ist eine
7x9-Matrix mit 63 Punkten vorgesehen.

Die Anzeige sei folgendermaßen bezeichnet:

```
            a

        xxxxxxxxxxx
        x         x
    f   x         x b
        x    g    x
        xxxxxxxxxxx
        x         x
    e   x         x c
        x         x
        xxxxxxxxxx     xx
            d          xx  h
```

Es gibt zwei Arten von Anzeigen: mit gemeinsamer Anode
oder gemeinsamer Katode. In dieser Schaltung werden
Anzeigen mit gemeinsamer Katode benutzt. Nimmt man jedoch
statt der Inverter Treiber und läßt im Ansteuerungsprogramm
die Zeilen mit 255-WERT weg, so können auch Anzeigen mit
gemeinsamer Anode benutzt werden. Wenn Sie kein Datenblatt
besitzen, so können Sie mit einer 5V-Spannungsquelle und
einem Schutzwiderstand von ca. 100 bis 800 Ohm die
Anschlußbelegung überprüfen.

Es sollen 16 Anzeigen angesteuert werden. Es ist nicht
nötig, daß alle Anzeigen gleichzeitig leuchten. Das Auge
ist so träge, daß jede Anzeige nur ca. 25-mal pro Sekunde
leuchtet. Nacheinander werden mit Hilfe des Multiplexers
die Katoden von ihrem Dauerzustand "high" kurzzeitig auf
"low" geschaltet. Dies erfolgt über die ersten vier Bits des
Ports B. Die 8-Bit-Datenleitungen des Ports A werden über
einen Inverter oder Treiber an die acht parallel geschalteten Anschlüsse a bis h gelegt. Nur wenn die einzelnen
Segmente auf "high" und die Katode auf "low" geschaltet sind,
leuchtet diese Anzeige.

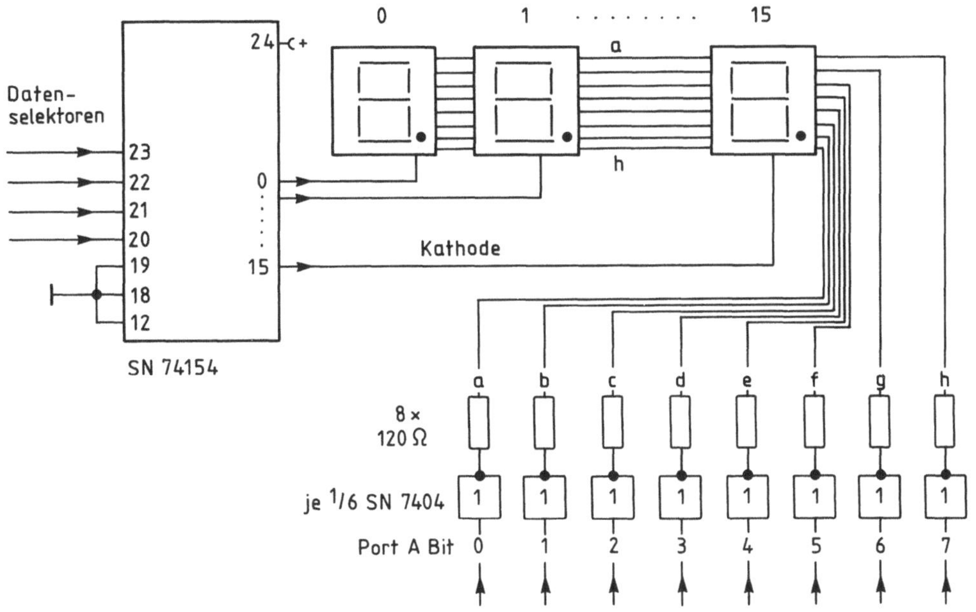

Bild 8.2   Sieben Segmente

Zuordnung der Anzeigen
----

a   Bit 0 Port A
b   Bit 1
c   Bit 2
d   Bit 3
e   Bit 4
f   Bit 5
g   Bit 6
h (Punkt) Bit 7

```
Materialliste: 1 SN 74154
               2 SN 7404
               16 Sieben-Segment-Anzeigen beliebig
                  gemeinsame Katode
               8 Widerstände 120 Ohm
               2 25-polige Stecker
               1 Gehäuse
```

Schalten Sie die 16 Anzeigen "a" parallel, entsprechend
alle "b"s etc. Sie werden mit den Ausgängen von 8 Inver-
tern verbunden, deren Eingänge von den 8 Datenbits des
Ports A gesteuert werden. Die 16 Katoden werden mit den
Ausgängen des Multiplexers SN 74154 verbunden.

Wir wollen zuerst die Schaltung auf ihre richtige
Funktion kontrollieren. Das Testprogramm schaltet
nacheinander langsam alle 8 Punkte der 16 Anzeigen an.

Pascal-Programm SEGTESTER

```
PROGRAM SEGTESTER;

VAR I,L,ZAHL,SLOT,VIA,
    DATRICHA,DATRICHB,DATENA,DATENB:INTEGER;
```

```
PROCEDURE POKE(ADRESSE:INTEGER;WERT:CHAR);EXTERNAL;

FUNCTION KEYPR:BOOLEAN;EXTERNAL;

PROCEDURE INVERSE;
BEGIN
   WRITE(CHR(154),'3'); (* Bitte der eigenen 80-Zeichen- *)
END;                     (* Karte anpassen. *)

PROCEDURE NORMAL;
BEGIN
   WRITE(CHR(154),'2'); (* Bitte der eigenen 80-Zeichen- *)
END;                     (* Karte anpassen. *)

PROCEDURE WAIT;
VAR J:INTEGER;
BEGIN
   FOR J:=1 TO 500 DO;
END;

BEGIN
   SLOT:=2;
   VIA:=-16256+16*SLOT;
   DATENB:=VIA;
   DATENA:=VIA+1;
   DATRICHB:=VIA+2;
   DATRICHA:=VIA+3;
   POKE(DATRICHA,CHR(255));
   POKE(DATRICHB,CHR(15));  (* Ausgabeport Bit 0 bis Bit 3 *)
   WRITE(CHR(12));
   INVERSE;
   WRITELN('           Segment - Tester            ');
   NORMAL;
   GOTOXY(0,10);
   WRITE('Ende = Taste drücken.');
```

```
REPEAT
  ZAHL:=1;
  FOR L:=0 TO 7 DO
  BEGIN
     FOR I:=0 TO 15 DO
     BEGIN
        POKE(DATENA,CHR(255));
        POKE(DATENB,CHR(I));
        POKE(DATENA,CHR(255-ZAHL));
        WAIT;
     END;
     ZAHL:=ZAHL*2;
  END;
  FOR I:=0 TO 15 DO
  BEGIN
     POKE(DATENA,CHR(255));
     POKE(DATENB,CHR(I));
     POKE(DATENA,CHR(0));
     WAIT;
  END;
  UNTIL KEYPR;
END.
```

Das zugehörige Programm muß drei Aufgaben erfüllen:

1. Einen kurzen Moment die Ausgabe auf Port A Null setzen.
2. Den anzuzeigenden Wert auf Port A legen.
3. Sehr schnell nacheinander durch die Datenselektoren des
   Ports B die Katoden der Anzeigen auf "low" legen.

Die anzuzeigenden Zeichen müssen codiert werden.
Nicht alle Zeichen im ASCII-Zeichensatz sind darstellbar.
Die Codierung finden Sie im Programm.

Pascal-Programm SIEBENSEG

```pascal
PROGRAM SIEBENSEG;

VAR J,I,LAUF,SLOT,VIA,
    DATRICHA,DATENA,DATRICHB,DATENB:INTEGER;
    WAHL,CH:CHAR;
    ZEICHEN:ARRAY[0..15] OF CHAR;
    WERT:ARRAY[0..15] OF INTEGER;
    KONTROLLE:BOOLEAN;


FUNCTION PEEK(ADRESSE:INTEGER):INTEGER;EXTERNAL;


PROCEDURE POKE(ADRESSE:INTEGER;WERT:CHAR);EXTERNAL;


FUNCTION KEYPR:BOOLEAN;EXTERNAL;


PROCEDURE INVERSE;
BEGIN
   WRITE(CHR(154),'3');   (* Bitte an eigene 80-Zeichen- *)
END;                      (* Karte anpassen. *)


PROCEDURE NORMAL;
BEGIN
   WRITE(CHR(154),'2');   (* Bitte an eigene 80-Zeichen- *)
END;                      (* Karte anpassen. *)


PROCEDURE OUT1;
BEGIN
   LAUF:=-1;
   REPEAT
      LAUF:=LAUF+1;
      IF LAUF>255 THEN LAUF:=0;
      FOR I:=0 TO 15 DO
      BEGIN
```

```
            POKE(DATENA,CHR(255));
            POKE(DATENB,CHR((I+(LAUF DIV 16)) MOD 16));
            POKE(DATENA,CHR(WERT[I]));
          END;
      UNTIL KEYPR;
END;


PROCEDURE OUT2;
BEGIN
    LAUF:=256;
    REPEAT
        LAUF:=LAUF-1;
        IF LAUF<0 THEN LAUF:=255;
        FOR I:=0 TO 15 DO
        BEGIN
            POKE(DATENA,CHR(255));
            POKE(DATENB,CHR((I+(LAUF DIV 16)) MOD 16));
            POKE(DATENA,CHR(WERT[I]));
          END;
      UNTIL KEYPR;
END;


PROCEDURE OUT3;
BEGIN
    REPEAT
        FOR I:=0 TO 15 DO
        BEGIN
            POKE(DATENA,CHR(255));
            POKE(DATENB,CHR(I));
            POKE(DATENA,CHR(WERT[I]));
          END;
      UNTIL KEYPR;
END;
```

```
PROCEDURE WANDEL;
BEGIN
    J:=-10;
    KONTROLLE:=FALSE;
    CASE ZEICHEN[I] OF ' ':J:=0;
                        '-':J:=64;
                        '0':J:=63;
                        '1':J:=6;
                        '2':J:=91;
                        '3':J:=79;
                        '4':J:=102;
                        '5':J:=109;
                        '6':J:=124;
                        '7':J:=7;
                        '8':J:=127;
                        '9':J:=111;
                        'A':J:=119;
                        'B':J:=127;
                        'C':J:=57;
                        'D':J:=63;
                        'E':J:=121;
                        'F':J:=113;
                        'H':J:=118;
                        'I':J:=48;
                        'J':J:=15;
                        'L':J:=56;
                        'O':J:=63;
                        'P':J:=115;
                        'S':J:=109;
                        'U':J:=62;
                        'a':J:=92;
                        'b':J:=124;
                        'c':J:=88;
                        'd':J:=94;
                        'h':J:=116;
```

```
                                'i':J:=16;
                                'l':J:=48;
                                'n':J:=84;
                                'r':J:=80;
                                'u':J:=28;

     END;
     IF J>=0 THEN KONTROLLE:=TRUE;
END;


PROCEDURE EINGABE;
BEGIN
   WRITE(CHR(12));
   WRITE('Parallele Schnittstelle -Ausgabeport ');
   WRITELN('7-Segment Schrift Ende =-1');
   WRITE('==================================');
   WRITELN('========================================');
   I:=-1;GOTOXY(0,18);
   WRITELN('Erlaubter Zeichensatz:');
   WRITELN;
   WRITELN('- . 0 1 2 3 4 5 6 7 8 9 0');
   WRITELN('A B C D E F H I J L   O P   S U');
   WRITELN('a b c d     h i  l n    r   u');
   GOTOXY(0,10);
   WRITE('Text (genau 16 Zeichen): ');
   INVERSE;WRITE(' ':16);
   NORMAL;
   REPEAT
      I:=I+1;
      REPEAT
         GOTOXY(25+I,10);
         READ(ZEICHEN[I]);
         WANDEL;
      UNTIL KONTROLLE;
      WERT[I]:=255-J;
   UNTIL I=15;
```

```
      GOTOXY(0,15);
      WRITE('Halt: Taste drücken ===>');
END;

PROCEDURE MENUE;
BEGIN
      WRITE(CHR(12));
      WRITE('Parallele Schnittstelle -Ausgabeport ');
      WRITELN('7-Segment Schrift');
      WRITE('===================================');
      WRITELN('===================');
      GOTOXY(0,5);
      WRITELN('Bitte wählen Sie:');
      GOTOXY(0,7);
      WRITELN('0 - Ende');
      WRITELN;
      WRITELN('1 - Laufschrift vorwärts');
      WRITELN;
      WRITELN('2 - Laufschrift rückwärts');
      WRITELN;
      WRITELN('3 - stehende Schrift');
      REPEAT
         GOTOXY(0,20);
         WRITE('===> ');
         READ(WAHL);
      UNTIL (WAHL>='0') AND (WAHL<='3');
END;

BEGIN
      SLOT:=2;
      VIA:=-16256+16*SLOT;
      DATRICHA:=VIA+3;
      DATRICHB:=VIA+2;
      DATENA:=VIA+1;
      DATENB:=VIA;
```

```
POKE(DATRICHA,CHR(255));
POKE(DATRICHB,CHR(15));
REPEAT
   MENUE;
   IF WAHL<>'0' THEN
   BEGIN
      EINGABE;
      CASE WAHL OF '1':OUT1;
                   '2':OUT2;
                   '3':OUT3;
      END;
   END;
   UNTIL WAHL='0';
END.
```

8.3 Übernahme der Anzeige einer Digitaluhr

Wir wollen von einer gewöhnlichen digitalen Uhr mit
Sieben-Segment-Anzeige die Real-Zeit vom Computer
übernehmen lassen. Vorausgesetzt wird, daß die Anzeige der
Uhr nicht so wie im letzten Kapitel gemultiplext wird,
sondern zu jeder Anzeige 7 Kabel zu den LEDs und ein
Kabel zur gemeinsamen Anode oder Katode führen. Ist die
Anzeige gemultiplext, so muß die Übernahme durch eine
entsprechende Logik in Dauerpegel umgewandelt werden.

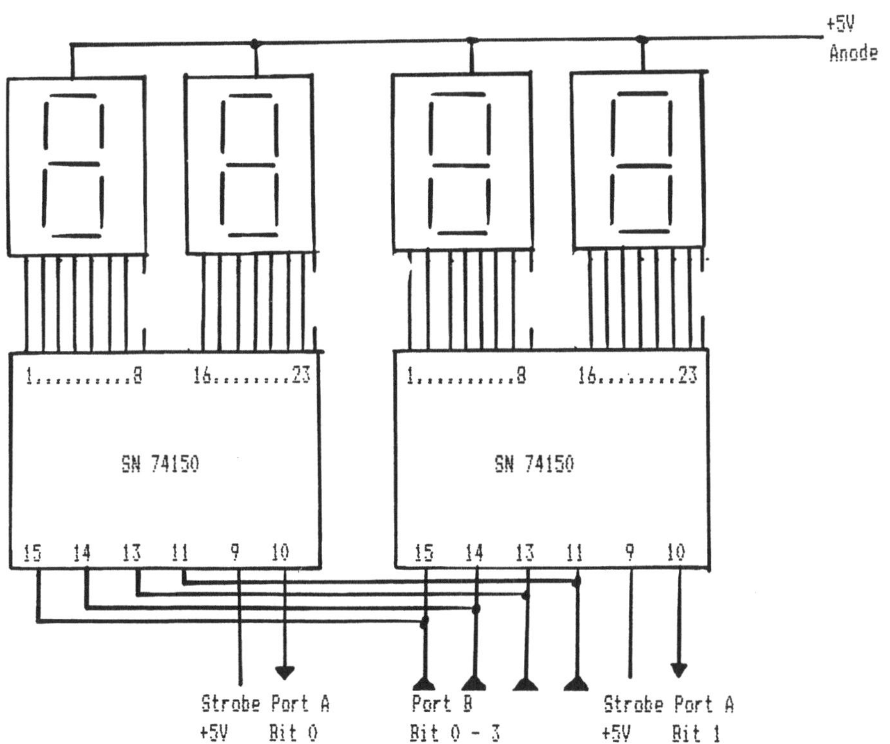

Bild 8.3   Schaltung zur Übernahme der Uhrzeit

Die Uhr soll vier Stellen haben (h : h : min : min).
Durch den Multiplexer SN 74150 werden zwei Anzeigen
gleichzeitig abgefragt. Von den acht Datenleitungen des
Ports A werden nur zwei benutzt. Port B dient wiederum als
Datenselektor. Die aufgenommen Werte müssen entschlüsselt
und in eine Uhrzeit umgewandelt werden.

```
Materialliste: 2 SN 74150
               1 Digitaluhr
               1 Gehäuse
               1 25-poliger Stecker
```

Die von mir benutzte Uhr hat digitale Anzeigen mit
gemeinsamer Anode. Hat Ihre Uhr gemeinsame Katoden, so
fügen Sie in der Prozedur LESEN an geeigneter Stelle die
Zeile WERT:=255-WERT ein.

Je zwei Anzeigen werden auf einen Multiplexer SN 74150
gelegt. Dieser gibt die Pegel der Anzeige einer Digitaluhr
nacheinander an die Bits 0 und 1 des Ports A. Port B dient
hierbei als Datenselektor. Die an den Bits 0 und 1 des
Ports A einlaufenden Daten werden in einem LONG INTEGER
aufsummiert und anschließend auf die Ziffern 0 bis 9 hin
überprüft. Ein Fehlzeichen wird durch "#" ersetzt. Die
vier Zeichen, die der Uhranzeige entsprechen, sind im Array
ANZEIGE abgespeichert. ANZEIGE wird in den String ST
umgewandelt. Dieser wird auf der "High-Resolution-Graphic"-
Seite durch die WSTRING-Prozedur unten links abgebildet.
Dieser Bereich wird Punkt für Punkt abgetastet und
vergrößert auf dem Bildschirm abgebildet. In kurzer Zeit
fragt der Computer die Uhr ab. Tritt eine Änderung der
Anzeige auf, wird auch der Bildschirm auf den neuesten
Stand gebracht.

Pascal-Programm BIGUHR

```
PROGRAM BIGUHR;

USES TURTLEGRAHICS;

VAR I,ZAHL,SLOT,VIA,
    DATRICHA,DATRICHB,DATENA,DATENB:INTEGER;
    ANZEIGE,ALTANZEIGE:ARRAY[1..4] OF CHAR;


PROCEDURE POKE(ADRESSE:INTEGER;WERT:CHAR);EXTERNAL;

FUNCTION PEEK(ADRESSE:INTEGER):INTEGER;EXTERNAL;

FUNCTION KEYPR:BOOLEAN;EXTERNAL;

PROCEDURE INVERSE;
BEGIN
   WRITE(CHR(154),'3'); (* Bitte an eigene 80-Zeichen- *)
END;                     (* Karte anpassen. *)

PROCEDURE NORMAL;
BEGIN
   WRITE(CHR(154),'2'); (* Bitte an eigene 80-Zeichen- *)
END;                     (* Karte anpassen. *)

PROCEDURE AUSGABE;

VAR ST:STRING;

   PROCEDURE GROSS(U1:INTEGER);
   VAR I,J,K,X0,Y0,XSTART,YSTART,A,B,C:INTEGER;
       PUNKT:ARRAY[0..6,0..7] OF BOOLEAN;
```

```
BEGIN
   INITTURTLE;
   PENCOLOR(BLACK);
   MOVETO(0,1);
   WSTRING(ST);
   WSTRING('       ENDE:TASTE');
   X0:=0;
   Y0:=190-8*U1;
   XSTART:=X0;
   YSTART:=Y0;
   I:=0;
   REPEAT
      I:=I+1;
      FOR A:=0 TO 6 DO FOR B:=0 TO 7 DO PUNKT[A,B]:=FALSE;
      PENCOLOR(NONE);
      MOVETO(279,0);
      MOVETO((I-1)*7,0);
      MOVETO((I-1)*7,1);
      FOR A:=0 TO 6 DO FOR B:=0 TO 7 DO
      IF SCREENBIT(A+(I-1)*7,B+1) THEN PUNKT[A,B]:=TRUE;
      PENCOLOR(NONE);
      MOVETO(XSTART,YSTART);
      FOR A:=0 TO 6 DO FOR B:=0 TO 7 DO
      BEGIN
         J:=XSTART+A*U1;
         K:=YSTART+B*U1;
         VIEWPORT(J,J+U1,K,K+U1);
         IF NOT PUNKT[A,B] THEN
         FILLSCREEN(BLACK) ELSE FILLSCREEN(GREEN);
      END;
      XSTART:=XSTART+7*U1; UNTIL I=LENGTH(ST);
   END;


PROCEDURE SCHREIBEN;
VAR SU:ARRAY[1..4] OF STRING;
BEGIN
   ALTANZEIGE:=ANZEIGE;
```

```
         FOR I:=1 TO 4 DO
         BEGIN
             SU[I]:=' ';
             FILLCHAR(SU[I],2,ANZEIGE[I]);
             SU[I]:=COPY(SU[I],1,1);
         END;
         ST:=CONCAT(SU[1],SU[2],':',SU[3],SU[4]);
         GROSS(8);
     END;
BEGIN
     SCHREIBEN;
END;


PROCEDURE EINGABE;


VAR WERT,WERT1,POTENZ:INTEGER[8];
     ZEICHEN:CHAR;


   PROCEDURE UMWANDLUNG;
   BEGIN
       ZEICHEN:='#';
       IF WERT=1111110 THEN ZEICHEN:='0';
       IF WERT=110000 THEN ZEICHEN:='1';
       IF WERT=1101101 THEN ZEICHEN:='2';
       IF WERT=1111001 THEN ZEICHEN:='3';
       IF WERT=110011 THEN ZEICHEN:='4';
       IF WERT=1011011 THEN ZEICHEN:='5';
       IF WERT=1011111 THEN ZEICHEN:='6';
       IF WERT=1110000 THEN ZEICHEN:='7';
       IF WERT=1111111 THEN ZEICHEN:='8';
       IF WERT=1111011 THEN ZEICHEN:='9';
   END;
```

```
PROCEDURE LESEN;
BEGIN
WERT:=0;
WERT1:=0;
POTENZ:=1;
FOR I:=6 DOWNTO 0 DO
BEGIN
    POKE(DATENB,CHR(I));
    ZAHL:=PEEK(DATENA) MOD 2;
    WERT:=WERT+ZAHL*POTENZ;
    ZAHL:=(PEEK(DATENA) MOD 4) DIV 2;
    WERT1:=WERT1+ZAHL*POTENZ;
    POTENZ:=POTENZ*10;
END;
UMWANDLUNG;
ANZEIGE[1]:=ZEICHEN;
WERT:=WERT1;
UMWANDLUNG;
ANZEIGE[3]:=ZEICHEN;
WERT:=0;
WERT1:=0;
POTENZ:=1;
FOR I:=14 DOWNTO 8 DO
BEGIN
    POKE(DATENB,CHR(I));
    ZAHL:=PEEK(DATENA) MOD 2;
    WERT:=WERT+ZAHL*POTENZ;
    ZAHL:=(PEEK(DATENA) MOD 4) DIV 2;
    WERT1:=WERT1+ZAHL*POTENZ;
    POTENZ:=POTENZ*10;
END;
UMWANDLUNG;
ANZEIGE[2]:=ZEICHEN;
WERT:=WERT1;
UMWANDLUNG;
ANZEIGE[4]:=ZEICHEN;
END;
```

```
BEGIN
   LESEN;
END;


BEGIN
   SLOT:=2;
   VIA:=-16256+16*SLOT;
   DATENB:=VIA;
   DATENA:=VIA+1;
   DATRICHB:=VIA+2;
   DATRICHA:=VIA+3;
   POKE(DATRICHA,CHR(0));
   POKE(DATRICHB,CHR(15)); (* Ausgabeport Bit 0 bis Bit 3*)
   WRITE(CHR(12));
   INVERSE;
   WRITE('                              Big -  Uhr');
   WRITE('                                      ');
   NORMAL;
   FOR I:=1 TO 4 DO
   BEGIN
      ANZEIGE[I]:='#';
      ALTANZEIGE[I]:='#';
   END;
   REPEAT
      EINGABE;
      IF ANZEIGE<>ALTANZEIGE THEN AUSGABE;
   UNTIL KEYPR;
END.
```

Viele Uhren werden mit einer gemultiplexten Anzeige
betrieben. Sie können dies an der Anzahl der
Verbindungskabel erkennen. Bei einem "normalen" Betrieb
sind für jede Anzeige 8 Anschlüsse notwendig, bei vier
Anzeigen also 32 Anschlüsse. Bei einer gemultiplexten
Anzeige sind alle ensprechenden Segmente untereinander

verbunden. Nur für einen kurzen Moment wird z.B. die
gemeinsame Katode von hohem Pegel auf einen niedrigen
gelegt. Die Anzeige erscheint nur für einen Sekundenbruch-
teil, die Uhr ist meistens aus. Für solche Anzeigen
benötigen Sie nur 7 Anschlüsse und zusätzlich für jede
Anzeige eine Katode. Für vier Anzeigen ergibt dies 11
Verbindungskabel - der Aufwand wird beträchtlich reduziert.

Für gemultiplexte Anzeigen benötigen Sie bei vier
Anzeigen lediglich zwei Treiber. Geben Sie die sieben
Segmente auf Port A, die vier gemeinsamen Anoden bzw.
Katoden auf Port B. Sie brauchen jetzt lediglich per
Software auf gleiche Ereignisse bei Port B und Port A
abfragen. Dieses Programm sei zur Übung Ihnen überlassen.

Anhang

Ergänzende Bemerkungen

Der Inhalt dieses Buch hat sich durch meine Arbeiten am
und mit dem Apple fast von alleine ergeben. In Vorbe-
reitung sind zwei Bücher, die die Anwendungen mit dem VIA
6522 vertiefen sollen: physikalische Experimente mit dem
Analogrecorder und der Datenfernübertragung mit dem Apple.

Als ich nun in den letzten Monaten versuchte, alle
benötigten Bauteile zusammenzustellen und noch einmal zu
kaufen, mußte ich feststellen, daß der Markt selbst in
Berlin fast leergefegt ist, wenn es um bestimmte ICs geht.
Von den damit verbundenen Preissteigerungen will ich
gar nicht sprechen. Ich will nun versuchen, von den
wichtigsten ICs Liefermöglichkeiten im Versandhandel
anzugeben. Die Angaben beziehen sich auf Ende 1984:
(A): Frank-Elektronik GmbH, Gugelstr. 129, 8500 Nürnberg 40
(B): Conrad Electronic 8452 Hirschau,Postf.1180,Katalog E86
(C): Völkner Electronic,33 Braunschweig,Postf. 5320, K84/85

1. VIA 6522   Preis ca. 20,- DM
   Bezugsmöglichkeit: (A), (B) Seite 80, (C) Seite 137
2. Puffer SN 74LS243 und SN 74LS241   Preis ca. 3 bis 5,- DM
   Bezugsmöglichkeit: (A), (B) Seite 76
3. Relais 3 bis 5V Preis ca. 6 bis 8,- DM
   Bezugsmöglichkeit: (C) Seite 54,55
4. Komparator LM 139 (LM 339) Preis ca. 2,- DM
   Bezugsmöglichkeit: (B) Seite 67, (C) Seite 135
5. Antriebsmotore Plotter Preis ca. 28,- DM/Stück
   Bezugsmöglichkeit: (B) Seite 301
6. A/D-Wandler ADC 0804 Preis ca. 20,- DM
   Bezugsmöglichkeit: (C) Seite 135
7. D/A-Wandler DAC 0800 Preis ca. 15,- DM
   Bezugsmöglichkeit: Plastronic,Einemstr. 5,1000 Berlin 30

Literaturhinweise

Dieses Buch setzt die Kenntnis der Pascal-Sprache
voraus. Trotzdem sei hier auf zwei Bücher hingewiesen, die
für den Anfänger und für den Fortgeschrittenen geeignet
sind:
Pascal-Bücher:

Rüdeger Baumann: Programmieren mit Pascal, CHIP-Wissen,
Vogel-Verlag, ISBN 3-8023-0667-8
Erbs, Stolz: Einführung in die Programmierung mit Pascal,
B.G. Teubner, ISBN 3-519-12506-4

Assembler- und VIA 6522-Buch:

Lance A. Leventhal: 6502 Programmieren in Assembler, tewi
Verlag, ISBN 3-921803-10-1

Assembler:

Randy Hyde: Using 6502 Assembly Language, Datamost Inc, USA

Interfacing:

Titus,Larsen,Titus: Apple Interfacing, Howard W. Sams u. Co,
USA, ISBN 0-672-21862-3

A/D-Wandler, D/A-Wandler:

Linear Databook, National Semiconductor, USA

Begriffserklärungen

Diese Liste von Abkürzungen und Fachausdrücken soll dem Anfänger helfen, sich schneller zurechtzufinden. Sie soll als Nachschlageliste dienen, um dem Leser Begriffe sofort zur Verfügung zu stellen. Diese Liste ist nicht vollständig, sie enthält jedoch die wichtigsten Fachausdrücke, die in diesem Buch vorkommen. Die Benennung des Artikels (der VIA oder das VIA?) ist nicht eindeutig. Ich habe versucht, den Artikel des jeweils übersetzten Begriffes zu benutzen (der VIA = der vielseitige Interface-Adapter).

Acknowledge-Signal, das: Rückmeldesignal, das kennzeichnet, daß empfangene Daten verarbeitet sind

Adapter, der   Anpassungsstecker zwischen zwei unterschiedlichen Systemen

ACR   Auxiliary Control Register, Hilfsregister, mit dem der VIA 6522 gesteuert wird, insbesondere die Timer, Adresse VIA+$B

Adreßbus, der   16-adrige Leitung, über die die Adressen der Speicher eines Rechners angesprochen werden

A/D-Wandler, der   ein Chip, der analoge Daten in digitale umwandelt

Amplitude, die   die größte Auslenkung einer Schwingung

analoge Signale   Signale, deren Größe stetig verändert werden kann, Gegenteil: digital

Analogrecorder, der: ein (Software-) Speicher,der gemessene analoge Signale speichert, verarbeitet und graphisch darstellt

Array, das   das Feld, (Software-) Speicher für ein- oder mehrdimensionale Variablen

ASCII-Code, der   eine Tabelle, in der alle druckfähigen und Kontrollzeichen des Rechners aufge-

	listet sind, z.B. ASCII 65 = A.
Assembler	zwei Bedeutungen: 1. stark maschinenorientierte Programmiersprache; 2. Teil des Betriessystems,mit dem Texte dieser Sprache in den Maschinencode übersetzt werden
Bandbreite, die	Frequenzbereich,in dem ein Gerät arbeitet
bidirektional	in beide Richtungen durchlässig
binär	Zahlen, die nur die Werte 0 und 1 annehmen können
Bit, das	kleinste Informationseinheit, nimmt die Werte 0 (z.B. keine Spannung) und 1 (z.B. 4-5V Spannung) an
BOOLEAN-Variable	Wahrheitswert, nimmt nur die Werte TRUE oder FALSE an
Bus, der	eine mehradrige Leitung, über die Daten, Adressen oder Kontrollsignale von der CPU zu den Speichern (und umgekehrt) oder externen Geräten geleitet werden
Byte, das	8 Bits bilden ein Byte
Clock, die	Uhr, hier: Anschluß eines Ics, an den ein Rechtecksignal gelegt wird und so im Zeittackt Daten steuert
Chip, der	ein elektronischer Baustein, oft in rechteckigen Kunststoffgehäusen mit 14, 16 oder mehr Anschlüssen
Chip Select-Signal	ein Signal, das ein peripheres Gerät oder einen Speicherbaustein anspricht
Compiler, der	Teil des Betriebssystems. Der Compiler übersetzt einen Textfile (Pascal-Programm) in die Maschinensprache.
CPU, die	Central Processing Unit, das zentrale Logikwerk eines Rechners. Der Apple hat einen 6502-Chip als CPU.
D/A-Wandler, der	ein Chip, der digitale Werte in analoge umwandelt

Datenbus, der   eine 8-adrige Leitung, über die Daten von
                       der CPU zu den Speichern oder externen
                       Geräten (und umgekehrt) geleitet werden

Datenselektor, der   ein Chip, der Datenleitungen auswählt,
                       abschaltet oder durchschaltet

Decoder, der   hier: ein Chip, der Daten in die richtige
                       Form bringt oder auf die richtigen Daten-
                       leitungen legt

Device Select-Signal: ein Signal, das ein peripheres Gerät
                       oder einen Speicherbaustein anspricht

Diffusionsspannung   bei jeder Diode bildet sich an der Grenz-
                       schicht des p- und n-Überganges eine
                       Gegenspannung in der Größe 0,2 bis 0,7 V

digitale Signale   Signale, die nur die Werte 0 (z.B. 0 V) und
                       1 (z.B. 4-5 V) annehmen, Gegenteil: analog

Diode, die   ein elektronischer Gleichrichter, der
                       Ströme nur in eine Richtung durchläßt

Editor, der   Teil des Betriebssystems, mit dessen Hil-
                       fe man Programme leichter erstellen kann
                       oder Texte verarbeiten kann

File, der   Abschnitt einer Diskette, auf den etwas
                       geschrieben ist, aber auch Bezeichnung
                       für diesen Inhalt

Filer, der   Teil des Betriebssystems, mit dessen Hil-
                       fe man Programme auf Diskette schreiben
                       kann, sie löschen oder umbenennen kann

Flag, die   Zeichen, Flagge, hier: ein bestimmtes Bit
                       eines Registers, das einen bestimmten Zu-
                       stand charakterisieren soll

Flipflop, das   ein Chip, der beim Übergang des Zustandes
                       eines Eingangssignals seine Eigenschaft
                       ändert, kleinste Speichereinheit

free running mode,   der: ein Zustand des A/D-Wandlers, der es
                       ihm erlaubt, nach Beendigung einer Umwand-
                       lung sofort die nächste zu beginnen

Gate, Gatter, das	logische Einheit, die eine UND, ODER oder NICHT-Verknüpfung realisiert
Hardware, die	die Teile eines Computers, die man anfassen kann
hexadezimal	Zahlen aus einem Zahlensystem zur Basis 16,ein Kompromiß zwischen dem Binärsystem des Rechners und der vom Menschen verlangten Anschaulichkeit, die benutzten Ziffern sind 0,1,2,3,4,5,6,7,8,9,A,B,C,D,E,F
high-byte, das	die oberen vier Bits eines Bytes
IC, das oder der	Integrated Circuit, integrierter Schaltkreis, komplexer elektronischer Baustein
IFR	Interrupt Flag Register, Unterbrechungs-Flag-Register, notiert vorliegende Unterbrechungen durch Hardware-Ereignisse Adresse: VIA + $D
Interface, das	Verbindungsbaustein zwischen zwei unterschiedlichen Systemen. Interface-Karten verbinden den Apple mit der Umwelt.
Interrupt, der	Unterbrecher, ein externes Gerät unterbricht ein Programm und bewirkt die Abarbeitung eines bestimmten Programmteils. Der Interrupt wird durch ein "low"-Signal der IRQ-Leitung bewirkt.
Inverter, der	ein Chip, der Signale umkehrt
I/O Select-Signal	siehe auch "Chip Select" und "Device Select"
Keyboard, das	die Tastatur eines Rechners
Komparator, der	ein Chip, der zwei Spannungen vergleicht und in Abhängigkeit davon einen Ausgang steuert
LED, das oder die	Light Emitting Diode, Leuchtdiode
Library, die	Bücherei, Zusammenfassung mehrerer Programme oder Programmteile in einen File
Linker, der	Teil des Betriebssystems, mit dessen Hilfe man ein Pascal-Programm mit einer "Unit" oder

	einem Assembler-Programm verbinden kann
low-byte, das	die unteren vier Bits eines Bytes
Manual, das	Handbuch
Matrix, die	eine rechteckige Anordnung von Zahlen
Menü, das	Auswahlkarte eines Programms, mit deren Hilfe man den Ablauf eines Programms steuern kann
Mikroprozessor, der: Kleinrechner, siehe auch CPU	
Monitor, der	Datenbildschirm
Multiplexer, der	Chip, der mehrere Datenleitungen nacheinander abfragen kann und deren Daten auf eine Ausgangsleitung legen kann, siehe Datenselektor
Oszilloskop, das	elektronisches Gerät, das einen Elektronenstrahl schnell über einen Bildschirm lenken kann. Ein Oszilloskop kann schnelle elektrische Schwingungen darstellen.
Pascal	hochstrukturierte, moderne Computersprache, übersichtlich und logisch aufgebaut, benötigt ein eigenes Betriebssystem auf Disketten
PCR	Peripheral Control Register, Register, das die Steuerung des VIA 6522 bewirkt, steuert insbesondere die Leitungen CA1 bis CB2, Adresse: VIA + $C
peeken	Lesen einer Speicherzelle
Pen, der	Zeichenstift eines Plotters
Phase, die	die relative Lage zweier Schwingungen zueinander
Pin, der	eine der Anschlußbeine eines IC-Sockels
Plotter, der	Zeichengerät, das automatisch Meßwerte auf Papier zeichnen kann
poken	Beschreiben einer Speicherzelle
Port, der	Ein- oder Ausgang für Daten. Der VIA 6522

	hat zwei Ports A und B.
Puffer, der	Chip, der zwei Datenleitungen voneinander trennt oder sie verbindet
RAM, der	Random Access Memory, Lese-Schreib-Speicher mit freiem Zugriff
Reed-Relais, das	Relais, das durch ein Magnetfeld gesteuert wird
Register, das	spezieller Speicher
RC-Glied, das	eine Kombination von Widerstand und Kondensator, wirkt hier als Zeitverzögerungselement
ROM, der	Read Only Memory, Nur-Lese-Speicher, enthält meistens das BASIC-Betriebssystem
Schmitt-Trigger, der:	ein Chip, der eine fast beliebige Kurvenform in eine Rechteckkurve umwandelt
Sieben-Segment-Anzeige, die:	Anzeige, die häufig im Taschenrechner vorkommt. Die Anzeige besteht aus 7 Leuchtdioden, die in Form einer 8 angeordnet sind.
Slope, der	Anstieg oder Abfall einer Kurve
Slot, der	50-polige Buchse des Apples. Dieser besitzt 8 freie Slots.
Soft-Switching, das:	Umschalten eines Gerätes per Programm
Software, die	das geistige Gut, das in jedem Programm steckt, oft auch das Programm selbst
Stack, der	Stapel, Teil des RAMs, auf den ein Pascal-Programm während der Ausführung des Programms bestimmte Werte ablagert oder wieder löscht oder abliest
Strobe-Signal, das	kurzer Rechteckimpuls
Timer, der	Zeitmesser
Trigger, der	ein Signal, das den Start einer Messung bewirkt
Treiber, der	digitaler Verstärker für Bausteine, die einen Strom von mehr als 10 mA benötigen

Tristate-Puffer, der: ein Puffer, der drei Zustände annehmen
                     kann. Er kann Daten sperren, in eine oder
                     in die andere Richtung durchlassen.
Type-Ahead-Buffer, der: Speicher, der von der Tastatur gelie-
                     ferte Daten bis zum Abruf durch den Rechner
                     speichert. Während eines Diskettenlaufs
                     wird die Tastatur seltener abgefragt, so
                     daß dann Daten verlorengehen können.
UCSD-Pascal   "University of California San Diego"-Pascal,
                     erweiterte Pascal-Version
unidirektional   in eine Richtung durchlässig. Alle Dioden
                     wirken unidirektional.
VIA, der   Versatile Interface Adapter, Vielseitiger
                     Interface-Adapter. Der VIA 6522 ist ein
                     komplexer Baustein, der den Apple mit der
                     Umwelt verbinden kann.
Word, das   Wort, ein Wort gleich zwei Bytes
x-y-Switch, der   Schalter, der die Ausgabe einmal auf die
                     x-Achse oder y-Achse eines Plotters legt
Zeropage, die   Nullseite, die ersten 256 Speicher-Adres-
                     sen der Apple RAM-Speicher

Verzeichnis der Programme

Diese Text-Files und ihre zugehörigen Code-Files befinden
sich auf der Diskette, die zu diesem Buch erworben werden
kann. Die assemblierten Code-Files sind in der INTERFACELIB
zusammengefaßt.

Pascal-Programme	Assembler-Programme	Hilfs-Dateien
TEST1		INTERFACELIB
TEST3P	TEST3A	
TEST4P	TEST4A	
KEY	KEYPR	
MONITORP	MONITORA	
PEEKPOKE	PEEKASS	
PAR1		
PAR2		
SCHALTER		
LAUFLICHT		
AMPEL		
PAR3		
YTOSZIP	YTOSZIA	
XYPLOTTER		
XYOSZIP	XYOSZIA	
SCHRIFTP	SCHRIFTA	BUCHSTABEN
SCHULPLOTT		ZEICHEN
PAR4		
PAR5		
TASTATUR		TASTEN
RECHTECK		
PULSZAEHL1		
PULSP	PULSA	
IRPTUHRP	IRPTUHRA	
FREQUP	FREQUA	

Pascal-Programme	Assembler-Programme	Hilfs-Dateien
SANNUNGP	SPANNUNGA	
ANALOGP (*)	ANALOGA	
MORSEN		
ICTESTER (*)		
SEGTESTER		
SIEBENSEG (*)		
BIGUHR (*)		

(*) Wegen Platzmangel enthält die Diskette nicht den zugehörigen Code-File. Kompilieren Sie den Text-File und linken
Sie ihn mit INTERFACELIB.

Sachwortverzeichnis

Dieses Verzeichnis enthält nicht die Sachwörter, die in den graphischen Darstellungen oder in den Programmen vorkommen.

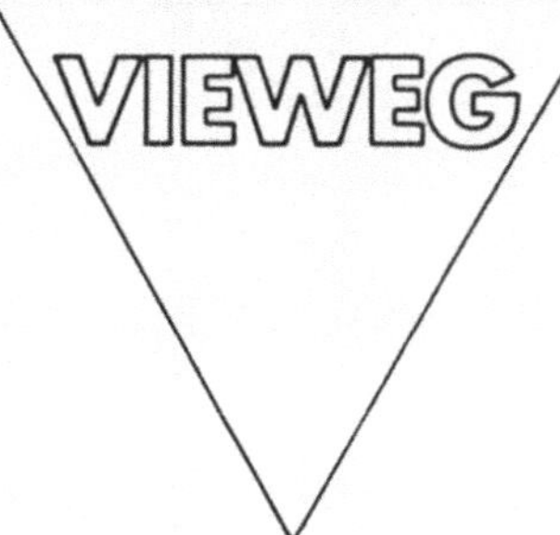

Ekkehard Kaier

BASIC-Wegweiser für den Apple II

Datenverarbeitung mit Applesoft-BASIC für Apple II/IIe und kompatible Mikrocomputer

1984. X, 200 S. mit zahlr. Abb. und 80 vollständigen Programmen. 16,2 X 22,9 cm. Kart.

Das Wegweiser-Buch von Dr. Ekkehard Kaier führt zum erfolgreichen Einsatz von Mikrocomputern der Apple II-Familie wie Apple IIe, Apple II-Plus und sprachgleicher Systeme.

Es vermittelt aktuelles Grundlagenwissen zur Datenverarbeitung, gibt eine Benutzeranleitung und enthält einen kompletten Programmierkurs mit vielen Beispielen in der Programmiersprache Applesoft-BASIC. Das Wegweiser-Buch beschreibt ausführlich das Betriebssystem DOS, die technischen Eigenschaften und die speziellen Geräte, die mit dem Apple Mikrocomputer benutzt werden können. In allen Abschnitten sind viele Abbildungen zum besseren Verständnis und zur anschaulichen Demonstration eingefügt. Insgesamt sind 80 Programmbeispiele vollständig beschrieben. Da auf Programmiertricks verzichtet wurde, können die Programme leicht an andere BASIC-Dialekte angepaßt werden; sie sind demnach universell verwendbar.

Zusätzlich erhält das Buch den Charakter eines Nachschlagewerkes, da der Leser ein sehr ausführliches Sachwortregister und ein detailliertes Inhaltsverzeichnis vorfindet.

Das Apple-Wegweiser-Buch ist eine ausgezeichnete Ergänzung der vom Hersteller gelieferten Systemhandbücher.

5 1/4''-Applesoft BASIC-Programmierkurs-Diskette mit allen Programmen des Buches ist lieferbar.

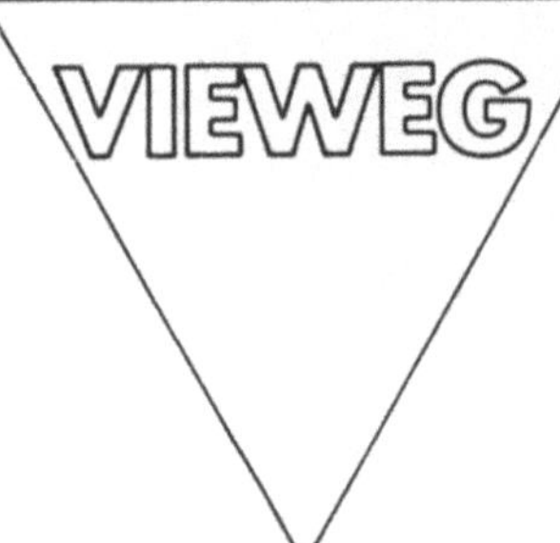

Ekkehard Kaier und Edwin Rudolfs

**Turbo Pascal-Wegweiser für Mikrocomputer —
Grundkurs**

Mit 88 Programmen, 42 Programmablaufplänen und Struktogrammen sowie 100 Abbildungen
1985. XII, 262 Seiten, 16,2 X 22,9 cm. Kart.

Dieses Wegweiser-Buch informiert umfassend über die grundlegenden Anwendungsmöglichkeiten, die Turbo Pascal unter den Betriebssystemen CP/M, MS-DOS und MSX-DOS bietet.

— Entwicklung von Software in Abschnitt 1:
  Was sind Datentypen und -strukturen? Welche Programmstrukturen gibt es? Wie werden Disketten-Dateien behandelt? Wie geht man bei der Programmentwicklung vor?

— Bedienung des Turbo Pascal-Systems in Abschnitt 2:
  In welchen elf Schritten geht man vor, um das erste Programm zu erstellen? Wie sieht das Befehlsverzeichnis von Turbo Pascal aus (zu jeder Anweisung, Prozedur und Funktion wird ein Beispiel angegeben).

— Grundkurs zum Programmieren mit Turbo Pascal in Abschnitt 3:
  Welche Sprachmittel stehen zur Programmierung von Folge-, Auswahl- und Wiederholungsstrukturen zur Verfügung? Wie nutzt man Prozeduren und Funktionen als Unterprogramme? Wie setzt man die einfachen Datentypen INTEGER, BYTE, REAL, CHAR und BOOLEAN ein? Welche Datentypen kann der Benutzer selbst vereinbaren? Was zeichnet die strukturierten Datentypen String und Array aus? Wozu dienen typisierte Konstanten?

Für ‚Umsteiger von BASIC zu Pascal':
Zahlreiche Abläufe des Turbo Pascal-Wegweisers finden sich auch in den verschiedenen BASIC-Wegweisern (Sprachenvergleich).

Alle Programme des Buches sind auf Diskette erhältlich für: Apple II (5 1/4''), Commodore 128 (5 1/4''), IBM-PC (5 1/4''), MSX-Computer (5 1/4'' und 3 1/2'') und Schneider CPC 464 (5 1/4'').